U0821448

新文科

普通高等教育新文科建设系列规划教材

古典文献学基础十讲

周生杰　王京州　编著

苏州大学出版社
Soochow University Press

图书在版编目(CIP)数据

古典文献学基础十讲 / 周生杰，王京州编著. 苏州 ：苏州大学出版社，2025. 1. -- (普通高等教育新文科建设系列规划教材). -- ISBN 978-7-5672-5028-4

Ⅰ. G256.1

中国国家版本馆 CIP 数据核字第 20244VJ337 号

古典文献学基础十讲

GUDIAN WENXIANXUE JICHU SHI JIANG

周生杰　王京州　编著

责任编辑　王秀秀

苏州大学出版社出版发行

（地址：苏州市十梓街 1 号　邮编：215006）

苏州市古得堡数码印刷有限公司印装

（地址：苏州市高新区御前路 1 号 3 幢　邮编：215011）

开本 787 mm×1 092 mm　1/16　印张 13. 25　字数 306 千

2025 年 1 月第 1 版　2025 年 1 月第 1 次印刷

ISBN 978-7-5672-5028-4　定价：58. 00 元

图书若有印装错误，本社负责调换

苏州大学出版社营销部　电话：0512-67481020

苏州大学出版社网址　http://www.sudapress.com

苏州大学出版社邮箱　sdcbs@suda.edu.cn

序言

我国是古典文献大国，表现有三：一是古典文献数量众多，传世文献之外，加上各种出土文献、新发现文献、海外汉文文献等在内，现存古典文献当在20万种（件）左右；二是自古以来从事古典文献整理和研究的学者众多，上至帝王，下到普通学者，无不或多或少进行过与文献相关的活动；三是古典文献与古代王朝治理关系密切，大凡重视古典文献工作的时代，多为治世，反之乱世居多。

作为一门学科，古典文献学与古代文化各个分支的研究都有密切的关系，它是在目录学、版本学、校勘学等传统学科的基础上，吸收了现代文献学理论和方法而形成的学科，为汉语言文字学、中国古代文学及其他涉古学科提供了有关典籍的基本理论知识和文献处理方法。古典文献学既不是经学、朴学，也不是考古学、语言文字学，时至今日，学术界一直没有给它下一个确切的定义。不过，因为古典文献学是关于古典文献整理和研究的一门学问，所以古典文献形体本身的特点、文献整理的方法、文献学的历史、文献学的理论都应该包括在内。

先秦时期的文献研究处于萌芽阶段，没有形成学科体系，汉代以后从事文献整理和研究的工作被称作“校雠”，后人也有称为“国学研究”“整理国故”等。1920年，梁启超撰写《清代学术概论》，书中说：“其后斯同同县有全祖望，亦私淑宗羲，言‘文献学’者宗焉。”这是“文献学”一词之始见。一般来说，一个学科的形成，标志是学科史的撰写与出版。1929年，上海商务印书馆出版郑鹤声、郑鹤春兄弟合著的《中国文献学概要》①，是学术史上第一部以“文

① 关于商务印书馆出版的郑鹤声、郑鹤春合著的《中国文献学概要》，学术界多见为1930年，此处参考《民国丛书》影印本，“本书据商务印书馆1929年版影印”。

献学”名书的专著，标志着中国古典文献学这门学科正式建立起来了。

中华人民共和国成立后，部分院校开设中国古典文献学专业，众多高校中文专业纷纷开设古典文献学课程，并将教材建设提上了议事日程。1982年，张舜徽《中国文献学》问世，标志着中国文献学理论的确立。之后，古典文献学教学和研究工作者进行了诸多探讨，古典文献学的学科体系、研究方法和研究对象等问题成为学术界探究的对象，教材编写工作不断加快。通论性代表教材主要有：吴枫《中国古典文献学》、杨燕起等《中国历史文献学》、倪波《文献学概论》、孙钦善《中国古文献学史》、洪湛侯《中国文献学新编》、潘树广等《文献学纲要》、杜泽逊《文献学概要》、陶敏《中国古典文献学教程》、牟玉亭《中国古典文献学》、张三夕《中国古典文献学》、罗江文《中国古典文献学纲要》、黄爱平《中国历史文献学》、司马朝军《文献学概论》、张升《历史文献学》等。其中，孙钦善《中国古文献学史》介绍了各个时代古文献学的概况和有代表性的古文献学家，论述了中国古文献学形成、发展的历史，系统总结了历史上古文献学家的经验和成果，为古文献教学和研究提供了宝贵的借鉴。

既然已经有这么多通论性的文献学教材，那么为什么还要编纂这样一部《古典文献学基础十讲》呢？一方面，在多年的教学实践中，我们发现中文专业的文献学课程在各校的重视程度不同，有的列为必修课，有的列为选修课，而无论是必修课还是选修课，课时都不多，学生亟须一本基础性和概括性强的教材，以利于他们在较短的时间内掌握这门课的基本要义。另一方面，古典文献学不是一成不变的学问，而是随着古典文献不断出土、海外汉籍不断回归、学术研究不断推进，需要及时反映新成果，并更新观念，教学不能滞后于学术研究。

2010年，本书编者之一周生杰曾编纂出版《古典文献基础知识答问》一书，多年来受到使用者的好评，但时过境迁，面对古典文献学教学出现的新问题，原书已不能满足当下教学需要，编者于是在原书基础上大力改进，成为本书。本教材名为“十讲”，是以专题的形式把古典文献学最为基础的内容，概括为历代文献学概览，文献载体，古籍编纂，古典目录，四部典籍，古代刻书，古籍版式、装帧与鉴定，文献发现与典藏，古代学者与文献整理，古典文献与古代学术等十个方面的专题。对于青年学生来说，这些专题学习可以帮助他们尽快地入门，为进一步深入从事古典文献学研究打下良好基础。

古典文献学涉及的知识十分繁富，问题较为抽象，为便于学习者理解，我们为部分内容配上插图，形象易懂。每讲之内虽然设计若干条目，但还是无法容纳相关内容，为此，我们设计“拓展阅读”栏目，把一些重要的内容收录进来。为了巩固学习效果，我们还在每讲之后设计若干思考题，以帮助学习者对该讲内容做进一步的理解和把握。

古典文献学是中文专业的重要课程，对于人才培养所起到的作用正越发体现出来。一本教材根本无法完整展现课程全貌，且由于我们学术研究不深、教学能力有限，本教材难免出现需要改进的地方，为此，我们留下电子信箱（ndzsj@163.com），欢迎各位提出宝贵的意见。

目 录

绪论

文献与文献学

“古典文献学”这门课程的名称中有“古典”一词，而其他相关课程却叫“古代”，如“古代史”“古代文学”“古代汉语”等，那么“古典”和“古代”之间有什么区别呢？古代主要是以时间来划分的，一般指过去距离现代较远的时代，与“近代”和“现代”相对应；而古典则是古代流传下来的在一定时期认为正宗或典范的东西，一般指古人创造出来的经典文化。从两个词语的不同内涵，大家应该初步了解到“古典文献学”相对于“古代文学”和“古代汉语”来说，经典性的知识更多，学术意味更浓，这也对我们认真学习这门课程提出了更高要求。

一、“文献”释义

2015年10月5日，我国科学家屠呦呦女士因为发现青蒿素——一种用于治疗疟疾的药物，挽救了全球特别是发展中国家的数百万人的生命，从而获得了诺贝尔生理学或医学奖。这是我国科学家因在中国本土进行的科学研究而第一次获得诺贝尔自然科学奖，是我国科学界的盛事。屠呦呦在诺贝尔奖颁奖典礼上做主题演讲《青蒿素的发现：传统中医献给世界的礼物》时提道：“当年我面临研究困境时，又重新温习中医古籍，进一步思考东晋葛洪《肘后备急方》有关‘青蒿一握，以水二升渍，绞取汁，尽服之’的截疟记载。这使我联想到提取过程可能需要避免高温，由此改用低沸点溶剂的提取方法。”葛洪是古代历史上著名的道教理论家、医学家、炼丹家，著有《抱朴子》《肘后备急方》《神仙传》等，其中《肘后备急方》是我国第一部临床急救手册，书中记载了大量珍贵的医学文献。古人衣着袖子比较宽大，经常把东西往袖筒中塞，“肘后”就是随身携带的意思；“备急”指防备危急情况。该书还有一个名称叫《肘后救卒方》，“救卒”指救治突发之病，碰到急病的时候直接根据症状翻阅，使用起来简易方便，转化为现代名称应该叫作“袖珍急救手册”。屠呦呦成功提取青蒿素的经历告诉我们，科学研究取得了巨大成就的今天，古典文献在其中发挥的作用不容小觑，文献学习和研究大有可为。

从事文献学习和研究的人，首先要知道“文献”一词的来源，它最早出现在哪部古籍中？它的意思和今天一样吗？历代人们是如何解释它的？

“文献”这个词最早出现在《论语·八佾》中：

> 子曰：“夏礼吾能言之，杞不足征也；殷礼吾能言之，宋不足征也。文献不足故也。足则吾能征之矣。”

这是迄今学术界考证的关于“文献”这个词的最早记载。关于这段话，东汉郑玄注：“献，犹贤也。我不以礼成之者，以此二国之君文章、贤才不足故也。”他将“文献”分开来解释，“文”乃“文章”，而“献”即“贤才”，“文献”合在一起就是文章和贤才。南宋朱熹秉承郑玄，他在《论语集注》中解释这段话说：“杞，夏之后。宋，殷之后。征，证也。文，典籍也。献，贤也。言二代之礼，我能言之，而二国不足取以为证，以其文献不足故也。”后世学者亦多持类似看法，“文”指的是图书资料，而“献”则是保存和传播史料的人，是贤者、贤才。那么，远古时代的贤者、贤才是如何保存和传播典籍资料的呢？

文字的产生晚于语言，有了语言，就有了文献，在文字载体产生之前，文献的传播依靠口耳相传，这段历史也叫作传说历史，或历史的传说阶段。我国古代多个神话传说，如大禹治水、女娲补天、黄帝战蚩尤、夸父逐日等，从某种意义上说都是文献，是传说时代的文献。这些口耳相传的文献故事，记录了远古时代人们不屈不挠与自然抗争的顽强意志，是中国人文精神的“内核”。文字产生后的一段时间，由于记载文字的载体，如甲骨、金石、缣帛、简牍等，要么不便于书写，要么十分昂贵，所以，很多史料是不能够完全靠这些载体记录保存的，还是需要人们口耳相传将一些重要的文献代代传播下去。那些承担口耳相传的人，具有十分惊人的记忆力，同时，他们还秉持公正无私的信念，在传播文献的过程中，不轻易改变资料的内容，努力保存原貌。因此，古人对这类人十分尊崇，尊称其为“献”，也就是“贤”的意思。

依靠人们的记忆力保存重要典籍资料，是上古时代各地通行的做法，在一些没有文字的地区尤其如此。例如，我国藏族人民集体创作的一部伟大的英雄史诗《格萨尔王传》，大约产生于古代藏族氏族社会开始瓦解、奴隶制国家政权逐渐形成的历史时期，即公元前二三百年至公元六世纪之间，诗歌结构宏伟，内容丰富。由于当时没有文字记载，长期以来靠许多艺人口耳相传，是世界上唯一的活史诗，至今仍有上百位民间艺人，在我国的西藏、内蒙古、青海等地区传唱着英雄格萨尔王的丰功伟绩。从目前搜集整理的情况看，《格萨尔王传》共有 120 多部，100 多万行，2 000 多万字，是世界上最长的一部史诗。历史上，那些依靠记忆代代相传的艺人的确是不可多得的“贤才”。

古代词语多为单音节，因此，很长的一段时间“文献”都是作为文章和贤才的复合意义来讲的。元马端临撰《文献通考》，第一次用“文献”作为书名，他在自序中解释“引古经史谓之‘文’，参以唐宋以来诸臣之奏疏、诸儒之议论，谓之‘献’”，还是把“文献”作为复合词来讲的。不过，他对“献”的解释已经不是记忆力超强的贤者、贤才，而是“诸臣”的“奏疏”和“诸儒”的“议论”，是文字资料。

马端临之后，元末明初大诗人杨维桢创作《送僧归日本》写道："东风昨夜来乡国，又见阶前吴草青。金锡躅空灵鸟逝，宝珠嗅海毒龙腥。车轮日出扶桑树，笠盖天倾北极星。我欲东夷访文献，归来中土校全经。"诗中也用了"文献"一词，显然，这里的"文献"可以看作一个单纯词，意思是"书籍资料"。明清以降，"文献"已经完全指代文献资料了，如明初朝廷编《永乐大典》，原名《文献大成》，明成祖朱棣要求"凡书契以来经史子集百家之书，至于天文、地志、阴阳、医卜、僧道、技艺之言，备辑为一书，毋厌浩繁"，显然收录的内容都属"文献"之列。明人程敏政"发先世之所藏，搜别集之所录……参伍相乘，诠择考订……积之三十年始克成也"，这部洋洋百卷的地方文献汇编就是《新安文献志》，编者还在《序》中说："生于其地而弗究心于一乡之文献，非大阙与？"无论是书名，还是序言，这里的"文献"显然是书籍资料。清人钱林自嘉庆年间入翰林院，开始收集当代名流事迹，积二十余年之力，辑成《文献征存录》一书，王藻在序中称钱氏"靡间寒暑，搜讨极勤。蝇头细字，或行或楷，随笔著录"，该书"搜求当代硕儒学者名流纪事""收清代名家四百余人"，就"文献"的用意来说，似乎是某种回归。

二、文献学概念形成

作为今天意义的"文献"是元明时期开始使用的，但是古人从事"文献活动"很早就开始了，并且"文献学"研究工作也随着"文献活动"相应开展起来了，不过，"文献学"这一说法还要经历一个比较长的过程。

先秦时期，文献研究处于萌芽阶段，有关诸子进行文献整理和研究的记载十分零散，尚未形成学科体系。汉代学者对文献进行了多方面的整理和研究，刘向、刘歆父子领衔整理国家藏书，取得了重要成果。刘向为此撰写的《别录》一书，对文献工作情况有零星的记载："一人读书，校其上下，得谬误，为校；一人持本，一人读书，若怨家相对，为雠。"这个时期的文献整理内容包括搜罗版本、去重篇目、确定书名、编排篇目、校改文字、缮写定本、撰写叙录和分类图书等，后人把"校""雠"合在一起，统称"校雠"，指代整个古籍整理工作。南宋郑樵在《通志》中设《校雠略》，专论文献的收藏、分类和管理，对图书目录问题进行了多方面的阐述。清章学诚撰《校雠通义》，将"校雠"明确为通过书籍部居类别来彰显学术源流异同的学问。到了近代，"校雠学"之名出现，范希曾《校雠学杂述》一文说："细辨乎一字之微，广极夫古今内外载籍浩瀚。其事以校勘始，以分类终，明其体用，得其鳃理，斯称'校雠学'。"这里所谓"校雠学"，应该包含目录、版本、校勘等文献学的基本范畴在内。

晚清，列强入侵，国势衰颓，西学东渐，传统文化受到了严重的冲击。面对"中学"受到"西学"冲击局面，很多学者抱着悲观态度，一度有"欧风东渐，国学几灭"的感慨。而有识之士则能够积极面对，如梁启超认为西学不但不会使国学消亡，相反能够为国学增添活力，因而劝勉青年学者多多学习国学，国学研究在近代学术界兴盛起来。所谓国学，顾颉刚认为是"研究历史科学中的中国的一部分，也就是用了科学方法去研究中国历史的材料”。“五四”新文化运动时期，胡适进一步提出“国故整理”的概念，他说：“‘国学’在我们的心眼里，只是‘国故学’的缩写。中国的一切过去的文化历史，都是我们的‘国故’；研究这一切过去的历史文化的学问，就是‘国故学’。”事实上，无论是“国学研究”还是“国故整理”，研究的对象与前代“校雠学”差别并不大。

一般来说，一个学科的形成标志是学科史专书的出版，文献学也一样。从“校雠学”到“文献学”的最后定名，发其轫者是梁启超，他在《清代学术概论》中第一次提出“文献学”这个词。但梁启超对其“文献学”概念的来源却一无交代，使人误以为仿佛是他的“原创”，实则不然。中国现代“文献学”概念，其本来面目是德国的 Philologie。其进入中国的途径有二：一是由中国留学欧美者直接带入，另一是经过日本的中介转换。梁启超使用的“文献学”一词，就属于后者。①

文献学作为学科门类渐渐进入学术视野应该归功于民国时期的两位青年学者。1929 年，商务印书馆出版郑鹤声、郑鹤春兄弟二人合著的《中国文献学概要》，关于书名中的“文献学”，该书《例言》称：“昔孔子言夏殷之礼，而深慨文献之不足征。释之者曰：文，典籍也；献，贤者也。马贵与《文献通考》命名，即取其义。……本编亦采其谊，结集翻译编纂诸端，谓之文；审订讲习印刻诸端，谓之献。叙而述之，故曰文献学。”这是学术史上第一部以“文献学”名书的专著，这本著作的出版，标志着中国古典文献学这门学科正式建立起来了。

文献学既不是经学、朴学，也不是考古学、语言文字学，时至今日，学术界一直没有给“文献学”下一个确切的定义，不过，因为文献学是关于文献整理和研究的一门学问，所以文献形体本身的特点、文献整理的方法、文献学的历史、文献学的理论都应该包括在内，基于此，我们可以这样说：

> 文献学是以文献和文献发展规律为研究对象的一门科学，研究内容包括文献的特点、功能、类型、生产分布、发展规律、整理方法及文献与文献学发展历史等。

中国古典文献学或称传统文献学，是在综合目录学、版本学、校雠学等的基础上发展起来的，分支学科包括文字学、音韵学、训诂学、目录学、版本学、校勘学、典藏学等。如果按照时代划分，又可以分为先秦文献学、汉代文献学、魏晋南北朝文献学、隋唐五代文献学、宋代文献学、元代文献学、明代文献学、清代文献学等；如果按照专业划分，还可以分为文学文献学、历史文献学、哲学文献学、医学文献学、农业科技文献学等。以此类推，不一而足。

三、学习文献学的意义

研究古典文献是为现实服务的，在经济社会和科学技术高速发展的今天，我们必

---

① 关于“文献学”概念的来源和释义，参见张伯伟《文献学与 Philologie：旧领域的新认识及其可能的新未来》，《文献》2023 年第 6 期。

须使古典文献的研究真正做到古为今用，使它在揭示我国古代历史的真实面貌方面起到应有的作用，为提高全民族的文化水平，批判地继承文化遗产做出贡献。大致来说，学习古典文献学具有以下几方面的意义。

（一）了解文献学与王朝兴替的规律

文献学不是纯粹的学术问题，而是与政治、经济和文化等结合得非常密切，一切社会问题都可以通过文献学的发展反映出来。春秋战国时期，古圣先贤的典籍得到整理，各种学说被著录成文字，百家争鸣随即展开；两汉时期，最高统治者多次主持正经会议，儒家典籍一次次得到整理，王朝的国力迎来了鼎盛的局面；唐代，朝廷建立史馆制度，才学之士在史馆中认真从事一段时间的文献编纂工作后，才有资格到朝廷或地方的其他重要部门任职；北宋太宗和真宗时期，两代帝王亲自过问“四大书”的编纂工作，宋代很快迎来了前之汉唐、后之元明皆所不逮的“文化昌明”时代；清代，考据学者对古典文献进行了一次较为全面的大清理，学术成就硕果累累，尤其是乾嘉时期也成为历史上有名的“盛世”……相反，历史上那些不重视文献学发展，或者戕害典籍的时代，往往也会伴随着王朝覆亡。秦王朝建立不久，即敕令“天下敢有藏《诗》、《书》、百家语者，悉诣守尉杂烧之”，嬴氏遂三代而亡；后世的多个时代的短命王朝和称霸一方的小朝廷，或忙于无休止的战乱，或忙于割据，在文献学上几无建树，因而政权皆不能永。学习文献学，就是要从古代王朝的兴替规律看到“文献”在其中发挥的重要作用。

（二）弘扬我国优秀的文化传统

我国是一个有着悠久历史的文明古国，我们的祖先创造了光辉灿烂的古代文化，经过数千年的积淀和发展，形成了浩如烟海的古代文献。这些文献，是人类智慧的结晶，是人类文明的体现，继承和弘扬祖国优秀传统文化是我们义不容辞的责任。

传统文献中蕴含的文化价值，像璀璨的明珠一样历久弥新。党的十八大以来，党中央高度重视培育和践行社会主义核心价值观，中共中央办公厅印发了《关于培育和践行社会主义核心价值观的意见》，而社会主义核心价值观——富强、民主、文明、和谐，自由、平等、公正、法治，爱国、敬业、诚信、友善，都可以在传统文献中找到出处。“富强”出自《管子·形势解》：“主之所以为功者，富强也。故国富兵强，则诸侯服其政，邻敌畏其威。”“民主”出自《尚书·多方》：“天惟时求民主，乃大降显休命于成汤，刑殄有夏。”“文明”出自《易传·乾·文言》：“见龙在田，天下文明。”“和谐”出自《诗·周南·关雎》“关关雎鸠”郑玄笺：“后妃说乐君子之德，无不和谐。”“自由”出自《礼记·少仪》“请见不请退”郑玄注：“去止不敢自由。”“平等”出自《华严经》：“善男子，汝于此义，应如是解，以于众生心平等故，则能成就圆满大悲。”“公正”出自《荀子·正论》：“上公正，则下易直矣。”“法治”出自《晏子春秋·谏上九》：“昔者先君桓公之地狭于今，修法治，广政教，以霸诸侯。”“爱国”出自《战国策·西周策》：“周君岂能无爱国哉？”“敬业”出自《礼记·学记》：“三年视敬业乐群。”“诚信”出自《管子·枢言》：“先王贵诚信。诚信者，天下之结也。”“友善”出自《汉书·息夫躬传》：“皇后父特进孔乡侯傅晏与躬同郡，相友善。”

人们常用“汗牛充栋”“浩如烟海”这样的词语来形容我国古典文献的数量之多，由于历时久远而自然损坏及屡遭兵火洗劫，其数量已没有确切的统计，但是留存至今的仍约有 20 万种（件）、4 000 万册。放眼世界，其他地区的古代文明曾经昙花一现，唯有中华文明绵延五千多年而从未中断，个中原因很多，而庞大的古典文献在其中发挥的积累知识、嬗递文化、延续传统、涵濡精神等巨大作用是不容忽视的。中华民族的文化精髓和智慧结晶是人类历史最宝贵的精神财富，这笔财富以文献的形式代代传承。后人从中可以学习到无数英杰为民族进步、国家富强而英勇奋斗、顽强不屈的动人事迹，以及众多先贤嘉言懿行中所蕴含的中华民族高尚的道德情操。这些事迹和情操不断地激发人们热爱祖国和人民的深厚感情，增强文化自觉和文化自信。

（三）奠定坚实的学术基础

学术研究发展至今，已经是多维度的综合体研究，不再是较小领域的个体活动。而综合体的学术研究，不可避免地要涉猎哲学、史学、经学、文学、五行学、天文学、地理学等各方面的文献典籍。这些文献典籍，既包括理论知识，又包括具体的文献作品。只有熟练掌握古典文献学的知识，才能有效利用和开发文献价值，为学术进步做出贡献。

明王朝的覆亡，给知识分子以巨大的心灵震撼。清初，有识之士不断总结明亡教训。明代中后期，王守仁“心学”崛起与广泛传播后，社会兴起反对圣贤偶像、封建礼教束缚的“异端”思潮，顾炎武认为这种视传统文献如敝屣的做法贻害无穷。他在《日知录》中痛心疾首地说：“新学之兴，人皆土苴六经，因而不读传注。……今之为科举之学者，大率皆帖括熟烂之言，不能通知大义者也。”“不读传注”就是抛弃文献，学术研究便缺少根基。而从文献研究做起，用坚实的史料作为证据，学术研究往往能够取得意想不到的成果。例如，有关《红楼梦》作者的记述，只有传闻和零星记载，没有人从实证出发来发掘、研究作者。乾隆四十九年（1784），梦觉主人在甲辰本《红楼梦》序中说：“说梦者谁？或言彼，或云此。”1927 年，胡适在上海新月书店意外得到一部《脂砚斋重评石头记》，引发他对《红楼梦》研究的极大兴趣。胡适根据《石头记》第一回的交代，认定当时的人多认这书是曹雪芹作的，于是查阅了吴修《昭代名人尺牍小传》、李斗《扬州画舫录》、韩菼《有怀堂文稿》、章学诚《丙辰札记》、宋和《陈鹏年传》等五部文献，基本上厘清了曹雪芹的生平概况。胡适找出了关于曹寅的多种史料，从而得出有关曹雪芹的六条结论：（1）《红楼梦》的著者是曹雪芹；（2）曹雪芹是满洲人曹寅的孙子，生于极富贵之家，身经极繁华绮丽的生活，又带有文学与美术的遗传与环境；（3）曹寅大概死于康熙末叶，曹雪芹大概生于康熙三十五六年；（4）曹家极盛时，曾做过康熙帝的东道主人，但后来衰败，或获了罪被抄没；（5）《红楼梦》一书是曹雪芹破产倾家之后，在贫困中作的，作书的年代大概为雍正末年或乾隆初年；（6）《红楼梦》是一部隐去真事的自叙：里面的甄、贾两宝玉，即曹雪芹自己的化身；甄、贾两府即当日曹家的影子（故贾府在“长安”都中，而甄府始终在江南)。在这之后，胡适还请顾颉刚帮忙，查阅了《诗人征略》《四库提要·别集类存目》《居常饮馔录》《同治上元江宁两县志》《嘉庆江宁府志·拾补》《楝亭集》《江南通志》《八旗氏族通谱》等典籍，逐渐丰富了对曹寅和曹雪芹生平的认识，修正了之前的错误说法。胡适把自己的研究结果撰成专著《红楼梦考证》，这在红学史上具有划时代意义，标志着“新红学”的到来。

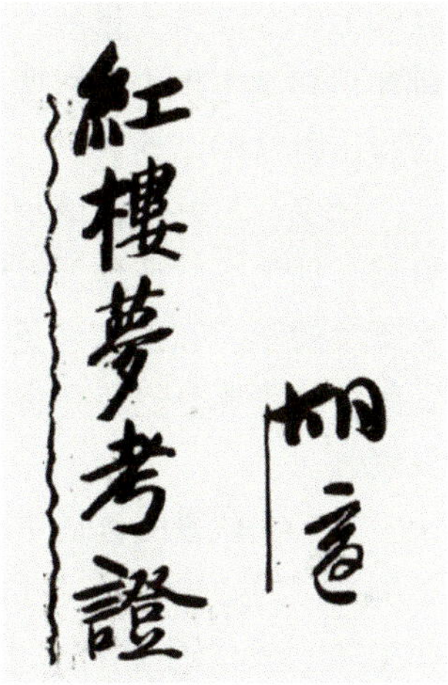

胡适《红楼梦考证》

（四）促进中外文化交流

东亚地区历史悠久，文明繁荣。在这片繁荣区域，中国国力最为强盛，与周边国家和地区形成了以中国典籍为主要传播内容的汉文化交流圈，大量的汉文典籍流传至朝鲜半岛、日本及越南等。以日本为例，在漫长的历史岁月中，中日两国使节往来不断，经济文化交流频繁。通过各种渠道传入日本的大量中国典籍，是中日文化交流的重要组成部分。其种类之多、数量之大、影响之深，是世界上任何其他国家都无法比拟的。就其内容来说，以儒家经典为主，此外还包括史籍、文集、小说、杂著、方志、医典、历算、佛经、道藏等 40 类左右。日本收藏的中国古籍数量十分丰富，迄今难以统计。清末杨守敬曾在日本搜集中国古籍，一年时间获得 3 万余卷，有些古籍在中国早已失传，而在日本却保存下来，值得我们特别珍视。中国典籍大规模移植海外，对东亚汉文化圈的形成起到了重要的推动作用。许多国家在官制、教育、医学和文字等方面都曾出现过“汉化”的现象，这种现象为中外文化交流的加深提供了基础平台。

中国古籍是中国加强与世界各国文化交流和友好往来的重要媒介。除东亚各国外，中国典籍最迟大约在 13 世纪传入欧洲，18 世纪的法国启蒙思想家伏尔泰和狄德罗、18 世纪末到 19 世纪初的德国哲学家黑格尔都对中国文化有着高度的评价。自 20 世纪以来，随着中外文化交流日益广泛和密切，各国有识之士在思考西方现代化导致的人类困境时，纷纷认识到中华优秀传统文化可以对西方现代文明起到补充作用，因此引发了持续升温的“汉语热”和“中国热”。

从宋代开始，中国散失海外的书籍，以及日本、朝鲜和韩国等创作的汉文典籍又源源不断地回归中国，出现了汉文典籍逆向输入的文化现象，直接弥补了中国典籍的缺失，产生了积极的反哺效应。研究中国古代的文化历史，域外汉文典籍同样发挥了巨大的作用，其中所保存的文献、材料，经常能给我们带来很多惊喜，对中外文化交流具有特殊意义。

四、学习文献学的方法

古典文献学是一门专业性很强的基础课。大的方面说，所有专业方向的学习都离不开文献检索和利用；小的方面说，古典文献学对于文史哲各专业针对性更强。由于在学习中要涉猎大量的古代文献典籍，因此，非常有必要学习和掌握古典文献学的基础知识和基本理论，以便在学习和研究中能够做到迅速检索、正确运用古典文献，从而得出科学的结论。

第一，打好传统的“小学”基础。“小学”就是汉语言文字学，主要包括文字、音韵、训诂等，还涉及汉语词汇和语法知识等。只有以“小学”为基础，我们对古典文献学的学习和研究才更加简便，同时也更加准确。“小学”在知识结构上属于古典文献学的重要分支，是古典文献学的关键组成部分，两者相辅相成，共同促进彼此的发展。

第二，认真阅读历史典籍。由于古典文献距离今天的时代非常遥远，我们必须先了解当时的历史背景，才能准确地把握文献的含义。所谓历史典籍，主要包括“二十四史”、《资治通鉴》、“十通”、会要、会典、清代史学三大家著作等大型书籍，还包括今人的历史研究著作，如各种学科史、学术史和思想史等，也在阅读之列。

第三，学会利用工具书。工具书大体可以分为两大类，即检索类与参考类。其中，检索类包括目录、索引、文献摘要等，参考类则包括百科全书、类书、字词典等。学习古典文献学离不开各种工具书，这是因为古籍中出现的各种字形、词语、典故、人名、地名、官职名等，都需要查阅工具书而获知正确解释。

第四，借助网络资源。21 世纪以来，科学技术的突飞猛进为古典文献学的学习和研究开辟了广阔的前景。数字化、网络化为古籍的存储、检索、传输、复制、整理等提供了极大的便利。随着信息处理功能的不断提高，还有不少新技术可以用于简牍字迹的辨认、古书版本的鉴别、古籍碎片的拼缀。因此，古典文献学学习和研究要把握科技发展新趋势，开发利用新技术，从而提高效率和水平。

【思考题】

1. “古典文献学”中的“古典”可以改为“古代”吗？
2. 学习古典文献学对于学术研究有哪些帮助？

第一讲

历代文献学概览

文字的产生为古典文献的出现创造了前提条件，随着人类文明的发展和不断积累，各种形式的文献逐渐出现并得到保存和传承。在历史发展的每一个阶段，古典文献学都呈现出不同的文化特征，并取得了各异的成就。

一、先秦文献学

古典文献学随着古文献的产生、流传和积累而不断发展，并形成源远流长、延绵不断的历史。谈论古典文献学的历史，应该从古文献最初产生的时期谈起。历代学者研究中国文学、历史、哲学、语言文字乃至古代科学技术，无不溯源于先秦。先秦是中华民族学术文化的源头，因此，研究中国文献学史也要从先秦谈起。

先秦时期主要在以下几方面为文献学在后世的发展奠定了基础。

（一）文字的产生

文字是一种用来记录语言的符号，语言是产生文字的先决条件。考古学界认为，世界上最古老的文字也不过才有五六千年的历史，比人类发展史短得多。文字产生于社会生活的需要，人类在使用原始文字符号之前，经历过漫长的有声无文的时代。随着社会生产力的发展，人类的活动范围逐渐扩大，社会分工更加细密，生活的内容也日益复杂，只凭语言交流来传递信息的方式已无法满足需要。此时，用来记录语言的文字开始萌生。文字的发明是人类文化史上具有划时代意义的标志性事件，人类社会正是“由于拼音文字的发明及其应用于文献记录而过渡到文明时代”（《马克思恩格斯选集》第四卷）。文字是文献活动的基础，用文字记载的文献是与文字同时产生、相伴而行的。

从现有史料看，我国有文字的历史可以追溯到夏商时代，但文字的产生还要更久远。汉字发展到商代后期，已经基本成熟，其前必然经历了一个漫长的历史时期，文字的萌芽状态可以追溯到仰韶文化时期陶器上的简单文字。文字记载的文献是与文字同时产生、相随发展的，但见于史料记载的最早也只能追溯到夏商时代。《国语·晋语》说：“阳人有夏商之嗣典。”这里的“嗣”通“司”，意思是主持、掌管。这句话是说阳这个地方的人在夏商时代是专门管理王朝典籍的。《尚书·多士》云:“惟殷先人,有册有典,殷革夏命。”伪孔传曰:“言汝所亲知,殷先世有册书典籍,说殷改夏王命之意。”这就是说殷先人有记载殷革夏命的文献典籍。《吕氏春秋集释·先识览》记载,夏桀暴乱,“夏太史令终古出其图法,执而泣之”,说明夏朝时已有“图法”,也就是文献典籍。

(二)文献的保存和整理

春秋之前,文献典籍主要集中在官府,由相关的官吏掌管。《周礼·春官》载“大史掌建邦之六典”“小史掌邦国之志”“内史掌王之八枋之法”“外史掌书外令,掌四方之志,掌三皇五帝之书”等。《周礼·秋官》记载,王在接受司徒、司寇进呈的记载有人口、土地情况的簿册时,要郑重其事“拜受之”。恭敬的态度当然不是针对臣下,而是对于王所接受的簿册。王接受这些簿册后,又将它们存放在祖庙中,这是供奉祖先的地方,同时存入祖庙的还有玉镇、大宝器等,都是王权的象征,都直接同王的利益和权力攸关。在其他文献中也有相关记载,如《左传·昭公二年》载:韩宣子聘于鲁,“观书于大史氏,见《易象》与《鲁春秋》”;《左传·昭公十二年》又载:楚灵王称赞其左史倚相为“良史”,“能读《三坟》《五典》《八索》《九丘》”等典籍。每当王朝丧乱之际,史官们往往带着他们所掌管的文献典籍投奔新主。官府掌管文献的情况在春秋后期开始有所改变,学术和典籍散向民间,即所谓“天子失官,学在四夷”。士阶层开始拥有文献,并能够整理和著述,开始了文献活动从官府独有转向官府和民间共存的局面。

(三)古书始有校勘

文献典籍在流传中不免发生散失、错乱,历时久远,又有语言文字上的障碍,于是对典籍的校勘工作便展开了。周代设有专官管理图书,那时校书之事比较零散,古代有史记载最早的一位知名的校雠者是春秋时期宋国大夫正考父。《国语·鲁语下》载:“昔正考父校商之名颂十二篇于周大师,以《那》为首。”孔颖达《毛诗正义》解释“校”:“宋之礼乐,虽则亡散,犹有此诗之本。考父恐其舛谬,故就太师校之也。”他认为正考父所从事的是一种根据别本来订讹正谬的工作,但是详细情况史无记载。

正考父是宋前湣公的玄孙、孔父嘉的父亲、孔子的七世祖。《左传·昭公七年》载孟僖子说:“吾闻将有达者曰孔丘,圣人之后也,而灭于宋。其祖弗父何,以有宋而授厉公。及正考父,佐戴、武、宣,三命(上卿)兹益共(恭)。”事实上,孔子在校勘古书上,比七世祖更进一步,不但有相关实践,还总结出有益的理论,这个问题后文有专论。

孔子弟子子夏也是著名的校勘学大家。《吕氏春秋·察传》记载:“子夏之晋,过卫,有读史记者曰:‘晋师三豕涉河。’子夏曰:‘非也,是己亥也。’夫‘己’与‘三’相近,‘豕’与‘亥’相近。至于晋而问之,则曰‘晋师己亥涉河’也。”子夏是孔门中对文献掌握得最娴熟的人,所以能够无须异本,只凭借文字形体与史书通例订正误书,这是最早的理校实例。子夏到晋国后又覆而验之,更体现其审慎治学的态度。其事虽小，但一则因为记录具体，二则因为子夏的特殊身份，所以颇具影响，后来的学者如清人段玉裁等，大多是以孔子、子夏师徒为例来考论校勘起源的。

（四）诸子著书立说

《史记·屈原贾生列传》记载："廷尉乃言贾生年少，颇通诸子百家之书。"这是古书关于"诸子百家"的最早记载。春秋战国时期，人们对自然和社会的认识已经相当进步，纷纷著书立说，各抒己见，思想文化领域出现了古代中国第一次百家争鸣的局面。称为"百家争鸣"则意味着包含诸多不同的学派，但《史记·太史公自序》仅仅列出阴阳、儒、墨、名、法、道德六家，《汉书·艺文志》称"诸子十家"，即儒家、道家、阴阳家、法家、名家、墨家、纵横家、杂家、农家、小说家。诸子百家各自聚徒讲学，互相辩论，并通过著书这一形式来传播思想，因此产生了丰富多彩的诸子文献。《汉书·艺文志》"诸子略"记载："凡诸子百八十九家，四千三百二十四篇。"诸子著书比较复杂，有自撰的，有为门徒所记的，还有为本派后学采摭言行或依傍其学说推演、编写而成的。诸子之学互相依傍、利用、吸收、攻讦，在观点、资料这种错综复杂的关系中，反映出文献学上的诸多问题。现传先秦诸子之书，大部分成于战国，并经西汉刘向校定。

顾炎武《日知录·著书之难》一文对先秦诸子著述给予了高度评价："子书自《孟》《荀》之外，如《老》《庄》《管》《商》《申》《韩》，皆自成一家言。至《吕氏春秋》《淮南子》，则不能自成，故取诸子之言，汇而为书，此子书之一变也。今人书集，一一尽出其手，必不能多，大抵如《吕览》《淮南》之类耳。"先秦诸子著述之所以能流传后世，是因为这些书都有独立的思想，能自成体系，对中国古代的政治、思想、哲学、历史、文学、语言等影响巨大。

（五）官私藏书并现

藏书是人类文明延续的基础，也是文献学得以发展的保障。先秦时期，各代王朝十分重视图书的典藏。虽然那时候图书的载体是甲骨、金石、简牍等，十分笨重，但是从河南安阳殷墟发掘可以得知，殷人把甲骨文书堆放得秩序井然，显然是经过了一定编排的，这就是原始的档案和图书。这个堆放场所，就是商朝国家图书档案馆，类似后世的皇家藏书楼。时代来到周朝，社会生产力有了相当大的发展，书写工具大为改善，图书的制作除竹木简策外，也开始使用缣帛，典藏工作有了改进，周王室的档案图书藏在"盟府"（或称"故府"）中。春秋战国时期，周王室权力旁落，诸侯国会盟的文书和其他档案来源不复往日，藏书事业发展缓慢。与之相对的是，各诸侯国的藏书事业却日益繁荣起来，尤其是势力强大的诸侯国。由于人才汇聚，史书、兵书、法律文书、诸子著作等应运而生，如晋国韩宣子到鲁国阅读《易象》《鲁春秋》等，用非常羡慕的口吻称赞："周礼尽在鲁矣。"

先秦时期的私家藏书事业是伴随着官府藏书而发展起来的。西周藏书于"百司庶府"，收藏和管理的官员称"府"，后来又有"大师"（鲁国）、"司典"（晋国）、"主书"（魏国）、"御史"（秦国和赵国）等。这些官员由于得天独厚的条件，自己也拥有了极少量的私家藏书，《尚书》《诗经》等典籍成为他们私藏的主要部分。春秋末，老子曾任周朝“守藏室之史”，熟悉各种典章制度。晚年他见周朝日益没落，隐居函谷关，关令尹喜劝他著书，遂撰写《老子》五千言。其言行不但对我国古代图书事业有较大影响，而且影响后世名人学者以藏书、校书为荣。战国时期，士阶层开始兴起，打破了统治阶级对文化的垄断，改变了学在王官的局面，造就了一批思想家和著述家。在文化、学术和思想的黄金时代，诸子一方面阅读、使用大量图书文献，另一方面著书立说，流传社会，这样便出现了典藏图书的人。《墨子·贵义》记载：“子墨子南游使卫，关中载书甚多。”这里的“关中”一词，是指车厢侧壁间横木，“关中载书甚多”意思是车上运载了很多图书。《墨子》多处引用《诗》《礼》等先王之书，以此可知墨子藏有不少图书。《庄子·天下》说：“惠施多方，其书五车，其道舛驳，其言也不中。”惠施是先秦名家学派的代表人物，藏书五车在当时可以说是惊人的数量了，后世人常用“学富五车”夸耀学高书多，就是从这里来的。《战国策·秦策》记载：苏秦归家后，“乃夜发书，陈箧数十，得太公阴符之谋，伏而诵之，简练以为揣摩”。很显然，正是因为潜心阅读自家所藏的大量书籍，苏秦最后才能够在战国纷乱之际游说王侯，佩六国相印，荣归故里。

大致来说，先秦私家藏书的主要内容是关于帝王的诏令、文书及占卜、祭祀和战争方面的记载，是一些政治性的文献，也有一小部分是关于农业、手工业、商业等方面的经济性文献，以及反映当时特定历史背景的思想性文献和科学技术性文献，显得比较杂乱，缺乏系统性和专门性。

二、汉代文献学

秦朝建立后，为了从思想上维护中央集权制的绝对权威，秦始皇采纳了李斯的建议，对儒生的言论加以禁绝。《史记·秦始皇本纪》载：“史官非秦记皆烧之，非博士官所职，天下敢有藏《诗》、《书》、百家语者，悉诣守尉杂烧之。有敢偶语《诗》、《书》者，弃市。”秦始皇的这一做法简单粗暴，对先秦文献的流传产生了很坏的影响，给后世统治者禁毁文献典籍开了恶劣的先河。

汉朝建立之初，学者们不断总结秦亡的历史教训，提倡儒学，以儒家思想治国，形成了以经学为中心的古文献学，影响久远，后世各代的文献活动无不从中受益。因此，有人将这一时期称作古典文献学的奠基期。汉代文献学所取得的成就可以从以下几方面论述。

（一）广收图书资料

与秦朝毁灭典籍的做法相反，早在楚汉战争时期，刘邦率领大军进入咸阳，萧何就认识到收集图书的重要性。《汉书·萧何传》载：“沛公至咸阳，何独先入，收秦丞相、御史律令图书藏之。沛公具知天下厄塞、户口多少、强弱处、民所疾苦者，以何得秦图书也。”说明汉朝统治者很早就把天下治理与图书收集联系起来了。

汉朝建立后，历代帝王十分重视图书收集工作，制定了一系列积极的文化策略。汉高祖“改秦之败，大收篇籍，广开献书之路”（《汉书·艺文志》）；汉惠帝则“除挟书之律，儒家始以其业行于民间”（《隋书·经籍志》）；汉文帝使晁错从伏生受

《尚书》，并立诸子博士；汉景帝好黄老、刑名之学；汉武帝“建藏书之策，置写书之官，下及诸子传说，皆充秘府”（《汉书·艺文志》）；汉成帝时，由于典藏制度松弛，大量图书散亡，于是再次命人“求遗书于天下”（《汉书·成帝纪》），很快书积如丘山；新莽时期，“礼乐分崩，典文残落”（《后汉书·儒林传》），而汉光武帝重建东汉王朝后，“未及下车，而先访儒雅，采求阙文，补缀漏逸”（《后汉书·儒林传》）；东汉政权迁往洛阳时，所收图书装载二十余车，又经汉明帝和汉章帝等的努力，国家藏书总量三倍于前，到汉和帝时，东汉的国家藏书渐成规模。

（二）朝廷正经活动

汉王朝在文献收集方面不断取得成就的同时，还对儒家经典开展了多次校订工作，帝王亲自主持，名臣纷纷参与，声势极为浩大，在文献学史上具有非凡的意义。

一是石渠阁会议。西汉甘露三年（前51），汉宣帝为了进一步统一儒家学说，加强思想统治，“与五经诸儒，杂论同异于石渠阁”（《汉书·儒林传》）。石渠阁为汉高祖时修建，位于未央宫殿北，相传汉初萧何为收藏入关时收集的秦代档案、图书而建。石渠阁阁下以石砌成渠沟，用以盛水导水，有利于防火与保卫，故而得名。参加这次会议的人员，有精于《礼》学的戴汉、戴圣，精于《诗》学的张生、薛广德，精于《书》学的周堪、林尊，精于《易》学的梁丘临、施雠，精于《公羊春秋》的严彭祖，精于《穀梁春秋》的尹更始、刘向等。会议由经学家梁丘临主持发问，其余诸位儒生一一进行应答，太傅萧望之予以综合点评，最后由汉宣帝亲自裁决评判，整个会场言辞雄浑、百家争鸣、气氛热烈。会议结束之后，组织者按照汉宣帝的要求，将石渠讲论的奏疏汇编成《石渠议奏》（又名《石渠论》）一书，收录文章155篇。而从石渠阁会议的最终讨论结果分析，《穀梁春秋》主导的思想地位有所上升，《公羊春秋》主导的思想地位有所下降，契合汉宣帝加强对宗法礼仪控制的想法，纠正了汉初片面强调法治所引起的弊病，适应了当时“稽古礼文”的时代要求。因此，通过石渠阁会议，《礼》学在西汉王朝得到了空前的认可和发展，其学术观点随之演变为皇权政治的最高法典，这无疑大大加强了儒家礼仪制度对整个社会的控制力量，产生了深远影响。

二是白虎观会议。石渠阁会议后，儒家礼教规范朝野的局面进一步加强，汉室得以中兴。但是，汉哀帝时，今文经学家随意解经，今古文经学开始互相攻讦，一定程度上影响了朝堂稳定。东汉时，汉光武帝和汉明帝对今古文经学之争莫衷一是，这种做法从长远看不利于统治。汉章帝即位后，明确表示支持古文经派，适逢贾逵奉诏上奏，极言《左氏》之长。贾逵的奏疏不但言明了古文经——《左氏春秋》正君臣之义、父子之纲，与今文经异曲同工的积极意义，而且指出了今古文经应当合流与合流的基础。汉章帝从贾逵的奏疏中终于找到了解决今古文经矛盾的门径，建初四年（79）十一月，在白虎观召开了具有深远意义的讨论五经同异的大会，即白虎观会议。出席白虎观会议的名儒有贾逵、班固、魏应、召驯、楼望、李育、张酺、桓郁、鲁恭、丁鸿、淳于恭、杨终、成封等，他们中既有今文经师，也有古文经师。其规模之大、历时之长都是石渠阁会议无法相比的。会议由魏应、淳于恭承旨问奏，汉章帝裁决，班固将会议奏议整理成书，名曰《白虎通义》，亦称《白虎通德论》或《白虎通》。全书 43 篇，涉及汉代的政治、经济、思想、文化、民俗等各个领域，大致可归纳为三个方面：宣扬等级制度，维护君主的绝对权威；宣扬儒家道德伦理观念，重建地主阶级的纲常名教；援谶释经，宣扬阴阳五行，调和今古文经之间的矛盾等。

三是熹平石经。汉代流行的儒学经文因系传抄，故不断出现讹误，各家传授之本不同，贻误后学。大学者蔡邕向朝廷提出建议，把经文加以校正后刻于石碑之上，以“标准本”的形式供天下学子学习之用。汉灵帝采纳了蔡邕的建议，熹平四年（175）始，蔡邕丹笔抄录经文于石碑上，招募良工镌刻，历时 8 年全部完成。石经竖立在洛阳太学门前，每天来此抄经的学子摩肩接踵。

（三）图书编纂成就

春秋战国时期，百家争鸣，各家为宣传自己的学说而纷纷著书立说，典籍编纂取得了重要成就。但是，随后不久的秦统一战争、秦始皇的焚书事件，以及楚汉战争等，致使大量典籍惨遭毁灭，图书编纂亦几乎停滞。汉朝统一后，政治稳定，经济繁荣，文化复兴，其中，图书编纂工作取得了多方面的进展。

一是目录学著作。元朔五年（前 124），汉武帝“置太史公，命天下计书，先上太史，副上丞相，开献书之路，置写书之官”（《隋书・经籍志》），所征集的民间遗书全部汇集到宫廷，百年后便堆积如山。汉成帝时，朝廷命刘向、刘歆父子先后领衔校书，刘氏父子勤勉其事，整理进呈全部图书后，又分别撰写《别录》和《七略》两部目录著作，在古代目录学史上具有重要地位。

二是史籍著作。先秦已有史书编纂，但一直作为经学附庸。两汉时期，《史记》和《汉书》横空出世，开创了史书编纂新的文体模式。司马迁的《史记》首创纪传体通史体例，分为本纪、世家、书、表、列传五部分，作者自述各部编纂宗旨曰：“略推三代，录秦汉，上记轩辕，下至于兹，著十二本纪，既科条之矣。并时异世，年差不明，作十表。礼乐损益，律历改易，兵权山川鬼神，天人之际，承敝通变，作八书。二十八宿环北辰，三十辐共一毂，运行无穷，辅拂股肱之臣配焉，忠信行道，以奉主上，作三十世家。扶义俶傥，不令已失时，立功名于天下，作七十列传。凡百三十篇，五十二万六千五百字。”（《史记・太史公自序》）班固的《汉书》则是第一部纪传体断代史，他根据西汉王朝的政治特点，分为本纪、表、志、列传四类，为后世修史提供了范式，且很长一段时间其影响甚至在《史记》之上，后代的正史大多采取断代史形式。

三是小学著作。汉代学者出于古文献的传授、整理需要，推动了语言文字学的发展，在小学方面整理成就极为突出。分别出现了：最早的训诂书——《尔雅》；第一部系统分析字形、考究字源的字书——《说文解字》；仿《尔雅》体例、专释方言词语的著作——《方言》，原名《輶轩使者绝代语释别国方言》；仿《尔雅》体例，专用音训，以音同、音近的字解释意义的著作——《释名》；等等。这些小学著作在古代小学文献方面影响深远。

三、魏晋南北朝文献学

魏晋南北朝的时代背景是时局动荡，南北分治。在这种局势下，统治者疲于征战，思想控制减弱，反而给了学者一个相对自由的思想空间，出现了学术上的繁荣和创新，文献学也出现了不同于以往的新景象。

（一）文献研究南北差异

这种差异是南北长期分裂造成的。魏晋时期，经学研究出现义理之学和训诂之学并存的局面，发展到南北朝则形成南北学风的差异。对于这种差异，史料多有记载。《世说新语》云："褚季野语孙安国云：'北人学问渊综广博。'孙答曰：'南人学问清通简要。'"《北史·儒林传序》云："大抵南北所为章句，好尚互有不同。江左，《周易》则王辅嗣，《尚书》则孔安国，《左传》则杜元凯。河洛，《左传》则服子慎，《尚书》《周易》则郑康成。《诗》则并主于毛公，《礼》则同遵于郑氏。南人约简，得其英华；北学深芜，穷其枝叶。"这种南北学风的不同，体现在文献研究上自然会呈现不同的风格。大致而言，北朝士人更多继承了汉儒训诂之学的传统，而南朝士人更多受到了玄学和佛教解说佛经的影响。当然，所谓不同只是相对而言的，实际上南北相互借鉴融通的情况也是存在的。

（二）文献整理出现新变

魏晋南北朝的文献整理出现了不同于前代的新变，这种新变最为明显的有两方面：一方面，图书分类出现了四分法。汉刘向、刘歆父子整理国家图书，第一次将图书分为6类，此为六分法。但是，到了魏晋南北朝时期，随着文献领域的进一步发展，各部类图书有了此消彼长的变化，六分法远远不能概括此时的典籍，四分法应运而生。最早运用四分法，将图书分为甲、乙、丙、丁4部的是三国曹魏郑默所编的《中经》和晋代荀勖所编的《晋中经簿》，其中甲部为六艺，乙部为诸子，丙部为史书，丁部为诗赋。这种分类法虽然还不完善，但是为唐人编撰《隋书·经籍志》分为"经、史、子、集"，确定其名称和顺序奠定了基础。另一方面，文献注释出现了新形式。受玄学影响，魏晋南北朝的文献注释出现了"义疏""集解"等新形式。其中，"义疏"体的代表作是皇侃《论语集解义疏》，"集解"体的代表作是何晏《论语集解》、范宁《春秋穀梁传集解》、杜预《春秋左传集解》等。除了经注，还出现了裴骃《史记集解》、裴松之《三国志注》和郦道元《水经注》等名作；子书注解以对《老子》和《庄子》的注解最多；集部书籍注解以对辞赋的注解为主，数量惊人。

（三）图书编纂成就斐然

据清姚振宗《三国艺文志》、黄逢元《补晋书艺文志》等统计，魏晋时共编纂各类图书2 992部（不包括佛道书）。第一，史学著作。从晋代起，史学便成为一个独立完整的学科，图书分类上摆脱了依附经书的地位，为之后大规模编纂史书打下了良好的基础。如陈寿《三国志》问世后，相关著作一编再编，有郭颁《魏晋世语》、孔衍《汉魏春秋》《魏尚书》、王隐《蜀记》、环济《吴纪》、阴澹《魏纪》、孙盛《魏氏春秋》等。范晔撰《后汉书》参考晋代关于东汉史的著作有8种，而唐代修《晋书》采录了18家旧晋书，其中10家为晋人所撰。除了国史，其他史书也相继问世，有方志体史书《华阳国志》、地理风土书《交广二州记》《湘中记》《洛阳记》、世族谱牒《十八州谱系集抄》、分类人物传记《高士传》《神仙传》《列女传》等。第二，文学著作。刘义庆《世说新语》专记魏晋年间人物的嘉言逸事，是研究这个时期社会生活的极好资料；刘勰《文心雕龙》和钟嵘《诗品》，是著名的文学批评著作；梁昭明太子编纂的《昭明文选》，是著名的文学总集。第三，谱学书。魏晋南北朝时期，门阀制度盛行，为了标榜门第，维护特权，垄断仕途，官僚地主需要有谱牒为依凭，朝廷选官也查阅谱牒，谱学书应运而生。比较早的谱学书是晋挚虞《族姓昭穆记》，之后有贾弼撰《姓氏簿状》、贾渊续撰《姓氏要状》、王俭撰《百家谱》、王僧孺续撰《百家谱》等。第四，类书。古代第一部类书是三国时魏文帝曹丕敕令编纂的《皇览》，之后又出现了多部类书，主要有南朝梁天监七年（508）编成的《寿光书苑》、梁天监十五年（516）始编的《华林遍略》，以及南朝齐竟陵王萧子良编纂的《四部要略》和北齐后主高纬编纂的《修文殿御览》等。

（四）藏书制度不断完善

朝廷的藏书处称秘书监，始成立于东汉桓帝延熹二年（159），宫廷藏书不再全由史官负责，而是从中分离出来。魏晋南北朝时期，各代沿袭这一做法。秘书监逐渐从内府走向外廷，政治职能不断降低，从兼掌图书诏令转变为专职掌管图书文籍，类似今日国家图书馆。职能集中后，秘书监开始对图书的典藏专业化，编纂、点校和庋藏等工作皆有专人负责，从而带动了图书典藏事业的日趋繁荣，官府藏书机制日趋完善。同时，这种藏书理念和机制的专业化要求，也间接推动了目录学不断向前发展。

四、隋唐五代文献学

隋唐五代是我国古代社会的鼎盛时期，其中隋朝建立时间短暂，五代纷争亦不长久，因而这一时期还是以中央集权的加强和统一局面的形成为主。王朝的统一，对文献的搜集、整理、保存和流传都产生了积极的影响。以经学为例，魏晋时期经学南北分治，从隋朝开始统一起来，由隋入唐的陆德明编纂《经典释文》，最具南北学统一的鲜明特色。但屡经动乱，时有聚散，也是不争的事实。五代时期，又出现了分裂战乱的局面，社会经济文化遭到严重破坏，古文献损毁、散失很严重，这一时期的古文献紧承唐代余绪，谈不上有什么特色，不过印刷事业较唐代有很大进展。

陆德明像

（一）隋代图书整理和编纂

南北朝时期，尽管朝代更替频繁，然各朝皆崇尚文化，致力图书典藏。例如，北魏历代帝王多下诏征书于民间，北齐时官方藏书已至3万卷，南朝梁藏书盛时达10万卷，南朝陈国家藏书有3万卷，等等。隋代国家图书的收集，即在前代官方、私家藏书极富的基础上实现的，图书盛时仅西京嘉则殿藏书就有 37 万余卷。丰富的藏书，为隋唐文化的繁荣奠定了坚实的基础。隋代不仅对收集的各种图书进行了全面校勘，而且大力抄制副本，并制定了全新的校勘、抄撰、装潢标准。在统治者的指导下，隋代图书编纂成果数量庞大，种类繁多。《旧唐书·经籍志》载"炀皇好学，喜聚逸书"，他对经术、文章、兵农、地理、医卜、释道等皆所通习，亲自主持修撰图书 17 000 余卷。其中，《四海类聚方》2 600 卷，穷南北医学之胜；而地志类图书《隋区宇图志》《隋诸州图经集》，则是适应国家大一统之需的。

（二）唐代史馆制度与图书编纂

贞观三年（629），唐太宗将史馆从秘书省中分离出来，置于禁中，使其取代著作局的修史之职，成为独立修史机构。唐初设立史馆修史，是对历代官方修史形式的制度化，同时也是我国古代从私人修史向政府修史的转折点。唐代史馆与前朝史馆相比有着不一样的地位。唐太宗将史馆移置禁中门下省北，使之成为宫中整理古籍、修撰史书以及提供历史经验的正式修史机构，这大大提高了史馆的地位。此外，在贞观三年设立史馆的同时，也确立了监修国史的制度，之后遂成定制，直至唐朝灭亡。监修国史，作为史馆修史活动的总负责人，在唐代一般由宰相兼任，偶尔也会由一些史学泰斗或皇帝宠臣担任，如贞观一朝就由房玄龄担任。

史馆制度的确立，保证了图书编纂工作的有序开展，唐代也因此成为古代史书编纂十分繁荣的时代。所谓"二十四史"，唐代就编纂了其中的八史，占三分之一，它们是《晋书》《梁书》《陈书》《南史》《北史》《北齐书》《周书》《隋书》。五代时期，后晋的刘昫等编纂《旧唐书》成就很高，亦被列入正史。在类书编纂上，这一时期较魏晋南北朝时期有了较大的发展，隋朝时的《北堂书钞》，唐朝时的《艺文类聚》《文思博要》《初学记》《法苑珠林》《白氏六帖》等，对后世影响很大。唐代还是古代方志编纂得到发展的时期，地记、图记，全国性的、地方性的，综合的、专科的，都有撰述，其中《元和郡县志》最为著名。

（三）雕版印刷术始于唐代

明胡震亨《读书杂录》载："书籍之有印本，云起于五代者，非也。元微之序《白乐天集》，已有市井模勒衒卖之说……则剞劂之利，在唐世已盛兴矣。"雕版印刷术发明的年代有多种说法，但是学术界一般定于唐代初期。明邵经邦《弘简录》记载：唐太宗贞观十年（636），长孙皇后去世，"上为之恸。及宫司上其所撰《女则》十篇……帝览而嘉叹。以后此书足垂后代，令梓行之"。"梓行"就是刻版印刷并发行的意思。唐代出现刻书活动，与佛教事业发展到鼎盛时期，教众对佛教典籍的大量需求分不开。佛教徒不仅需要复制经文经咒，还需要大量复制佛像，他们迫切需要一种技术，能够把复制图文统一协调起来。因而，佛经和佛像的雕版印刷工作自然而然地开展起来。迄今所能见到的唐代印刷品多为佛经，足以证明这一点。玄奘曾用回锋纸印普贤像，施给僧尼信众。收藏在英国伦敦大英图书馆的唐咸通九年（868）王玠为二亲敬造普施的《金刚经》，是现存最早的标有年代的雕版印刷品。唐代的印刷品雕刻精美，刀法纯熟，图文浑朴，墨色匀称，清晰鲜明，刊刻技术已达到较高水平。大约在唐朝中期，雕版印刷的使用已相当普遍，如元稹在《白氏长庆集序》中小注提到的“扬越间多作书模勒乐天及予杂诗，卖于市肆之中也”，就是明证。刻书发展到五代，不仅民间盛行刻书，官府也大规模刻印儒家书籍。自后唐长兴三年（932）起，到后周广顺三年（953），前后二十二年间，官府先后组织刻印了《九经》《五经文字》《九经字样》等。

（四）唐代辨伪学发展

考辨古籍真伪，在我国有着悠久的历史传统，《孟子·尽心下》载：“尽信《书》，则不如无《书》。”司马迁《史记》对大量古文献做了系统的梳理和考辨，刘向、刘歆父子在校理群书时，把考辨书籍真伪作为其工作的重要内容之一。此后，班固、傅玄、范宁、颜之推、王通等都对古籍辨伪做了一定的工作。

隋唐五代时期的古籍辨伪上承战国、秦汉及三国两晋南北朝的辨伪思想，下启宋代的疑古辨伪思潮，是中国辨伪学发展史上不可或缺的重要一环。这一时期著名的辨伪学者有颜师古、刘知几、智昇、司马贞、啖助、赵匡、陆淳、韩愈、柳宗元等。其中，刘知几辨伪学最具代表性，他撰写《史通》一书，强调修史要实录直书，采撰要考核征实。他认为，向来史官慑于统治者的淫威，往往舍真从伪；加之世尚怪异，多信小说，也被修史者写入史书，这样的史书有太多的不实之词。刘知几使用的辨伪方法也是多方面的，很有参考价值：第一，验之以事实，核之以道理；第二，以可靠文献为准加以比较；第三，从成书背景、撰写宗旨上考察。柳宗元是继刘知几之后唐代辨伪成就最大的一位学者，他扩大了古籍辨伪学的范围，开辨诸子群书之先河，著有《论语辨二篇》《辨列子》《辨文子》《辨鬼谷子》《辨晏子春秋》《辨亢仓子》《辨鹖冠子》等辨伪专篇，成就卓绝，对后世影响较大。宋孙似高著《子略》，明宋濂著《诸子辨》都颇受益于柳宗元，是对柳宗元辨伪著作的拓展和延伸。

（五）唐代注释学成就

隋唐时期经史子集注释方面，皆有很大成就。例如《史记》在唐代注释者众多，最具代表性的为司马贞《史记索隐》和张守节《史记正义》。《史记索隐》在裴骃《史记集解》基础上多有开创，前人注释疏略的地方，予以详补，注音释义相当详备；《史记正义》在以前注释的基础上作新注，特别注意“旁通”，兼顾注释和考证。再如《文选》编成后，一段时间比较寂寞，无人重视，唐代由于科举和文学创作需要，《文选》受到了前所未有的重视，注本开始多了起来，其中最为有名的是“五臣注”（吕延济、吕向、刘良、张铣、李周翰）和“李善注”。

唐代注释学成就非常高的是《五经正义》。经过魏晋南北朝长期的分治，《五经》文字多有脱讹，且不同经学流派和师授的文本彼此互异，给唐初统一经义带来了很大的阻碍。于是，唐太宗敕令颜师古编纂《五经定本》，以校定《五经》之文字，但由于诸儒传习已久，经义歧异现象仍然十分突出。贞观十二年（638），唐太宗诏国子祭酒孔颖达与诸儒撰定《五经》义疏，凡 170 卷，名曰《五经正义》，令天下传习，贞观十六年到十七年（642—643）进行修订，唐高宗永徽二年到四年（651—653）进行刊定，颁行于天下。《五经正义》既有对前人旧疏的袭用，也有对前人旧疏的删节、剪裁及驳正，代表了唐初学者的主流认识，也是唐初经学宗尚的集中反映。

五、宋代文献学

从政治和军事上讲，两宋积贫积弱，是一个挺不起来的王朝，但是宋代毕竟结束了五代长期纷乱的局面，促进了经济、文化的发展。从文化上看，宋代处在一个集大成的、高度发达的时期。王国维说："天水一朝，人智之活动与文化之多方面，前之汉唐，后之元明，皆所不逮也。"（《宋代之金石学》）古典文献学也一样，发展到宋代进入了全盛时期。这一时期的文献学成就主要有以下几方面。

（一）印刷事业空前发展

雕版印刷兴起于唐，兴盛于宋，且所刻内容日益丰富，卷帙庞大，书写工整，校勘认真，为后世留下了版刻图籍的典范。除了官府刻书，坊刻亦盛行，两者相得益彰，其中汴京（开封）、临安（杭州）、成都、建阳等为刻书中心。此外，宋代印刷业发达还表现在发明了胶泥活字印刷术，改进了印刷技术，为后世活字印刷术的推广使用导夫先路。

宋代雕版刻书具有产业性质。坊刻在经营过程中汇总形成了一套比较完整的机制，选题求新，刻工熟练，形成规模，发行有固定渠道。雕版盛行，推进了官私藏书的发展，如元吴澄《赠鬻书人杨良辅序》所言"宋百年间，锓板成市，板本布满乎天下，而中秘所储，莫不家藏而人有"。宋代印刷事业的繁荣，还促进了造纸、制墨、雕版、销售行业的繁荣，如王琪雕印杜诗，"即俾公使库镂板，印万本，每部直千钱，士人争买之"（《居易录》）。宋代以前，书籍多靠手抄，数量少、成本高、价格贵、收藏难；雕版印刷术流行后，书籍则易于收藏、流传。

（二）官私藏书丰富

宋代建立之初，国家藏书不过 13 000 余卷，但是统治者十分重视图书收集。宋太祖赵匡胤命令军队在收复后蜀和南唐时，不准损毁图籍，并把大量的图书运到开封。经过一段时间的搜集后，三馆藏书很快达到 8 万余卷。除宫廷和中央官府藏书外，各府路县学、各地书院和寺观等也都有大量的藏书，极便于学子阅读。据范凤书《中国私家藏书史》统计，两宋藏书家 700 余人，是周至唐五代千年左右藏书家总和的近三倍，其中藏书万卷以上者达 200 余人，私家藏书往往成为世家，二代、三代，甚至四代、五代的藏书世家比比皆是。宋代流行"积钱积谷不如积德，买田买地不如买书"的谚语，足以看出这一时期藏书风气之浓厚。

（三）编纂成果显著

宋代建立了完善的馆阁制度，除沿袭前代史馆外，又新设起居院和会要所。三馆不但收藏大量图书，而且三馆官员还负责图书的编纂工作，留给后世大量的上乘图籍。(1) 经学典籍。"十三经"的注和疏本来是分离的，是宋代学者将汉注与唐疏合刊，正式定名为《十三经注疏》，"注疏"之称开始流行。到了清代，大学者阮元主持校刻《十三经注疏》时，以宋人整理的版本为基础，校勘出最为完善的版本，成为研究中国古代文化的重要参考资料。(2) 史学典籍。宋代统治者特别重视史书编纂工作，史书的数量和质量远迈前代，具有代表性的史籍有司马光《资治通鉴》（编年体通史）、薛居正《旧五代史》、欧阳修《新唐书》《新五代史》、郑樵《通志》（纪传体通史）、袁枢《通鉴纪事本末》（纪事本末体）、王溥《唐会要》《五代会要》、徐天麟《西汉会要》《东汉会要》、李心传《十三朝会要》《建炎以来系年要录》、李焘《续资治通鉴长编》、徐梦莘《三朝北盟会编》等。（3）文学典籍。宋人编撰了大量的诗词文赋话本，帝王们也亲自从事文学创作，并有文集流传。在总集编纂上，宋人取得了突出的成就。其中，郭茂倩编纂《乐府诗集》100 卷，收录从隋唐时代到五代时期的乐府诗；太平兴国年间，李昉等人所编《文苑英华》1 000 卷，收诗文近 2 万篇，是可以和《昭明文选》比肩的古代著名文集选本；李昉等人还编纂《太平广记》500 卷，宋代以前的小说、志怪赖此得以保存流传。总体而言，宋代官私图书编纂成就斐然，出现了一大批图书编纂家，丛书、类书、总集、别集、方志、年谱都编刻精美，文学、史学、哲学方面的书籍也多有创获。

（四）文献学理论形成

宋代以前的文献学家虽然有着极为丰富的文献实践和取得了较高的成就，但在系统的理论建树方面很薄弱。宋郑樵撰写《通志》200 卷，其中的《二十略》52 卷是人们公认的全书精华，而特别有价值的当数其中的《校雠略》。第一，郑樵提出了目录编排的理论和方法。他说："学术之苟且，由源流之不分；书籍之散亡，由编次之无纪。"（《通志·总序》）又说："士卒之亡者，由部伍之法不明也；书籍之亡者，由类例之法不分也。类例分则百家九流各有条理，虽亡而不能亡也。"（《通志·校雠略》）这些意见对搜集书籍、编排目录都有实用价值。第二，郑樵在史料学上多有建树。郑樵在《校雠略》中对如何搜集史料、储备史料、校勘史料等都提出了许多可贵的方法和意见，仅搜集史料就列举了 21 个题目，既详细论述了求书的途径，又介绍了对所搜集的史料如何进行分类和编排的方法。第三，郑樵把金石学提到应有的地位。他在《二十略》中特地立《金石略》，指出："方册者，古人之言语；款识者，古人之面貌。以后学跂慕古人之心，使得亲见其面而闻其言，何患不与之俱化乎！……今之方册所传者，已经数千万传之后，其去亲承之道远矣。惟有金石所以垂不朽，今列而为略，庶几式瞻之道犹存焉。且观晋人字画，可见晋人之风猷；观唐人书踪，可见唐人之典则。此道后学安得而舍诸！三代而上，惟勒鼎彝，秦人始大其制而用石鼓，始皇欲详其文而用丰碑。自秦迄今，惟用石刻，散佚无纪，可为太息。"（《通志·金石略序》）其对于金石的文献价值说得非常清楚。因此，可以说，《通志》是我国历史上最早出现的一部文献理论著作。

郑樵像

（五）金石学兴起

金石学是以铜器、石刻为研究对象的学问，虽然铜器、金石等文献载体出现很早，但这门学问的形成是在北宋时期。北宋统治者为了巩固政权，大力提倡经学，试图恢复礼制，鼓励士大夫从事礼乐器物的搜集、整理和研究，金石学就是在这样的背景下产生的。刘敞《先秦古器图碑》、薛尚功《历代钟鼎彝器款识法帖》、欧阳修《集古录》、赵明诚《金石录》、吕大临《考古图》、洪适《隶释》等，一批著名的金石学家都有论著流传下来，他们所开创的金石学保存了许多有价值的古代铭文资料，为研究古文献开辟了一条新的途径。

宋代考古学与金石学是孪生姐妹。“考古”一词首见《水经注》卷十一《滱水》“考古知今”。作为学术名词，“考古”始于宋代，顾炎武《亭林文集》卷六《吴才老韵补正序》：“念考古之功，实始于宋吴才老。”宋代的考古主要体现在金石学上。郑樵《通志・金石略》中强调“惟有金石所以垂不朽”。刘敞认为金石文字对于校补古文献具有重要价值，指出金石文字可以“考知三代制度”。欧阳修视金石为“至宝”，赵明诚认为历代正史记载的年代、地理、官爵、世系等，大多出于后世之手，不能没有失误，而金石刻词为当时所作，资料可信。

（六）创设辑佚学

书籍散失，古已有之，称“逸书”，指官府不存而民间尚存的书，或者以为该书不存而实际仍在的书。“佚书”则指的是原有其书，后来散佚毁亡的书。散佚的书籍往往在其他文献中保存某些片段，后人从中钩稽，汇集成书，是为辑佚，其功在于恢复旧书原貌，或略存梗概。史料记载，古书散佚远在夏桀覆亡时就有，而学术界一般认为辑佚活动到宋代才正式出现。欧阳修的诗歌称“佚书百篇今尚存”，为进一步辑佚指明了方向。至于宋人具体的辑佚活动，叶德辉《书林清话》卷八说：“搜辑成书，世皆以为自宋王应麟辑《三家诗》始，不知其前即已有之。宋黄伯思《东观余论》中，有《跋慎汉公所藏相鹤经后》云：‘按《隋经籍志》《唐艺文志》《相鹤经》皆一卷，今完书逸矣。特从马总《意林》及李善《文选注》、鲍照《舞鹤赋》抄出大略，今真静陈尊师所书即此也。’……据此，则辑佚之书，当以此经为鼻祖。”无论是始于黄伯思还是王应麟，辑佚工作起源于宋代是无疑的。

（七）辨伪学成就

宋代文化重理性、尚思辨，学者们继承了孟子“尽信《书》，则不如无《书》”的思想，在许多方面突破了局限，逐渐形成了善疑、辨伪、求真的风气。北宋庆历之后，文献辨伪逐渐成为一股学术思潮。程颐告诉子弟：“学者须是深思之，思而不得，然后为他说便好。”（《二程遗书》卷十八《刘元承手编》）张载说：“不知疑者，只是不便实作。既实作，则须有疑。”（《经学理窟・气质》）欧阳修《读书》诗说：“篇章异句读，解诂及笺传。是非自相攻，去取在勇新。”这股思潮以“疑经”为主，兼及古史与诸子。其中著名者，如欧阳修疑《易・系辞》《文言》以下非孔子所作，并疑《史记》黄帝以来世次之谬；苏轼讥《书・康王之诰》为失礼；郑樵认《诗序》为“村野妄人”所作；朱熹说《诗经》中的《邶》《鄘》《卫》《郑》《陈》等国风多为“淫诗”；苏辙指《周礼》是秦汉诸儒以意损益之作；王安石斥《春秋》为“断烂朝报”；李觏、司马光批评《孟子》不明“君臣之义”；等等。宋人的辨伪学著作主要有欧阳修《易童子问》《毛诗本义》、吴缜《新唐书纠谬》《五代史纂误》等。

宋代辨伪学的发展，也影响到目录学，北宋《崇文总目》已见辨伪语，继承了中断已久的《汉书·艺文志》原有的辨伪传统。宋代私家目录如晁公武《郡斋读书志》、高似孙《子略》及陈振孙《直斋书录解题》等，纷纷把辨伪作为书籍解题的重要组成部分。正是宋儒的共同努力，才将文献辨伪推向一个新的历史高度。

六、元代文献学

元朝为蒙古族统治政权，统治者对于汉文化经历了由仇视、漠视到接受、融合的过程。初期废科举，影响至大，中期以后不得不全面恢复儒学。至于文献学事业，忽必烈建立元朝之前，蒙古诸汗忙于征伐，无暇顾及；元朝建立之后，统治者才渐次重视，思想和学术上承袭程朱理学，特别是重视朱熹学术，因而在文献学上受朱熹影响最深，表现出义理与考据并重的特点。统治者还建立了相应的机构和制度，王士点和商企翁合撰的《秘书监志》卷一《职制》载：“至元九年十一月，太保刘秉忠、大司农孛罗奉旨，设立秘书监，从三品级。”秘书监的职责主要为掌历代图籍并阴阳禁书，大德九年（1305）秘书监由从三品升到正三品。秘书监的设立，为元代文献学事业的发展提供了保障，文献活动渐次开展并取得了一定的成就。

（一）文献编纂与整理

元代官方修书机构主要是翰林国史院，置承旨 6 人，学士 2 人，侍读学士、侍讲学士、直学士各 2 人，另有属官和抄写人员若干。元代官方修书的内容主要包括正史、编年、政书、志书、农书、译书等。其中，丞相脱脱领衔编纂的《宋史》《辽史》《金史》三史，全部列入“二十四史”之中。此外，马端临《文献通考》、辛文房《唐才子传》和钟嗣成《录鬼簿》在典籍编纂上具有重要影响。

在文献整理工作方面，元代出现了多部有影响的成果。经书方面，赵汸《春秋属辞》最有创获，力破前代《春秋》整理研究中的穿凿义例之弊；吴澄《易纂言》为时人所宗；梅鷟《尚书考异》为辨伪《古文尚书》力作；等等。史书方面，胡三省《资治通鉴音注》《资治通鉴释文辨误》，是盛行于世的《资治通鉴》的最好注本；吴师道《战国策校注》，补正宋鲍彪《战国策注》，四库馆臣称“古来注是书者，固当以师道为最善”（《四库全书总目》）。子部方面，注解之作绝少，但元人撰写的笔记，如孔齐《至正直记》、陶宗仪《南村辍耕录》等，具有强烈的存史意识，直书无隐，文学价值和史学价值兼顾。文集方面，总集编纂繁盛，方回《瀛奎律髓》、房祺《河汾诸老诗集》、祝尧《古赋辨体》、汪泽民和张师愚《宛陵群英集》及苏天爵《元文类》等，在保存文学作品方面有功于后世。

（二）官私藏书

元军在统一战争期间，大军所到之处，也把当地图籍当作战利品运到北方，元世祖至元十二年（1275）二月，伯颜打败宋军后，得“督府图籍府印”。至元十三年

（1276），元军攻克临安，忽必烈下诏："秘书省图书，太常寺祭器、乐器、法服、乐工、卤簿、仪卫，宗正谱牒，天文地理图册，凡典故文字，并户口版籍，尽仰收拾。"（《元史》）元政权建立后，先后设立了一批修书和藏书机构，如编修所、经籍所、秘书监等，负责编纂保管利用图书。秘书监是元代中央政府最主要的藏书机构，无论是其收书的范围还是藏书的种类和数量，在全国都是首屈一指的，它是元代最大的官府藏书机构。以元顺帝时期为例，朝廷派司书官到东南地区搜求私藏图书，四五年间就收得遗籍 30 多万卷，全部藏在秘书监。

元代私家藏书的基础是宋代遗存的大批典籍，且元代的雕版印刷在宋刻的基础上又有所发展，所以元代藏书家仍有条件在战乱之后保存旧籍、丰富新藏。较为著名的藏书家，初期如文臣耶律楚材、张文谦、李冶，武将张柔、贾辅、汪惟正，隐逸如庄肃、张雨等；中期如宋宗室赵孟頫、孔子五十四代孙孔文升、申屠致远、同恕、张思明、袁桷、陆友等；末期则有苏天爵、杨维桢、顾德辉、虞子贤、黄公望、倪瓒等。见于记载的元代藏书家虽不过百人，但其中藏书万卷以上的即有十五六人。

（三）文献普及

元朝是蒙古族建立的王朝，文献典籍的普及首先是排除蒙古族了解汉籍的语言障碍，所以将主要的汉文典籍译成蒙古文是一个重要步骤，为此，朝廷采取了相应的措施。天历二年（1329），朝廷设置艺文监，"专以国语敷译儒书"是该机构的主要职能之一。据钱大昕《补元史艺文志》载，译成蒙古文的汉籍有《尚书节文》《孝经》《大学衍义节文》《忠经》《贞观政要》《帝范》《皇图大训》等。将儒家典籍译成蒙古文只是普及工作的一部分，最主要的普及工作是对儒家经典进行通俗易懂的诠释，使更多的人了解、接受儒家的思想精髓。从《补元史艺文志》辑存的书目中，就可看到有一些解经的著述称之为"直解"，如许衡《大学直解》《中庸直解》、胡祗遹《易直解》、胡持《周易直解》、吕椿《尚书直解》、钱天祐《大学经传直解》《孝经经传直解》、贯云石《直解孝经》等，其中以许衡的两部直解最具代表性。元代在文献普及上显示出来的较强趋势，是文献学发展到一定阶段的必然结果，也是历史进步的标志。

七、明代文献学

明朝虽然是农民起义政权转化为封建政权，但是统治者对前代文化多有继承，亦推崇儒学，学术思想承袭程朱理学。明太祖时，科举犹用古注疏及宋儒之书；明成祖时，颁行《五经大全》，古学渐疏。除了程朱，陆九渊"心学"也对明代学风有重要影响，如宋濂宣扬"六经皆心学"，鄙薄训诂和考据。王守仁继承陆九渊"心即理"的思想，杂糅儒佛，形成了"心学"体系，否定经典的名物训诂、注释考证，力求从"解心"上下功夫。不过，阳明心学的兴起，虽然对程朱理学造成很大的冲击，激活了沉寂的学术界，但是阳明心学具有严重的反知识主义心态，引导明末学术走向束书不观、游谈无根的可怕地步。

在经济上，明代商品经济的繁荣使得社会各阶层都有机会改善自身的处境，而商业印刷的显著发展极大地推动了文化的普及，面向幼儿的蒙学课本、服务儒生的科举册子、帮助商人的经营指南……各种实用类典籍异彩纷呈。明代文献学在这种纷繁的背景下取得了多方面的成就。

（一）图书编纂

明代图书编纂成就整体要比前代高，但是呈现不平衡的现象。经学图书编纂乏善可陈，朝廷主持编纂《五经大全》，用以提倡理学，是当时科举取士的标准书，但内容陈陈相因，抱残守缺。史书编纂上，明廷基于尽快给前朝撰写“墓志铭”的心理，命宋濂等人纂修《元史》，但两次纂修都是时间匆匆，因而质量十分糟糕。不过，明代各朝实录内容繁复，是研究明朝历史的重要史料，所编《大明一统志》《寰宇通志》及各省府地方志等，文献价值尤高。子书方面有《圣学心法》《性理大全》等，类书则有《永乐大典》等，皆在古代图书编纂史上有重要影响。文集则是各类皆备，总集、别集层出不穷，高棅《唐诗品汇》、程敏政《明文衡》、冯惟讷《古诗纪》、茅坤《唐宋八大家文钞》、张燮《七十二家集》、张溥《汉魏六朝一百三家集》等，不胜枚举。明代出现了众多的图书编纂家，尤可称道者有杨维桢、宋濂、杨循吉、都穆、杨慎、李贽、陈第、臧懋循、高棅、张溥、徐光启、徐霞客、冯梦龙等，都在各自的领域编纂出流传后世的优秀典籍。

（二）图书典藏

早在明朝建立之前，朱元璋就“命有司访求古今书籍，藏之秘府，以资览阅”（《明太祖实录》卷十六），明朝建立后，把宋辽金元四朝的国家藏书全部承袭下来，藏在南京文渊阁，从而奠定了一定的藏书基础。此后的几代帝王也不约而同地重视藏书，如明成祖在论及宫廷时说：“士庶家稍有余资，尚欲积书，况朝廷乎？”（《明史·艺文志》）敕令在全国购求，迁都北京后，将南京文渊阁藏书全部运到北京，另建文渊阁贮藏。明宣宗时，明廷统计藏书有 2 万多部，近 100 万卷。明英宗时，杨士奇等通过清理文渊阁所藏书籍，编纂《文渊阁书目》，仅此阁藏书就有 7 000 余种。惜正统末，国家藏书开始走下坡路，管理不善，盗窃成风，宫中火灾……国家藏书日渐减少，十分遗憾。

除朝廷藏书以外，明代藩王、地方官府、书院、寺院和私家等，纷纷热衷于藏书，且各具特色。藩王藏书以艺文为主；地方官府藏书多经史典籍；书院藏书既有朝廷颁发的经史，也有私家捐置的诗文；寺院藏书自然是佛经类。各类藏书中，私家藏书成就最高，风气最盛，出现了历史上享有盛誉的著名藏书家和藏书楼，范钦天一阁、毛晋汲古阁、祁承㸁澹生堂、钮石溪世学楼、陈第世善堂、徐𤊹红雨楼、黄宗羲续抄堂、钱谦益绛云楼等，闻名大江南北。明代的私家藏书在前代基础上继续发展，并且成为一种可贵的社会风尚。

（三）图书辨伪

明代辨伪学沿着宋人开创的途径不断向前，其中有学者好奇炫博的心理，也有书坊主追逐利益的本性，更有经学的复兴、文学的复古等时代大事件的刺激。

宋濂承宋元辨伪之风而成《诸子辨》（一说此书成于元末），按子书年代顺序一一做出简单的评价，虽有不少浅陋之说，但究为辨伪学史的第一部专书，首开明代辨伪之风。杨慎在辨伪方面较为有力，《丹铅总录》中《伪书误人》一篇，对前人著作多有辨误。王世贞在从事文献考据过程中，十分注意文献的真伪问题，《艺苑卮言》指出姜太公《阴谋》所载《笔铭》是伪作，还怀疑《胡笳十八拍》非蔡文姬之作等，发人深省。梅鷟《尚书考异》和《尚书谱》对孔壁古文和伪《古文尚书》表示怀疑，进行考辨，观点较为令人信服。胡应麟撰《四部正讹》一书，既对具体情况提出了见解，又系统地分析了作伪缘由，提出了具体的辨伪方法，重在辨伪理论贡献，后文有详述。

八、清代文献学

清代虽然是少数民族建立的王朝，但是统治者对于汉文化采取全面吸收的政策，从顺治初年始，清朝的一切制度（包括官职、地理等）全部遵照明代旧规，在260多年的统治下，先后出现了康熙和乾隆两次“盛世”，国势强大、经济繁荣，给整个文化包括文献学的发展提供了非常有利的物质基础。学术研究上，清朝初年，在顾炎武、黄宗羲等学者的影响下，学术研究注重资料的收集和证据的罗列，主张“无征不信”，以汉儒经说为宗，从语言文字训诂入手，主要从事审订文献、辨别真伪、校勘谬误、注疏和诠释文字、考证典章制度及地理沿革等，少有理论的阐述及发挥，也不注重文采，因而被称作“朴学”或“考据学”，成为清代学术思想的主流学派。清代朴学得到全面发展，带来了文献学的繁荣。其中，经学、史学的成果最为丰厚，且在传统小学、校勘、辑佚、辨伪、典章制度、金石、天算舆地等方面都取得了很高成就。

（一）经学成就

传统经学是清代学术的主导，各种经书在清代都有众多质量高的整理注疏本，惠栋、张惠言、江声、孙星衍、段玉裁、王鸣盛、陈奂、马瑞辰、胡承珙、孙诒让、刘文淇、孔广森、刘宝楠、皮锡瑞、邵晋涵、郝懿行、焦循等，分别在各自的研究领域撰写经学注疏名作。而阮元等纂集刊刻的《十三经注疏》和《清经解》、余萧客编集的《古经解钩沉》等，则是清代经学研究成果荟萃之作，极便于参用。

段玉裁像

清代经学中，尤其注意“三礼”制度研究。张尔岐《仪礼郑注句读》拉开清代典章制度研究序幕；毛奇龄治礼的成果颇为丰硕，体现“明经致用，以礼经世”的实学特色。其后，这方面的学者主要有万斯大、万斯同、李塨、徐乾学、秦蕙田、胡匡衷、戴震、沈彤、王鸣盛、洪颐煊、任大椿、焦循、程瑶田等，他们的成果均以礼学为中心，考官制、军制、名物、宫室、丧礼、服饰、燕寝等，考证精审详备、扎实可信。

小学是经学的附庸，欲通经学必先治小学，清代学者极为重视小学研究。文字学方面，对《说文解字》的研究用力最多，著述有百十种之多，其中最有成就者为段玉裁《说文解字注》、桂馥《说文解字义证》、王筠《说文解字句读》《说文释例》、朱骏声《说文通训定声》等“说文四大家”；《尔雅》《释名》《方言》《广雅》等字书，也在清代学者的研究下出现了较好的注疏本，尤为著名的是王念孙《广雅疏证》。清代还编纂了《康熙字典》《音韵阐微》《经籍籑诂》等字书典籍，表明清代文字、音韵、训诂等领域具有相当高的学术水平，对后世影响很大。

（二）史学成就

清代史学编纂极为繁荣，可分为官修史书、私修史书、考证与校释、补修正史、旧史改编等几种类型。清廷在官修史书方面用力极深，所修《明史》在“二十四史”中属于质量较高者，可以和“前四史”媲美。而私修史书著名者则有万斯同《明史稿》、魏源《圣武记》《元史新编》、毕沅《续资治通鉴》等。清代学者将大量的考证功夫用在史学研究上，对史学典籍进行丛考，重要著作有钱大昕《廿二史考异》、王鸣盛《十七史商榷》、赵翼《廿二史札记》、洪颐煊《诸史考异》、洪亮吉《四史发伏》等。此外，章学诚《文史通义》为史论巨著，提出“六经皆史”的观点，泽被甚广；黄宗羲《明儒学案》《宋元学案》则是开学术史研究之先河的重要著作。

清代官方极为重视地方志的修纂，官修和私修地方志达 5 000 余种，省、府、县等各级方志编纂饶有特色，资料丰富，信实精审。地理学则以《水经》为研究重点，多采用考证的方法，释地名与水道变化，主要研究者有顾祖禹、全祖望、戴震、孔广森、赵一清、张匡学、杨守敬、熊会贞、王先谦等，他们都在《水经》校注研究方面做出了重要贡献。此外，清代边疆地理、国外地理、地图编制等方面也成就骄人，考历代地理沿革、介绍国外地理等，留下了大量的成果。

（三）典藏学成就

官府藏书、私家藏书、寺观藏书和书院藏书这四大藏书系统在清代都达到了全面的繁荣，藏书的数量和质量都远超前代。大致而言，清代藏书具有以下几方面的特征：一是藏书思想以经世致用为主。清代藏书思想比较多样，保守与开放对立，泥古与致用并存，但总趋势是藏以致用，这种藏书思想反映了藏书家顺应时代潮流。在西学东渐、工业文明不断冲击中国传统文明的背景下，藏书家们主动改变以往那种只注重收藏经史子集类书籍，不注重收藏科学、技术类实用书籍的传统观念，从而演变为兼收并蓄、中西结合的藏书思想。二是藏书文化十分兴盛。藏书文化主要涉及藏书楼、藏书印、藏书文学等方面，众多藏书家在尽心收藏典籍的时候，不忘藏书文化建设，在藏书楼设计和命名、藏书印文构思、藏书文学创作等方面做出了诸多努力，留下了一笔丰厚的文化遗产。三是藏书很好地服务学术研究。清代出现了常熟铁琴铜剑楼、聊城海源阁、归安皕宋楼、钱塘八千卷楼、苏州百宋一廛等著名藏书楼，藏书大家更是不胜枚举，他们收藏典籍的同时，还用心于考证、校雠、鉴赏、编目、辨伪等相关工作，精心而用力，成果极为丰富。

（四）金石学成就

宋人开创了金石学，清人则把金石学研究推向了顶峰。从清中叶开始，金石器物出土日渐增多。碑碣、墓志、玉器、玺印、帛布是时人的收藏对象，石幢、简牍、古陶、瓦当、造像、封泥等一向被忽略的古董也逐渐成为收藏的热点。至清末，大量的先秦青铜器、瓷器，特别是甲骨文的发现，更促使金石学的风行。这样，清代上至帝王，下至平民百姓，都把搜藏金石文字作为一件幸事。清代涌现出的著名金石学家主要有顾炎武、黄宗羲、钱大昕、朱彝尊、阮元、孙星衍、邢澍、吴式芬、陈介祺、吴大澂等。他们以金石证经史，撰数百种著作，形成存目、跋尾、录文、摹图、摹字、义例、分地、分代、通纂、综论等一整套系统的研究体例和方法。因此，梁启超说"金石学在清代又彪然成一科学也"（《清代学术概论》），并且将清代金石学分为三派：一是以顾炎武、钱大昕为一派，重以金石材料为考证经史之用；一是以翁方纲、黄易为一派，以鉴藏为重心；三是以包世臣为一派，专讲书势的美术研究。

（五）辑佚与校勘成就

明代类书《永乐大典》汇集了上自先秦、下讫明初的 8 000 余种典籍，包罗万象，内容庞杂，为清代学者辑佚提供了极为重要的文献来源，《四库全书》就从《永乐大典》中辑出佚书近 400 种，《全唐文》《大清一统志》《宋会要辑稿》等也利用了《永乐大典》中的诸多史料。清代私家从事辑佚工作的成就完全可以与官方媲美，辑佚成果主要有马国翰《玉函山房辑佚书》、洪颐煊《经典集林》、王绍兰《萧山王氏十万卷楼辑佚七种》、王谟《汉魏遗书钞》、茆泮林《十种古佚书》、严可均《全上古三代秦汉三国六朝文》等，收录佚文数量庞大。

在校勘方面，清代学者以"求古存真""正讹求是"为旨归，形成本校、对校、他校、理校等科学而系统的校勘方法，出现了大批高质量的校勘成果。清代校勘的最大功绩在于对流传渐疏的先秦诸子典籍的校勘，一大批校勘家遍取古籍而校之，厘定正文文字、句读并对其进行注疏，解决了众多悬而未决的问题。王念孙《读书杂志》、王引之《经义述闻》、俞樾《诸子平议》《群经平议》等学术著作，可以说代表了清代校勘学的最高成就。

【思考题】

1. 古典文献学对于古代王朝治理有什么促进作用？
2. 列举古代著名的文献学家并简单介绍他们的文献学成就。

第二讲

文献载体

文献载体是记录文字符号的物质材料，是传播文化的重要媒介。我国古典文献从发展历史来看，按照载体的形式可划分为甲骨文献、金石文献、简帛文献、纸本文献和电子文献等。这些文献的载体形式各具特色，它们在不同的历史阶段为保存和传播中国文化发挥了不同的作用。

一、甲骨

《礼记・表记》载："殷人尊神，率民以事神，先鬼而后礼。"商人极度崇尚鬼神，他们希望通过占卜的方式达到人神之间的沟通。但是，在文化被统治者垄断的时代，用甲骨占卜并刻卜辞成了商朝王室和贵族的特权。从商代遗留下来的物质文化看，商代占卜仪式非常隆重，有专门管理占卜的人，所有用来占卜的甲骨都要事先经过严格而神秘的处理，这类甲骨主要是龟腹甲和牛肩胛骨，也有少量龟背甲及羊、鹿、猪等的肩胛骨。这些刻在甲骨上的文字是甲骨文，是我国已发现的古代文字中时代最早、体系较为完整的文字，被认为是现代汉字的早期形式，有时候也被认为是汉字的书体之一。而刻在甲骨上的文字内容称为卜辞，卜辞包括叙辞、命辞、占辞和验辞四部分，内容涉及商王关心的所有重大问题，是研究商代文化的重要文献资料。到了西周时期，周公突出天命靡常、敬德保民、以史为鉴等观念，占卜在人们生活中的地位逐渐下降，甲骨文献基本完成了历史使命。

甲骨文

二、青铜器

青铜器是用铜锡合金铸造而成的，始于商代后期，一直沿用到西汉，在我国文化史上占有重要地位。青铜器物数量很多，种类也很复杂，大体可分为礼器、乐器、兵器、食器和日用工具等。一般而言，礼器用鼎，乐器用钟，因此，钟鼎合称常常用来指代青铜器。古人在铸造青铜器的时候，往往会在上面铸刻文字，叫作“铭文”或“金文”，也称为“钟鼎文”。在甲骨文被发现之前，青铜器上的铭文是学者研究上古时代的主要文献依据。古人频繁提到的“金”或“吉金”多半是铜或青铜，今人沿袭这个说法，就把青铜器上的文字叫作金文或吉金文字。铸刻金文的过程比较复杂，先要把字刻写在模子上，然后再用模子翻铸在青铜器上。金文大小均匀、笔画粗壮、圆转疏朗。截至2010年，我国现存的青铜器大约有8 000件，单字3 000多字，能够识别的单字2 000多字。器物铭文多少不等，内容十分广泛。有记载赏赐的，如西周毛公鼎铸刻了周宣王赏赐臣子毛公厝的内容，铸字一般认为有497字，也有499字之说；有记载契约的，如散氏盘铸刻了散氏接受田地转移的契约内容，铸字357字；有记载刑法的，如晋国刑鼎铸刻了前执政范宣子制定的刑法内容。当然，也有像商后母戊鼎那样，仅仅铸刻了几个字作为鼎名的。青铜铭文普遍具有极高的文献价值，为研究当时社会历史提供了第一手资料，是后世金石学研究的重要内容。

毛公鼎

三、石刻

古人由于受到文献载体局限性的影响及对生命短暂的忧虑，所以常将重要的史实、著作或逝者的生平铭于金石，但是金属上的铭文较短，而石刻文字较为丰富。《墨子》书中有“书于竹帛，镂于金石”之句，可知春秋战国时期石刻文献已经较为普遍，汉唐时期极为兴盛，历宋、元、明、清而不衰，存世数量巨大，为研究古代历史文化提供了大量的文献史料。

古代石刻种类繁多，各家分类标准不一。从形式上看，大致有碣、碑和摩崖三种；而从文字内容来说，则可以分为墓志、墓碑、刻经、造像记、题名、诗词、杂刻等。石刻为古人当时所刻，所记为当时事，史料价值很高。石刻所录文章能够保存原貌，不似刊本之迭经传刻，多鲁鱼亥豕之误，故前代学者考史论文尤重石刻。然而，石刻或依山摩崖，或形制巨大，散在各地，多远处荒山僻野，即便是最优秀的金石学家，也不可能全部亲见原石，因此，学者援据主要是石刻拓本。

现存最早的石刻拓本，大约是见于敦煌遗书中的唐太宗《温泉铭》和欧阳询《化度寺碑》。宋以后的各种善拓本、精拓本，因流布不广，传本又少，故藏家视如拱璧，书贾索价高昂。近现代影印技术的普及，使碑帖得以大批刊布，许多稀见的拓本也得以大批缩印汇编出版，给学者以极大方便。影响较大者有《汉魏南北朝墓志集释》（赵万里著，科学出版社1956年版）、《千唐志斋藏志》（张钫藏，文物出版社1984年版）、《曲石精庐藏唐墓志》（李希泌编，齐鲁书社1986年版）、《北京图书馆藏中国历代石刻拓本汇编》（中州古籍出版社1989年版）、《隋唐五代墓志汇编》（天津古籍出版社1991年版）。重要的石刻拓本，在上述诸书中均能找到。

拓展阅读

历代石经

儒家经典刻在石板上作为标准读本是历朝历代统治者的通行做法，这种被刻在石板上的经典叫作“石经”。

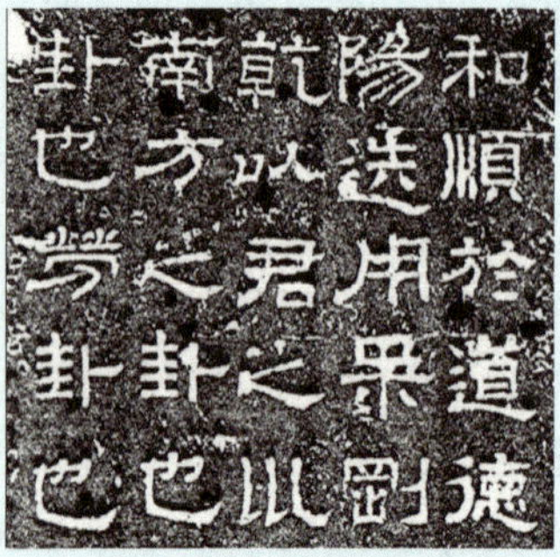

熹平石经（局部拓片）

最早的石经是东汉末年的“熹平石经”。汉灵帝熹平四年（175），大学者蔡邕有感于当时经书辗转传抄，难免有误，于是奏请刊刻石经，统一经书文字。汉灵帝嘱咐他用隶书将《周易》《尚书》《鲁诗》《仪礼》《春秋》《公羊传》《论语》7部经书写在石板上，刻成石经，立在洛阳太学门外，作为标准本供士人抄对。因为这部石经只用一种字体——隶书，所以史上也称“一字石经”，又称“汉石经”。石经刻成之后，从全国各地赶来抄写、校对、摹印的人很多，太学门外每天都有几百辆车乘，交通往往为之阻塞。

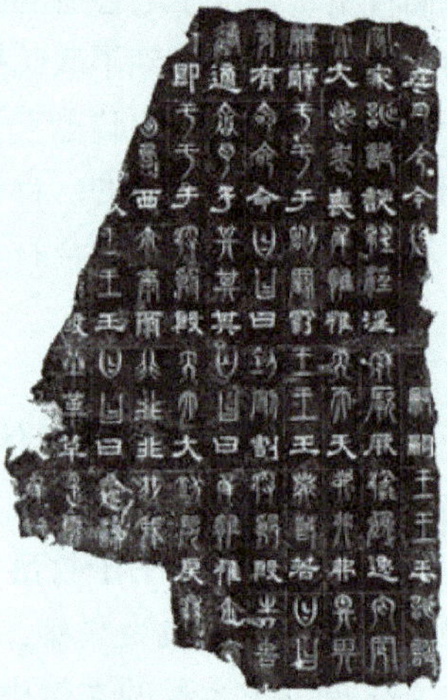

魏石经（局部拓片）

三国时，魏国曹芳正始年间，官府也有雕刻石经之举。他们用古文、篆书和隶书三种字体，刻了《尚书》《春秋》两部经书，史称“正始石经”，又称“三体石经”或“魏石经”。

上述两部石经原来都立在洛阳城南太学讲堂前，由于战乱，随着时光的流逝，岁月沧桑，而今已是片石无存。晚清时期，有一些汉魏石经大小残石出土，散存各处，但难睹全貌。

唐文宗太和年间，郑覃、唐玄度建议，重新镌刻石经。太和四年（830）由艾居晦、陈玠等人用楷书分别写样，刻石始于太和七年（833），开成二年（837）完成，因而后世名曰“开成石经”，又称“唐石经”。“开成石经”计有《周易》《尚书》《诗经》《周礼》《仪礼》《礼记》《春秋左氏传》《春秋公羊传》《春秋穀梁传》《孝经》《论语》《尔雅》等12部经书，共114块碑石，每石两面刻，共刻经文65万余字。上置碑额，中插经碑，下设方座，碑石整体通高约3米。其中，经碑高约1.8米，面宽0.8米。每碑上下分列8段，每段约刻37行，每行刻10字。每一经篇的标题为隶书，经文为正书，刻字端正清晰，按经篇次序一气衔接，卷首篇题俱在其中，一石衔接一石，故不易凌乱。原碑立于唐长安城务本坊国子监内，宋时移至府学北墉，即今西安碑林。“开成石经”对后世影响很大，五代雕版刻印经书就以之为依据。时至今日，“开成石经”仍完整地保存在西安碑林中。

西安碑林

随着雕版印刷业的日益发展，石经因为其不便移动、携带等因素，作用相对下降，但是这一保存儒家经典的形式并没有被完全舍弃。五代后蜀广政七年（944），蜀相毋昭裔将唐玄宗注《孝经》、何晏集解《论语》、郭璞注《尔雅》、王弼等注《周易》、孔安国传《尚书》、郑玄注《周礼》、郑玄笺《毛诗》、郑玄注《礼记》、郑玄注《仪礼》、杜预集解《左传》，合共10经，连同注文，一并开雕上石。石经由张德钊、杨钧、张绍文、孙逢吉、朋古、周德贞等书写，工程历时8年，于广政十四年（951）全部刊刻完毕，史称“广政石经”，又称“蜀石经”。“蜀石经”最大的特点是经文与注文合刻在石上，因而备受后人重视。宋仁宗皇祐元年（1049），田况补刻《公羊传》和《穀梁传》，前者用何休解诂本，后者则用范宁集解本。宋徽宗宣和年间，席贡暨运判彭慥补刻《孟子》，但其是否有注则不详。南宋孝宗乾道年间，晁公武补刻《古文尚书》及其所撰写的《石经考异》。除补刻外，宋哲宗时，胡宗愈还建立石经堂，以保护这些石经。然而，如此备受后人重视的“蜀石经”却于南宋乾道以后神秘地消失了。著名金石学家马衡在《凡将斋金石丛稿》中说：“如此巨制，纵经兵燹，亦不至片石无存。乃自晁公武、张㚟之后，阒然无闻，仅知明时有《礼记》数段在合州宾馆，清乾隆间福康安修城时，有人于城址得残石数十片而已。”真是一则千古之谜。

北宋嘉祐六年（1061），宋仁宗敕令学者仿前代之制，在石上镌刻《易》《诗》《书》《周礼》《礼记》《左传》《孝经》《论语》《孟子》等9部儒家经典，史称“嘉祐石经”，又因其系用小篆和隶书两种字体对照镌刻，故亦称“二体石经”。

到了南宋绍兴十三年（1143），官府也进行了一次石经镌刻。这次与前代不同的是，石经由宋高宗赵构及皇后吴氏用楷书书写，内容为《易》《诗》《书》《左传》《论语》《孟子》6部儒家经典和《礼记》中的《中庸》《大学》《学记》《儒行》《经解》5篇，史称“南宋石经”，亦称“宋高宗御书石经”。石经刻成后原藏于南宋太学里的“光尧石经之阁”，南宋灭亡后，番僧杨琏真伽在南宋大内建造镇南塔，企图将石经搬去垫为塔基，以示镇压，幸有元杭州府推官申屠致远据理力争，才幸免全毁，然已散佚大半。后来，元朝将南宋太学改为西湖书院，“光尧石经之阁”遭废弃。明代初年，西湖书院改为仁和县学，后来仁和县学搬迁，石经亦复遭流散。明宣德年间（1426—1435），御史吴讷嘱郡县收集，得石经碑石百余块；明正德十三年（1518），巡按浙江监察御史宋廷佐将石经残碑87块移入杭州府学，后一直安放于尊经阁保存至今。在历代所刻的7部规模宏大的石经中，“南宋石经”是唯一由皇帝御书的石经，且其书法“结体整秀，有晋人法”，影响颇大，对南宋儒家学说的传播和弘扬起到了重要作用。

清代文化发达，统治者十分重视利用儒家思想来控制士人，因此对儒家经典十分重视。针对“开成石经”只雕刻了十二经的情况，康熙七年（1668）补刻《孟子》，这样，“十三经”就刻齐了。到了乾隆年间，清高宗命和珅为总裁、刘墉为副总裁动工刻石，经书由蒋衡花费12年的时间书写而成，全部63万余字，动用了190座石碑。由于刻石成于乾隆年间，故称为“乾隆石经”。

历代石经中，从文献史料、文学艺术来说，以“熹平石经”“三体石经”“开成石经”最有价值，古往今来研究石经的学者十分推崇。清阮元校勘“十三经”时即主要以古代石经为校勘依据，改正了流行经书中的许多错误。

（参见许道勋、徐洪兴著《中国经学史》，上海人民出版社2006年版）

四、简牍

造纸术出现之前，古人用竹子和木材制成的简牍是主要的书写材料，人们用它们来记录日常使用的文字。根据“惟殷先人，有册有典，殷革夏命”（《尚书·多士》）可知，殷商初期可能已用简牍作为正式公文、祝祷和档案记录的材料了，并且“册”这个字出现于商代甲骨文中，说明在商代以前或至少在商代，我国已经有简策了。简策起源于殷商时期，但作为记载和传播知识的书籍，则大量流行于春秋、战国、秦及两汉期间。东汉发明纸以后，简策逐渐减少，但一直在延续使用，约到公元四、五世纪才绝迹。

简是古人用以书写的竹片。《说文解字》云：“简，牒也，从竹，间声。”蔡邕《独断》云：“策，简也。”故“简”也有称为“策”的，或叫“简策”。“简”字从竹，为竹子所制，南方产竹，以竹简为多。那时中原气候温润，也盛产毛竹，因此在河南、山西、山东等地都使用过竹简。而西北等不产竹的地方，则多用木牍。牍是古人用以书写的木板。《说文解字》云："牍，书版也，从片。"故"木牍"也叫"版牍"。木牍所使用的木料多是杨树和柳树。在竹木之间，竹简的使用早于木牍，古代书籍的名称、单位、术语等，多数与竹简有关，如"简""策""篇""籍""簿"等都从竹。而"牍"字的使用至汉代始见于文献，说明最早的书籍是用竹简做成的。竹简比木牍出现时间早与制作有关，加工竹子成片状比加工木材容易得多，加工木材，必须有锯、斧、刀、刨等工具，而加工竹子，主要工具是一把刀，只要用刀顺着竹子的纹理劈竹子，就能够愈劈愈细、愈劈愈薄。

在中华文明的传承与发展历程中，简牍具有重大的历史功绩。但是，作为文献载体，它的不足也很明显，比如笨重、容纳的字数有限、阅读不便等。纸张发明之后，简牍逐渐被卷轴取代。

拓展阅读

简牍制度

甲骨和青铜器作为早期文献载体，因没有相应的书写规定，不能称作书籍。我国最早的正式书籍是用竹片或木板做的，用竹片做的叫作简策，用木板做的叫作版牍。因此，相关制度就叫作简牍制度或简策制度。

（一）简牍的制作

1. 将整竹截断成一定长度的竹筒。竹筒的长度视其用途而定，用于书写儒家经典和一般性文章的长度是不一样的。一般来说，越重要的内容所使用的竹简长度越长。竹质的选用也颇有讲究，绝大部分选取中间部分来制作。

2. 将竹筒劈成一定宽度的长条，称为"简"，再用刀将竹的表皮刮削掉，使其平整。

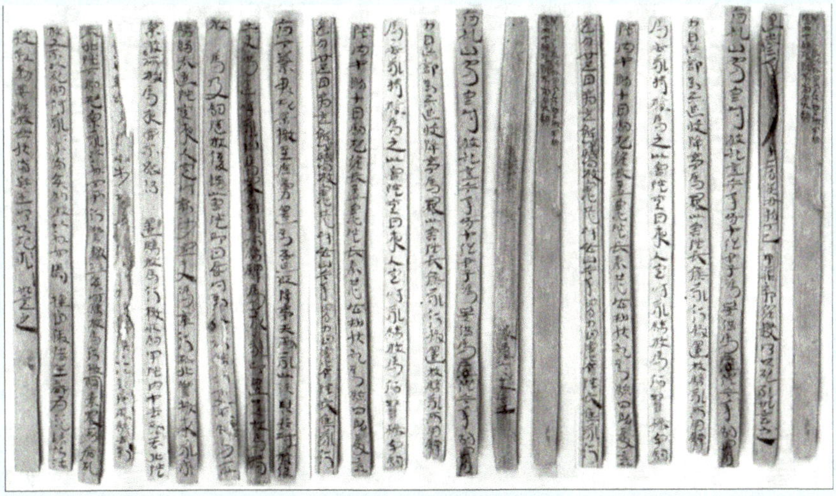

甘肃省博物馆藏汉简

3. 用火将刮削好的竹简烘干，以防虫蛀，称为"杀青"。由于竹简在烘烤的时候有水分冒出，如同汗珠，称为"汗青"。

4. 用绳子将一根根独立的竹简编成一册，有的先编再写，也有的先写后编。编绳用的材料有白丝线、黄丝线、黑丝线、青丝、麻线、皮革、红绳等。为了不使编绳滑动，常在简侧系纶处刻三角形契口。

5. 如果想重复利用旧简，只要将上面的文字用刀刮去即可，称为“削衣”。如果要更改错字，也有专门的刮刀将错字刮掉，或者用水涂抹掉墨字。

版牍的制作流程较为简单，先将树木锯成定长的一节一节的短木，再析成木板，用斧头削平整，用刨子刨光滑，再在整治好的木板上刻画上等距的竖线，像一根根竹简一般。

（二）简牍的尺度

从出土的简牍实物看，简的宽度一般为0.5~1厘米，厚数毫米，长度从十几厘米到六七十厘米不等，20厘米的比较多见；牍多为木质，比简要宽许多倍，有的宽6厘米左右，个别达15厘米以上，呈长方形，故又被称为“方”或“版”。由于窄窄的一根简上写不了多少文字，古人便把一根根简用绳串起来，编为“册”。古人对简策上面的内容也有不成文的规定，一般而言，“六经”等经典著作写在2尺4寸的简策上，诏令、法律和历谱等则写在3尺的简策上，以示其重要，因此古代的法律也叫“三尺法”。1尺简牍也称“尺牍”，多用来写遣策、名刺、文书、户簿、历谱等，内容很丰富。

（三）简牍的书写

简牍的书写工具有笔、墨、刀，其中，笔和墨用来书写，刀用于削除错字，而非用来刻字。因为竹子的纹理是竖直的，且竹简宽度很小，竖行书写更加容易、方便，且汉字属象形文字，其笔画特点，起笔落笔的先后顺序有利于竖行书写。为了书写方便，左手执简，右手写字，将写好的竹简从右到左排列，这样就将写好的竹简与未写字的竹简分开排列，有利于编简成册，也就自然形成了从右到左的阅读顺序。

（四）简牍的装帧

简策装订的方法是用麻绳、丝绳或皮绳在简的上下端无字处编连，类似竹帘子的编法。用丝绳编的叫“丝编”，用皮绳编的叫“韦编”。在编简成册时，先把这篇文字的篇名写在一根简上，编在策首。另用一根简写书名，编在第一策（第一篇）之首，这根简被古人称为“赘简”。编简成册之后，从尾简朝前卷起，阅读时展开即卷首。

简牍制度是中国最早的书籍制度，影响非常深远。中国古代书籍都是直排文字，由上到下、由右到左书写，这种行格就是起源于简牍制度，这种制度甚至影响了中国人的思维方式。许多有关书的计量单位如“册”“篇”等，都与简牍制度有关。学富五车、连篇累牍、汗牛充栋、罄竹难书等成语，所反映的也是简牍制度的深远影响。

（参见刘国钧著、郑如斯订补《中国书史简编》，书目文献出版社1982年版）

五、缣帛

缣帛是帛、素、绢、缯、缣等的总称，所以缣帛文献又称“帛书”“缯书”“素书”“缣书”等。“帛”字始见于甲骨文，是一般丝织品的通称；“素”是用生丝织成的白帛，不经漂染、平实无华，也是书写所用帛的统称；“绢”也是用生丝织成，轻薄如纱，常用于书写，特别是绘画；与“绢”类似的还有“缯”，也是用生丝织成，轻柔洁白；而“缣”是用双丝织成的，色黄。

从目前出土的资料来看，丝织品的产生最晚也在殷商时期。到了春秋战国，纺织业可以说是迅猛发展，缣帛随即被广泛用作文献载体。《墨子·兼爱下》“书于竹帛，镂于金石”，就是明证。此后，缣帛作为文献载体一直延续到清朝。相较于简牍，缣帛作为文献载体具有面积宽广、剪裁方便、质地柔软、易于书写和阅读、便于携带和收藏等优点，因而成为古代比较重要的文献载体之一。

清汪士铎专门写有《释帛》一文，把帛细分为60余种，可见帛作为丝织品的代称，具有繁多的品类。同时，帛在很早就是帛书的代称，刘勰《文心雕龙·练字》有言：“至于经典隐暧，方册纷纶，简蠹帛裂，三写易字，或以音讹，或以文变。”简帛并称，均指书籍。因此，帛作为书写的材料，主要代指绢、缯、缣等几类。其中，绢是由较细的生丝织成的，其组织结构比缣要疏松一些，平纹而质地轻薄，是上等的书写材料。缯本来是帛的总称。《汉书·灌婴传》：“灌婴，睢阳贩缯者也。”颜师古注：“缯者，帛之总名。”到后来多专指质地较厚而呈暗色的帛。缣是由双丝织成的细绢，质地较厚而呈黄色，比绢、缯要绵密平整。《淮南子·齐俗训》：“夫素之质白，染之以涅则黑；缣之性黄，染之以丹则赤。”楚帛书原来叫“晚周缯书”，其质地到底是绢还是缯，似乎没有非常明确的界定。但改称帛书，是取其通称，相对更加准确。马王堆帛书的质地都是平纹绢，绢面平整细密，大多呈黄褐色，也有呈深褐色者。

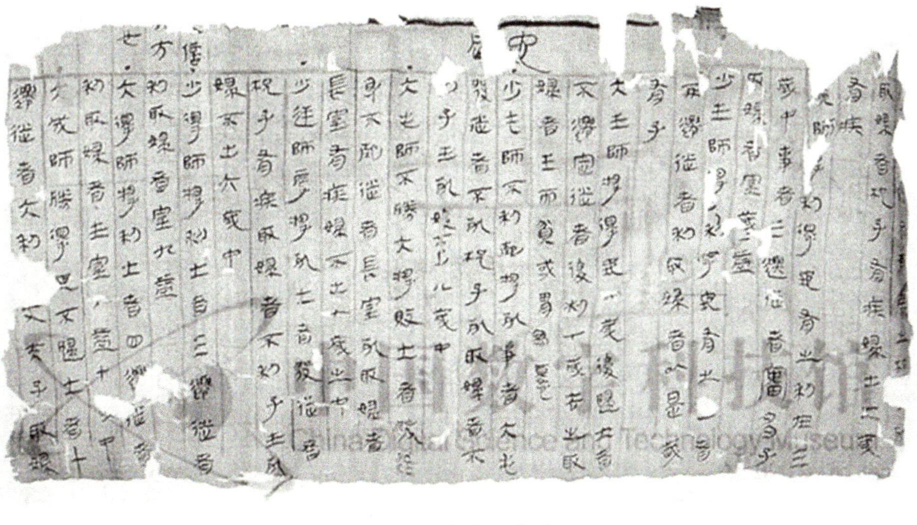

西汉马王堆出土帛书

六、纸本

纸是继甲骨、金石、简牍、缣帛之后最廉价、最方便的书写载体。关于“纸”的本义，《说文解字》云：“纸，絮。一苫也。”原来是指漂洗蚕茧时附着在箦上的絮渣。先秦文献中早就有过关于“絮纸”的记载，《庄子·逍遥游》载：“宋人有善为不龟手之药者，世世以洴澼絖为事。”所谓“洴澼絖”，就是在水上漂洗绵絮。漂絮的时候，有些细纤维不免要荡存于箦上，这些纤维晒干后就成为比较平滑且有韧度的薄片，即所谓“絮纸”，也就是丝质纤维纸。但是，这种絮纸由于太薄，且没有经过专门的加工，不能在上面书写文字。

能够用来书写文字的纸，是东汉元兴元年（105）宦官蔡伦改进的，取材方便，制作简单，价格低廉。不过，由于各种因素，纸张出现后，并没有作为书写载体及时被广泛使用，如崔瑗《与葛元甫书》说：“今遣送《许子》十卷，贫不及素，但以纸耳。”（《北堂书钞》卷一百零四）这说明当时人们出于虚荣，认为纸很廉价，以之作为载体有失身份，不得已的情况下才偶一使用。东晋元兴三年（404），桓玄自立为帝，他下诏说：“古无纸，故用简，非主于敬也。今诸用简者，皆以黄纸代之。”（《桓玄伪事》）这样就以官方的名义为纸张的普遍使用做推广，缣帛时代终于让位于纸质时代了。这是我国由政府下令正式用纸的开端。纸的发明和普及是文字载体的重大革命，宋代以后文献的载体形式就是纸的天下了。

拓展阅读

纸的发明

纸是我国古代四大发明之一，它的发明极大地推进了人类的文明与进步。纸是继甲骨、金石、简牍、缣帛之后最廉价、最方便的书写载体，它的发明经历了一个相当长的过程。先秦文献提到的絮纸由于太薄，且没有经过专门的加工，自然不能在上面书写文字，不过，它的出现给人们发明纸提供了某种启示。1957年，在西安市东郊的灞桥，出土了公元前2世纪的古纸，被称为“灞桥纸”。出土时，这是一叠纸片，有大有小，最大的有10厘米×10厘米，最小的有3厘米×4厘米，米黄色。经过反复的科学检验发现，它主要是由大麻和少量苎麻的纤维制成，也就是说，这是植物纤维纸。这座古墓最迟不晚于汉武帝时（前140—前87），因此可以断定，在2 000多年前，我国已经生产并使用植物纤维纸了。迄今为止，灞桥纸是考古发掘的世界上最早的纸。但是，灞桥纸还不是真正意义上的书写用纸，它的用途在于包裹工具，只相当于今日俗称的草纸。将粗糙的、包装用的纸改进为书写用纸还需一段时间。

关于纸，早期文献还有相关记载。例如，《三辅故事》载卫太子刘据鼻子很大，汉武帝不喜欢他。江充给他出了个主意，教他再去见汉武帝时，“当持纸蔽其鼻而入”。卫太子听从了江充的话，用纸将鼻子掩盖住，进宫去见汉武帝。汉武帝看到卫太子用纸盖住鼻子，勃然大怒，不久后，将卫太子刘据废掉杀害。此事发生在公元前91年。又如《汉书·赵皇后传》记载，汉成帝宠妃赵飞燕的妹妹赵昭仪要害死后宫女官曹伟能，就派人送去毒药和一封"赫蹄书"，逼曹伟能自杀。据东汉人应劭解释，"赫蹄"即"薄小纸也"（后来称为丝绵纸）。再如《后汉书·贾逵传》说，公元76年汉章帝令贾逵选二十人教以《左传》，"给简、纸经传各一通"。但是，上述文献记载的"纸"到底是用什么原料做成的，适合广泛使用吗？不得而知。历史上，一直把纸的发明归功于东汉的宦官蔡伦。

蔡伦（？—121），字敬仲，桂阳（今湖南耒阳）人。汉和帝时，入宫做皇帝的侍从，后来升任尚方令，负责管理皇室工场，监造各种器械。汉和帝元兴元年（105），蔡伦在总结前人制造丝织品经验的基础上，以树皮、破渔网、破布、麻头等为原料，制造出了适合书写的植物纤维纸，才使纸成为普遍使用的书写材料。《后汉书·蔡伦传》是这样记载的："自古书契多编以竹简，其用缣帛者谓之为'纸'，缣贵而简重，并不便于人。伦乃造意用树肤、麻头及敝布、渔网以为纸。元兴元年奏上之，帝善其能，自是莫不从用焉。故天下咸称'蔡侯纸'。"引人注意的是，文中说蔡伦"造意"而造纸，所谓"造意"，就是出主意，也就是发明创造。由此可见，称蔡伦是有意进行发明创造纸的第一人当之无愧。不但《后汉书》，许多当时及稍后的史书，如《东观汉记》《博物志》《舆服志》等都不约而同地记述此事。因此，后来的一些中外著作，都据此尊蔡伦是纸的发明者。蔡伦把自己制作出来的纸献给汉和帝刘肇，这一年是公元105年，历史上就把这一年作为纸的诞生年份。

蔡伦像

蔡伦突破了前人单以丝、麻为原料的方法，总结和提供了树皮、麻头、敝布、渔网等新的造纸原料，改进和推广了新的造纸技术，将多种原料，经过剥皮、沤烂、蒸煮、舂捣、漂白等多道工序，加工制作，为古代造纸工艺开辟了广阔的道路。

蔡伦造纸成功后，文献书写有了新的载体，但是，汉代用纸书写的文献记载和出土文物罕见，现存汉代古纸亦是寥寥。纸作为新兴的书写材料刚刚问世，其制作方法并没有全面推广，还没有得到普遍的关注，究其原因在于：一是蔡伦造纸仅限于宫廷，民间掌握技术要好长一段时间；二是人们长期使用竹帛，传统习惯一时难以改变。从东汉到魏晋一直是缣帛、简牍和纸并用，而贵族重帛轻纸的观念仍很强烈。直至东晋元兴三年（404），桓玄自立为帝，他下诏说："古无纸，故用简，非主于敬也。今诸用简者，皆以黄纸代之。"这样就以官方的名义为纸张的普遍使用做推广，缣帛时代终于让位于纸质时代了。

纸的发明和使用，是文献史上的一个创举，也是人类文明史上的一次重大事件。之后，我国将纸出口到亚洲各个地方，但严保造纸技术。公元751年，唐朝和阿拉伯帝国发生冲突，阿拉伯人俘获几名中国造纸工匠。没过多久，造纸业便在撒马尔罕兴起。就这样，造纸技术逐渐在阿拉伯境内传开，那里开始广泛使用纸张，后又经阿拉伯诸国传到西亚、北非、欧洲等。可以说，蔡伦发明的造纸术对世界文明的发展起了不可估量的作用。

（参见桂长林编著《中国科技成就概览》，合肥工业大学出版社 2011 年版）

七、电子

随着信息技术的不断进步，自 20 世纪 90 年代以来，电子介质逐渐成为文献载体而为人们所普遍接受，大致可以分为磁带、磁盘、光盘和联机网络四种类型。电子载体具有存储信息量大、节省空间、使用范围广泛、检索方便快捷等特点，但是也存在必须借助于机器阅读、存储的信息极易受到外力的干扰和破坏、更新换代快等局限。随着信息时代的来临，电子文献正在迅速改变人们对古典文献的阅读、使用和收藏方式，无纸化阅读已成为时代趋势，不可逆转。

【思考题】

1. 查阅资料了解古人是如何在甲骨上面刻字的。
2. 为什么说石刻文献不是图书？
3. 电子文献会完全取代纸质文献吗？

第三讲

古籍编纂

《隋书·经籍志》说："书之所起，起自黄帝、仓颉。比类象形谓之文，形声相益谓之字，著于竹帛谓之书。"这反映了汉唐以来人们对于文字和书籍所形成的一种概括性见解。文字是书籍产生的前提，但是文字出现很长一段时间后才有书籍，这是因为甲骨、金石等作为文献载体，还不具备现代意义上书的特征，真正的"书"应该是从简牍作为文献载体开始的。纸作为文献载体流行后，书籍编纂步入正轨，古人对于图书编纂做出了多方面的探索，本讲对古籍编纂问题略作讲述。

一、古籍形成方式

孔子在文献整理上做出了突出贡献，相传他曾删《诗》《书》、订《礼》《乐》、赞《周易》、修《春秋》，对儒家经典六经进行了认真而细致的整理。但是，这位伟大的文化巨匠说："述而不作，信而好古，窃比于我老彭。"（《论语·述而》）为什么孔子不承认自己的著述是"作"，而只是表明自己"述"呢？这要从古人对文献内容的创作、编订形式说起。

古典文献大体可以分为著作、编述和抄纂三大类。凡是前无所承，只是个人创造的，可以称作"作"，也叫"著"或"著作"；凡是前有凭借，个人只是加工提炼，编次整理的，称为"述"，也叫"编述"；那些集合纷杂的文献资料，加以分类排比编集的，称为"纂"，也叫"论纂"或"抄纂"。同为书籍，但是体裁形式和价值作用还是有区别的。古人对这个问题早有认识和区别，东汉王充《论衡·对作篇》说：

> 五经之兴，可谓作矣。太史公书，刘子政序，班叔皮传，可谓述矣；桓君山《新论》，邹伯奇《检论》，可谓论矣。……造端更为，前始未有，若仓颉作书，奚仲作车，是也。《易》言伏羲作八卦，前是未有八卦，伏羲造之，故曰作也。

王充把古来所有书籍的体裁分为"作""述""论"。其中，"论"的本字为"仑"，繁体作"侖"，从亼，从册，亼就是"集"，因此，"论"是集合很多简策加以排比辑录的意思。这和今人对古典文献体裁的分类是一样的。清代学者焦循说得更为详细，他在《雕菰集·述难篇》中说：

> 人未知而己先知，人未觉而己先觉，因以所先知先觉者教人，俾人皆知之觉之，而天下之知觉自我始，是为“作”。已有知之觉之者，自我而损益之；或其意久而不明，有明之者，用以教人，而作者之意复明，是之谓“述”。①

“以所先知先觉者教人”意思是那些有创造性的著作才是“作”，至于“述”，焦循强调整理。古人认为“作”“述”“纂”三者之间在学术水平上是有高低的，但是，涉及具体文献和文献学家的时候，还要做具体的分析。以孔子而言，他虽然一再强调自己的工作是“述而不作”，从字面意思理解则意味着仅传述既有内容而没有进行创作，但事实上，孔子传述尧舜文武之事，旨在用先王之道解决“礼崩乐坏”的社会问题。“述”并不是简单地述说历史故事，而是从一般性叙述上升到道德讲述，从具体事件提升到精神层面。正因为有这层面的含义，“述”才成为孔子传道授业的主要方式。孔子的“述”也侧重“隐恶扬善”，注重将圣贤善的言行思想传扬下去，既为现实问题提供了文化借鉴，又实现了历史文化的传承和发展。孔子“述而不作”的主张，成为后世儒者遵从的样本，对后世经典的诠释产生了重要影响。

孔子之后，伟大的文献学家司马迁在《史记·太史公自序》中谦称道：“余所谓述故事，整齐其世传，非所谓作也。”意思是说自己撰写《史记》一书，谈不上创作，只是根据前代文献史料进行改编和概述而已。事实上，《史记》创作，大量从“六经”、《世本》《国语》《国策》《楚汉春秋》等典籍中取材，司马迁还凭借自己作为太史令的有利条件，调阅汉廷典藏的各类档案，又亲自到巴蜀、吴越、淮扬、青徐、邹鲁等地，访三老，查史料，然后根据自己对历史发展规律的深刻认识，彻底改写，“成一家之言”。《史记》采用汉代的语言文字，对前代史料删繁就简、补阙订讹，使之整齐划一，采用前此未有的纪传体通史体例，是史书编纂上的重大创造，后人给予了很高的评价，可知这不是简单的“述”，而是完全的“作”，很有创见。

章学诚《文史通义》书影

“述”指传承，“作”重创新，无论是“述”还是“作”都对人类文化发展做出了重要贡献，值得肯定。那么，“纂”呢？古代抄纂之书层出不穷，各种总集、类书、政书、丛书都是对前代书籍的抄录编排，资料性质非常强，编纂者整齐故事，不妄下一言。清人章学诚在《文史通义·答客问中》中说：

> 若夫比次之书，则掌故令史之孔目，簿书记注之成格，其原虽本柱下之所藏，其用止于备稽检而供采择，初无他奇也。……如旨酒之不离乎糟粕，嘉禾不离乎粪土，是以

① 焦循：《雕菰集》，商务印书馆 1935 年版。

职官故事案牍图牒之书，不可轻议也。①

所谓“比次之书”，就是抄纂而来的典籍。章学诚所言道出了纂辑之书保存原始资料的性质，后人撰述（“独断之学”）往往离不开这类典籍，从纂辑之书中汲取史料，就能够化腐朽为神奇。

大致而言，古代文献主要有著、述、编、译等几种形式，简述如下。

（一）著

“著”为形声字，从艸（cǎo），者声。“艸”长在地面上，表示显露。本义是“明显，显著；突出”，引申为“写作；撰述，用文字显明地表述”，因为这是前所未有的开创性工作。司马迁《报任安书》“仆诚已著此书”，《后汉书・张衡传》“著《灵宪》”，白居易《与元九书》“始知文章合为时而著，歌诗合为事而作”，等等，都是这个意思。

古人对著作提出了非常高的要求，诚如《礼记・乐记》所载：“知礼乐之情者能作，识礼乐之文者能述。作者之谓圣，述者之谓明。明圣者，述作之谓也。”认为著书之人堪为明圣，达到了人生“三不朽”的最高境界。如东汉时期，今古文两派为争夺经学话语权而经常发生激烈的论争，他们中很多人仅凭隶书字形说解汉字，往往曲解了汉字本义，许慎目睹这种乱象，立志撰著《说文解字》，以“理群类，解谬误，晓学者，达神旨”，纠正谬误，正本清源。《说文解字》不但是中国文字学奠基之作，还是中国第一部系统完备的字典，可以帮助我们破解汉字文化密码，充分探求中华文明的无穷奥秘。清人王鸣盛《说文解字正义序》载：“……文字当以许氏为宗；然必先究文字，后通训诂；故《说文》为天下第一种书。读遍天下书，不读《说文》，犹不读也。但能通《说文》，余书皆未读，不可谓非通儒也。”对许慎的著书贡献给予了高度评价。

（二）述

“述”为形声字，从辵（chuò），术声，本义是“遵循”，引申为“陈述，记叙”。《礼记・乐记》：“识礼乐之文者能述。”《孟子・梁惠王下》：“诸侯朝于天子曰述职。”与前此未有的“著”不同，“述”是古已有之。孔子说自己“述而不作，信而好古”，《中庸》言“仲尼祖述尧舜、宪章文武”，都是这个意思。

虽然“述”不需要创作，但是也不能对前人的成就简单照搬，而是有一个消化过程，“述”的过程要增益之，使之更加完善。如以“文献学”命名的古典文献学教材性质的专著，始于郑鹤声、郑鹤春兄弟合著的《中国文献学概要》（1929）。中间沉寂了半个世纪后，张舜徽《中国文献学》（1982）问世，中国文献学理论终于确立。之后，通论性著作层出不穷，主要有吴枫《中国古典文献学》（1982）、杨燕起等《中国历史文献学》（1989）、倪波《文献学概论》（1990）、孙钦善《中国古文献学史》（1994）、洪湛侯《中国文献学新编》（1994）、潘树广等《文献学纲要》（2000）、杜泽逊《文献学概要》（2001）、陶敏《中国古典文献学教程》（2004）、牟玉亭《中国古典文献学》（2005）、张三夕《中国古典文献学》（2007）、罗江文《中

① 章学诚：《文史通义》，刘公纯标点，古籍出版社1956年版。

国古典文献学纲要》（2008）、黄爱平《中国历史文献学》（2010）、司马朝军《文献学概论》（2011）、张升《历史文献学》（2016）等。后出之作，既不断吸收最新学术成果，也均对前作有所承述。

（三）编

"编"为形声字，从糸（mì），扁声。《说文解字》："编，次简也。"本义是"顺次排列，编结在一起"。《穀梁传·桓公元年》里"春秋编年，四时具而后为年"，用的就是这个意思。"编"和"纂""辑"意思差不多，都指根据一定体例缀辑旧文，对原始文献保持原状，不加篡改。

我国古代"编"书成就最为突出，官私纂辑文献蔚然成风，各种典籍层出不穷，为文化的传承做出了重要贡献。如宋代雕版印刷普及，刻书盛行，书商们以书肆为依托，贩卖书籍谋生的同时，也从事图书编纂以射利。其中，书商陈起最具代表性，他在钱塘（今杭州）棚北大街睦亲坊开陈宅经籍铺，刻书卖书的同时，编纂刊刻唐人诗集，还将当时一大批诗人的诗集整理编辑后以"江湖集"名义刊行，社会上很快出现了一批"江湖诗人"，可见其编纂图书的影响之大。

（四）译

"译"为形声字，从言，睪（yì）声。《说文解字》："译，传译四夷之言者。"本义是"翻译，把一种语言文字翻译成另一种语言文字"。古代文献中的"译"一般指的是佛典翻译、学术翻译、文学翻译和科技翻译，而其中佛典翻译影响最大。纵观中国古代翻译事业，大致有以下特点：一是翻译工作与当时的统治政策紧密相连。一般情况下，统治者所提倡及信仰的，正是翻译事业所必须趋向的。东汉至唐代，统治者纷纷信佛，佛经翻译成为主流。而元明清时期，程朱理学占绝对优势，佛经翻译就处于衰落期。明末清初，西方先进的科学技术传入中国，翻译工作自然地转向了翻译西方科技这个中心问题。二是佛经翻译为主的时期，译者大多为僧人，而科技著作的翻译者都是具有一定专业知识的科技人员。三是汉唐时期的翻译工作，主要围绕中国与亚洲各国的友好往来之目的，而明清时期翻译西方科技著述，加深了中国对西方和世界的认识，加快了中国的社会转型。

二、古籍命名演变

书名是古典目录中的首要问题，它是书籍的"眼睛"，是一部书的标识。早在先秦时期，书名就已经产生，但在魏晋以前，书名并非书籍的必要项，很多书名是孔子、刘向等人在整理文献的过程中确立的。古籍书名总体上经历了从无到有、从质朴到华饰、从为实用被动命名到刻意雕琢主动命名的过程。

（一）先秦时期

先秦时期，书名已经存在，如古人认为《三坟》《五典》《八索》《九丘》是三皇五帝时期的典籍，而《庄子·天运》载："孔子谓老聃曰：'丘治《诗》《书》《礼》《乐》《易》《春秋》六经。'"说明其时"六经"之书名已经形成。先秦时期，书籍命名具有以下三方面特点：一是以篇名为书名。这是因为书籍的主要载体为简帛，

“简重帛贵”的现象使书籍的流通受到很大的限制，很多时候学者仅传抄学习或需要的部分，故书籍多以篇为单位流传。二是摘首句命名。例如，上博简《容成氏》全篇存 53 简，原有标题抄写在末简简背，全书讲容成氏、尧、舜等帝王历史，其中容成氏为开篇第一位帝王，遂以名书，这样的书名更多是起统摄作用，不代表全书的内容。摘取开篇文字命名典籍的方式，有利于记诵者回想书的首句，从而起到提示记诵的作用。三是书名并非书籍的必要项。例如，上博简中可确定完整而无篇名者尚有很多，《柬大王泊旱》篇共 23 简、601 字，整理之前竹简保存在原出土的泥方中，十分完好，现在的篇名为整理者命名的。此外，同时同地抄写的书籍，篇名有无并不确定，表明此时书籍的命名与题写随意性较大。

（二）秦汉时期

秦汉时期，典籍文化得到了很大的发展，这一时期的书名沿袭了先秦时期的命名特点并有新的变化。从出土实物与典籍记述看，此时虽仍有一些典籍无名，但编撰书籍时即已命名已渐为势趋。例如，《史记·陆贾传》载：“陆生乃粗述存亡之征。凡著十二篇。每奏一篇，高帝未尝不称善，左右呼万岁。号其书曰《新语》。”陆贾的著述在当时已经被整理汇集，虽然我们无法从此段文字中判定“新语”之名出自陆贾还是他人，但是其为十二篇之总名则无疑，这是书籍从单篇流传向整部流传的趋势，统摄众篇的书名应运而生。此外，通过对出土文献考察可知，秦及以后赋予书籍以反映内容的名字十分流行，如在睡虎地秦简中，《语书》《封诊式》《日书》等书名出土时就有，都是对书籍内容的概括而非摘自首句。

（三）魏晋南北朝时期

魏晋南北朝是书名发展的成熟期，书名成为书籍的必要项，无书名将不被视为书籍。统摄众篇的书名取代了“以篇名为书名”者，成为古书名的主体，篇名则一般不再被视为书名。在此期间，发生在汉魏之际书写载体的转变，以及易代之际发生的图书劫难，对这一进程的完成起到了推动作用。

（四）唐五代时期

唐五代时期，书籍的主要装帧形式为卷轴装，书籍普遍同时题写首、尾两个标题，首题中的书名多为全称，尾题中的书名多为简称。如英藏敦煌文献 S. 5674 首题“孔子共项托相问书一卷”、尾题“孔子共项托一卷”；法藏敦煌文献 P. 2302 首题“佛说长者女庵提遮师子吼了义经”、尾题“佛说庵提遮女经”；等等。在命名方式上，由于魏晋南北朝时期各种命名方式均已出现，唐五代时期在此方面并无创新，但是在命名内涵上有新变，主要体现在道教典籍的命名上。唐代开国者为李姓，道教代表人物老子亦为李姓，对道教的推崇影响了道教书籍的命名，诸如《老子》被称为《道德真经》、《庄子》被称为《南华真经》、《列子》被称为《冲虚真经》等，均与唐统治者尊崇道教有关。

（五）宋元明清时期

宋代雕版印刷的兴起与繁荣使书籍由此进入了册页时期，这一进程对宋代至清代书名呈现的特征有巨大影响。一是书籍由抄写变为刊刻后，由于一副雕版要反复用于印刷，刻版时一般要比抄写时更注重书写与版式的规范性，书名的规范性也随之进一步增强。在书版的不同位置刊刻上书名方便在刻印后阅读，书名逐渐固定在封面、书根、版心等处。二是在科举制度的影响下，宋代出现了大量以“纂图互注”“重言重意”等字样命书的书名。叶德辉《书林清话》卷六“宋刻纂图互注经子”条列举了大量例证。三是雕版印刷兴起后，书籍的批量生产促使买卖图书的商业行为迅速发展。书籍制造方式与生产目的的变化对书名也产生了影响。如“新刊”“新刻”“新雕”等均为雕版印刷书籍产生后才出现的书名用语。同时，由于图书作为一种商品成为书商牟利之物，因此也出现了书商挖空心思以新奇之书名迎合读者的现象。四是宋代以后，人们自行整理文集成为普遍现象，与唐代以前相比，此时别集书名反映作者自身情趣与观念者大增。汉代至唐代，别集大多为后人在对前人作品进行整理后命名，故书名多直接以人名书，作者生前就自行整理作品并命名者为少数。宋代及以后，文人自行编撰文集的情况普遍，用书名追求新奇、标榜情操或表明情志的现象成为常态。①

三、古籍编纂源流

文字是书籍编纂的基础，而书籍编纂要经过一个长期的积字为句、积句成章、积章成篇的过程。早期的编纂工作被掌管文字者——巫、史等垄断，他们跟在帝王身边，记录朝政大事、观察天象、主持占卜和祭祀等，因而积累了大量的文献史料。但是，受制于早期文献载体的不便，这个时期的编纂成果尚不能称为图书。

古代真正的图书编纂始于孔子。孔子聚徒讲学，第一件事就是要选定教材，对三代以来文献加以整理，或收集材料，或删减篇目，或厘定次序，或解说文字，或重新编订，这就是《诗》《书》《礼》《乐》《易》《春秋》等“六艺”的由来，其功莫大焉，而孔子却自谦“述而不作”。与孔子编纂“六艺”情况不同，先秦诸子在典籍编纂方面大多遵循了“纂集经典，依经立传”的规律，实现了对先秦时期经类文献的发现和再造，创制了新的解经文体，催生了新的经传合编形式。

两汉时期，统治者从巩固政权出发，比较重视图书文献的管理工作。汉成帝时期，刘向、刘歆父子奉敕校书，把收集不同版本、校勘、整理、编修目录等各项工作熔于一炉，其中包含着文献编纂的一系列原则和方法，因而其思想成果可以作为文献编纂学的遗产加以认真总结和批判继承。司马迁的《史记》在文献编纂学上具有开创之功，在编纂体例、原则、方法和内容等方面，创立了继孔子之后文献编纂学新的范式，对后世影响深远。西汉初期，学术上重视师承，儒生通过口耳相传研习儒家经典，一段时间后，发展为著于竹帛的传注形式传经授经，而经历今古文经学之争，到东汉末年，郑玄综合各家之说，遍注群经，实现了儒家经典传注的统一。

魏晋南北朝时期，虽然天下纷争，南北分治，但是文化艺术结出璀璨硕果，图书编纂成果巨大。首先，官方重视，各朝代设置秘书监或秘书省，专门负责艺文图籍之

---

① 黄威、王士香：《古籍书名发展考略》，《图书馆理论与实践》2021 年第 4 期。

事，众多文献学家曾在这里任职。其次，佛教于东汉传入中国后，魏晋时期非常流行，大大拓展了文人的想象力，谈神论怪的书籍增多。最后，受玄学影响，不少著作侈谈老庄，以道释儒。诚如《晋书·儒林传序》载：“有晋始自中朝，迄于江左，莫不崇饰华竞，祖述虚玄，摈阙里之典经，习正始之余论。”这一时期编纂的图书门类繁富，出现了类书《皇览》、总集《文选》、目录《魏中经簿》和《晋中经簿》等经典名作。此外，魏晋南北朝时期学者对于自然科学的名作抱有浓厚的兴趣，陆玑撰《毛诗草木鸟兽虫鱼疏》、刘徽注《九章算术》、郦道元注《水经》、陶弘景注《神农本草经》，都是以注的面貌出现并流传至今的名著。

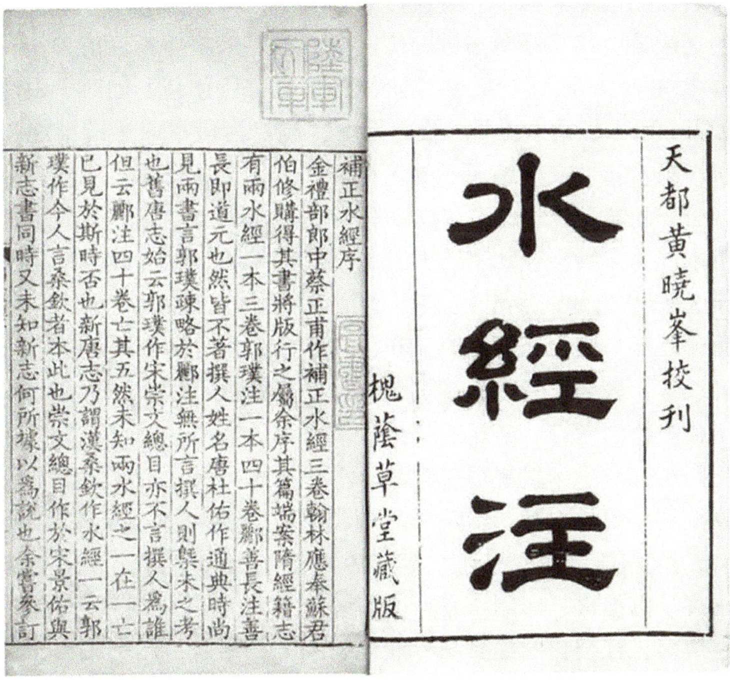
天都黃曉峯校刊
水經注
槐蔭草堂藏版

補正水經序
金禮部郎中蔡正甫作補正水經三卷翰林應奉蘇君
伯修購得其書將版行之屬余序其篇端案隋經籍志
有兩水經一本三卷郭璞注一本四十卷酈善長注善
長即道元也然皆不著撰人姓名唐杜佑作通典時尚
見兩書言郭璞疎略於酈注無所言撰人則槩未之考
也舊唐志始云郭璞作宋崇文總目亦不言撰人爲誰
但云酈注四十卷亡其五然未知兩水經之一在一亡
已見於斯時否也新唐志乃謂漢桑欽作水經一云郭
璞作今人言桑欽者本此也崇文總目作於宋景祐與
新志書同時又未知新志何所據以爲說也余嘗參訂

郦道元《水经注》书影

隋唐时期，文化繁荣，科举制度的实行对于广大下层读书人是巨大的激励，读书仕宦成为全社会的共识。受此影响，图书编纂事业得到极大促进，编纂体裁不断创新。一是图书编纂学正式建立，大学者刘知几撰写《史通》，第一次系统论述史书编纂的理论问题。二是出现了大量的图书编纂家，著名者有颜师古、李淳风、刘知几、吴兢、韦述、颜真卿、杜佑、柳宗元、白居易、令狐德棻、郑处晦等。三是四部皆备，尤以史书、法律书、类书、诗文集为多。四是图书形式多样，传奇、类书、别集等大量出现，尤以传奇之体为唐代所独有。

宋代，图书编纂在唐代的基础上继续推进，其中最为显著的是雕版印刷术的广泛使用，无论是官方还是私家编纂的长篇巨帙大多雕版刊行。雕版印刷术大大促进了文献的传播，反过来则更加刺激了图书编纂的兴盛，图书的编纂方式与编纂体例也有新的发展，所编图书以规模大、卷帙多、内容丰富著称，各类丛书、类书和总集层出不穷。可以说，宋代处在图书大量从抄本向雕版印刷转化的过渡期，社会各阶层不自觉地做好了图书编纂的承前启后工作。

元朝是蒙古族建立起来的统一政权，对汉文化的接受虽然有一个过程，但是在图书编纂上从王朝建立初就投入很大的力量从事之。元太宗在燕京设立了编修所，在平阳设立了经籍所，编辑经史，传扬儒术，兴学荐贤。综观元代官私图书编纂，呈现两方面的特点：一是官府编纂重在经史。这与统治者利用儒学进行思想统治有很大的关系。二是系统编述普及性科普读物方面有突出成就。例如，司农司编纂的《农桑辑要》，荟萃传统技术，去粗取精，颁行全国；又如朱世杰编纂的《算学启蒙》，荟萃传统算学，由浅入深，极便于初学，其流传到日本后，用为教学课本，备受重视。

明代的图书编纂中，官修图书进一步发挥唐宋以来集体编修的办法，编成巨帙长约 22 000 卷的类书《永乐大典》，在编次体例上也有所创新。同时，由胡广领衔编定《四书五经大全》和《性理大全》，颁行天下，被定为科举取士的准绳。在私人纂辑方面，出现了辑录古籍佚文汇编而成的大型总集。例如，梅鼎祚编成自西汉以至隋朝历代《文纪》200 余卷，曹学佺辑成《历代诗选》500 余卷。丛书的编辑，也由宋代的综合性丛书发展为多种专业丛书。尤其是字典的编纂，梅膺祚着眼于实用性和普及性，编成收字 33 000 余的《字汇》，把许慎首创的 540 部首简化为 214 部，更加便于检索，而且解说浅近易晓，因而一时流布极广，成为各地学子所必备。

清代崇尚汉学，著名学者多长于训诂、校勘、考证，因而在书籍编纂上，经籍子书的校注，历代史籍的考订，经籍的辨伪，古佚书的辑纂，林林总总，丰富多彩，增加了新的图书门类，对学术发展很有建树。清代学术集汉唐以来之大成，由朝廷授命汇编各类巨型图书，蔚为大观。影响较著的类书有《古今图书集成》，丛书有《四库全书》，政书有“续三通”“清三通”等。19 世纪末 20 世纪初，随着西方机械印刷技术的引进，出现了以编辑、印刷、发行三合一为特征的近代出版业，图书印行量大，图书门类愈益增多，社会化的编纂与专业化的编纂相结合，图书编纂工作步入了蓬勃发展的新时期。①

四、古籍编纂例说

古代典籍非常丰富，根据各种统计可知，现存古籍约有 20 万种，其内容按照现代分类文（文学艺术）、史（历史）、哲（思想意识）、科（科学技术）来看，都有包蕴。从浩瀚的古籍可知，我们的祖先不但创造了丰富卓越的社会科学精华，而且从生产实践中总结出各种自然科学知识，这是一笔不可多得的精神财富。本讲从大量古籍中挑选价值超卓、影响巨大的若干种，述说它们的成书情况。

（一）《周易》

“五经”之首《周易》，是中国文化最有代表性的典籍之一，由《易经》和《易传》组成。《易经》六十四卦，由卦画符号和卦爻辞组成。据今人研究，卦画符号起

① 戴立岩：《我国古籍编纂源流述略》，《图书馆学刊》2012 年第 12 期。

源很早，是由数字卦演变而来的。先有三画的八卦。八卦相重，就产生了六画的六十四卦。每一卦、爻都系以一定的卦辞和爻辞，这样就产生了我们所看到的《易经》。《汉书·艺文志》载："《易》道深矣，人更三圣，世历三古。"其对《周易》的成书进行了简短的交代。

"伏羲为上古"，始作八卦。伏羲又称宓羲、庖牺、包牺、伏戏，亦称牺皇、皇羲、伏牺等，是中华民族敬仰的人文先始，传说中的三皇之一，亦即太昊，或称黄熊氏，风姓。相传其母华胥在雷泽踩了巨大的脚印而有孕，生伏羲于成纪（今甘肃天水），定都在陈（今河南淮阳），所处时代约为旧石器时代中晚期。关于伏羲创制八卦，《易·系辞下》载："古者包牺氏之王天下也，仰则观象于天，俯则观法于地，观鸟兽之文，与地之宜。近取诸身，远取诸物，于是始作八卦。"说的就是这件事。

"文王为中古"，作六爻卦（重为六十四卦）和卦爻辞。文王姓姬，名昌，周太王之孙，季历之子。传说周太王公亶父的少子季历、孙姬昌皆性情和顺，为人谦恭，是贤德之人。公亶父有意传位给他们。季历的两位兄长太伯和仲雍为实现父愿让位于季历，奔荆蛮远避，使季历顺利继位，称西伯侯。此后，西伯侯又传位于姬昌，姬昌继承父位之后，改称西伯昌。为进一步整饰朝纲，他礼贤下士，起用能人，得到一批贤人辅佐，周国势力日益强盛。当时，姬昌和九侯（或称鬼侯）、鄂侯（或称邘侯）共同任商朝三公。商纣王见三公势力日渐强大，十分畏惧，借故虐杀了九侯和鄂侯。见姬昌不服，又听信崇侯虎谗言，将姬昌囚于羑里（今河南汤阴北）。后因姬昌灵活施计，向纣王献出洛西等地，方得获释。姬昌获释后回到封地，益行善政，大得人心，诸侯纷纷归附，使其顺利得任西方诸侯之长。姬昌被囚于羑里七年，以蓍草为工具，反复推演，潜心研究，对六十四卦的卦序重新编排，形成了今天通行的卦序。他还将六十四卦系以一定的卦、爻辞，将国事、家事、人生哲理尽量融入其中。这些卦、爻辞后来又经过周公的改编加工，最后形成了今天的《易经》。

"孔子为下古"，作《易传》。到了春秋时代，《易经》流传较广，很多人开始学习之。《左传》《国语》里面，有多则记录春秋时人引用《易经》占卜或论事的文字。熟悉《易经》的有周、鲁、卫、郑、晋、齐等国人，不仅有卜官和史官，还有贵族，甚至像鲁国穆姜这样的妇人，也经常大谈《易经》。孔子生活在春秋后期，开门授徒的时候就把《易经》作为教材教给学生。《史记·孔子世家》载："孔子晚而喜《易》，序《彖》《系》《象》《说卦》《文言》。"孔子作的《易传》包括《彖》（上、下）、《系辞》（上、下）、《象》（上、下）、《说卦》《序卦》《杂卦》《文言》，共7种10篇，通称"十翼"。"十翼"是《易经》最早的注解，有些地方偏离了经文的原意，但也有些地方对经文做了正确的说明和阐发，同时也表达了孔子的世界观。因此，《易传》既帮助了《周易》的流传，扩大了《周易》的作用，而其本身也以一个比较完整的思想体系，在历史上产生过深刻的影响。

（二）《论语》

《论语》作为儒家经典，其内容博大精深、包罗万象。自汉武帝"罢黜百家，独尊儒术"后，《论语》被尊为"五经之辖辖，六艺之喉衿"（《孟子章句·题辞》），是研究孔子及儒家思想尤其是先秦儒家思想的第一手资料。关于《论语》的编纂问题，《礼记·檀弓上》载："孔子之丧，门人疑所服。子贡曰：'昔者夫子之丧颜渊，若丧子而无服，丧子路亦然。请丧夫子若丧父而无服。'"孔子去世，门人向子贡请教如何服丧。子贡提出"若丧父而无服"，众人皆服膺子贡之言，"心丧"（《史记·孔子世家》）三年而无服。《汉书·艺文志》载："夫子既卒，门人相与辑而论纂"，也就是说孔子去世后，弟子追慕不已，在三年"心丧"期间，他们把孔子生前的语录汇集起来，这便是《论语》之书编纂的雏形。

《论语》成书，大致经历了平时记录、辩难还原、增补润色三个阶段。该书内容来源不一，章句多有重复，思想观点也不尽一致，作者自然非一人。关于《论语》的作者，学术界的观点大致可分为以下几类：一是孔门弟子集体编纂说。《汉书·艺文志》载："《论语》者，孔子应答弟子、时人，及弟子相与言而接闻于夫子之语也。当时弟子各有所记，夫子既卒，门人相与辑而论纂，故谓之《论语》。"二是少数弟子领纂说。陆德明《经典释文·序录》引郑玄说："仲弓、子夏等所撰定。"郑玄主张仲弓、子夏等编纂《论语》，却未说明理由。事实上，孔门弟子中，仲弓"可使南面"，他德行出众，擅长政事；子夏其人，则精于文学。《论语》多言修德，文辞洗练，所以学者猜测当出自德行、文学两科的弟子。三是成书于非儒家人士。近人张心澂认为《论语》是"孔子既没数十年后，七十子之门人追记其师所述以成篇，而后儒辑之以成书者，非孔子之门人弟子之所记而辑焉者也"（《伪书通考》）。崔述强调《论语》成书于非孔门弟子，但是又考证不出来具体人，此说缺少史料证据。

《论语》叙事最晚的内容，是公元前436年曾子去世，此后再无事件补入。《论语·泰伯》曰："曾子有疾，召门弟子曰：'启予足！启予手！《诗》云："战战兢兢，如临深渊，如履薄冰。"而今而后，吾知免夫！小子！'"孔子弟子中曾子年最少，且高寿，他去世之时，孔子其他弟子大多已经离世，《论语》收录曾子临终前的话语，而且配有"启予足！启予手"的手势动作，这种现场感非亲见亲闻莫能记录，说明它的最终增补当出自曾子弟子。

关于《论语》书名的出现，学术界主要有两种观点：一是战国时期。《文选·辩命论》李善注引《傅子》说："昔仲尼既殁，仲弓之徒追论夫子言，谓之《论语》。"《论语》乃编纂者仲弓等人命名，时间自然在战国之时。此说最主要的证据，是《礼记·坊记》中出现了"论语"书名。二是西汉时期。东汉王充《论衡·正说篇》曰："初，孔子孙孔安国以教鲁人扶卿，官至荆州刺史，始曰《论语》。"据王充之言，《论语》之称乃西汉孔安国、扶卿所补题。

（三）《史记》

《史记》是中国历史上一部体大思精的历史著作，同时又是对中华上古文明至中古文明的一次全面总结。《史记》由司马谈发凡起例，司马迁发愤续成，是父子两代人的心血结晶。

司马谈（？—前110），左冯翊夏阳（今陕西韩城）人。博学多识，曾随著名天文学家唐都学习天文历法知识，从哲学家杨何学习《易》。汉武帝建元至元封年间

（前 140—前 105），任太史令，为掌管国家图书典籍、天文历算并兼管文书和记载大事的官员，得以观西汉国家藏书。曾撰《论六家要旨》，对先秦各学派的思想特点做了深入的分析和评价。他早年立志撰写一部通史，在任太史令时，根据《国语》《战国策》《楚汉春秋》等书，收集资料，撰写史籍。元封元年（前 110），随同汉武帝赴泰山封禅，途中身染重病，留在洛阳，不久即卒。弥留之际，对儿子司马迁谆谆嘱咐："余死，汝必为太史；为太史，无忘吾所欲论著矣。……幽厉之后，王道缺，礼乐衰，孔子修旧起废，论《诗》《书》，作《春秋》，则学者至今则之。自获麟以来四百余岁，而诸侯相兼，史记放绝。今汉兴，海内一统，明主贤君忠臣死义之士，余为太史而弗论载，废天下之史文，余甚惧焉，汝其念哉！"（《史记·太史公自序》）可以看出，司马谈不但留下了写作计划，而且留下了若干篇章。例如，《史记》一书的世家始吴太伯，列传始伯夷，这与本纪始陶唐思想一致，皆表彰让德，可能就是司马谈的安排。《礼书序》有"余至大行礼官"云云，此为司马谈语，司马谈与祠官宽舒议礼，载于《封禅书》中。据此可知，本纪、书、世家、列传，皆有司马谈创作的内容。

司马迁（前 145 或前 135—?），字子长。少年时随父读书，并从董仲舒受学《春秋》，向孔安国问疑《尚书》。二十岁出游，历经巴蜀、湖湘、吴越、徐淮、曲阜等地，沿途考察名胜古迹，访问历史遗迹，调查社会风俗。后为郎中，曾随汉武帝出巡西北诸郡县。元鼎六年（前 111），奉命出使西南。元封元年，父死，遵遗嘱继志著史。

如果说司马谈撰著属于《史记》撰写的第一阶段，那么，司马迁则完成了该书撰写的第二阶段和第三阶段。

元封元年到太始四年（前 110—前 93），是《史记》撰写的第二阶段，也是司马迁著史的高峰时期。这期间时事发生了巨大变化，汉王朝由盛而衰，司马迁受李陵之祸，却激发着他发愤著书。太初元年（前 104），司马迁修改父亲的计划，增强现代史的内容，写出汉王朝历史的盛衰。受李陵之祸，司马迁备尝专制主义的折磨，从而变《史记》颂扬大汉的主题为冷静的分析和深微的刺讥，形成了司马迁独具的史学思想，升华了《史记》的主题。

征和元年到武帝之末（前 92—前 87）的六年为第三阶段，司马迁最后编定《史记》，继续删订改削，补苴拾遗，最终完稿，"一家之言"体系建成。书成后，司马迁将《史记》缮写两部，一部藏之名山，一部传之后世。至汉宣帝时，始由其外孙杨恽把家藏的那部公布于世。

（四）《文选》

《文选》又称《昭明文选》，南朝梁昭明太子萧统主持编纂。该书基于"事出于沉思，义归乎翰藻"的标准，选录先秦至南朝梁 130 多位作者的 700 多篇文学作品，按体裁，大致划分为赋、诗、杂文三大类，下分 38 小类，即赋、诗、骚、七、诏、册、令、教、文、表、上书、启、弹事、笺、奏记、书、檄、移、对问、设论、辞、序、颂、赞、符命、史论、史述赞、论、连珠、箴、铭、诔、哀、碑文、墓志、行状、吊文、祭文。其中，赋、诗所占比重最多，而经、史、子类著作一概不录。因此，它不仅是一部内容宏富、风格多样的文学作品集萃，更是我国古代文学进入自觉时代的标志。

萧统（501—531），字德施。南兰陵（今江苏常州）人。梁武帝萧衍长子，简文帝萧纲、元帝萧绎长兄。天监元年（502）十一月，被立为太子。据《梁书·昭明太子传》，萧统三岁受《孝经》《论语》，大儒虞黔娄为其侍读。五岁时，梁武帝诏开五馆，置《五经》博士，萧统遍读《五经》，悉能讽诵。八岁时，梁武帝置东宫侍读学士，殷钧、到洽等充其选，与虞黔娄、明山宾递日为他讲《五经》。九岁时，萧统即亲自于寿安殿讲《孝经》，并释奠于国学。十岁时，入国子学。从梁武帝对昭明太子的教育上不难看出其培养方向，即以深厚宏博的经学修养、文质彬彬的儒雅麟范，为天下士人作出表率。然而，天妒英才，萧统未及即位便于中大通三年（531）去世，谥号“昭明”，后世称其为“昭明太子”。

关于《文选》的编纂问题，目前学术界仍存在着较大的分歧，而比较通行的说法是以普通七年（526）为界，《文选》的编纂可以分为前、后两个时期。

普通三年到普通六年（522—525），是《文选》编纂的前期。刘孝绰《昭明太子集序》载：“粤我大梁二十一载，盛德备乎东朝……”是文作于普通三年，由此可知《昭明太子集》亦编成于此时。在《答湘东王求文集及〈诗苑英华〉书》一文中，萧统并未提到《文选》，可知此时《文选》的编纂尚未开始。所以，《文选》的编撰不会早于普通三年。

大通元年至萧统去世的中大通三年（527—531），是《文选》编纂的后期。这一时期是《文选》的修订、成书时期。早在普通七年，萧统生母丁贵嫔不幸去世，萧统为此水浆不入，恸哭欲绝。其后，又发生了影响深远的“蜡鹅事件”，萧统因此而羞惭愤慨，身心俱疲。两次事件的打击，使萧统无心继续从事《文选》的编纂工作，只得放手给那些尚在东宫的学士去处理。《文镜秘府论》载：“至如梁昭明太子萧统与刘孝绰等，撰集《文选》。”刘孝绰（481—539），原名冉，小字阿士，彭城（今江苏徐州）人。曾任尚书水部郎和秘书丞，是东宫十学士之一，其余九人是王锡、张缵、陆倕、张率、谢举、王规、王筠、到洽和张缅，他们的职责除了侍读侍讲，还专司编纂撰述，在编纂多部类书、史书的同时，全方位协助昭明太子编纂《文选》，而尤以刘孝绰功劳最大。中大通三年，终日生活在忧虑之中的萧统不幸离世，所幸《文选》基本成书。

（五）宋四大书

陈寅恪说：“华夏民族之文化，历数千年之演进，造极于赵宋之世。”（《邓广铭〈宋史职官志考证〉序》）古典文献也和其他文化一样，发展到宋代进入了全盛时期。这一时期，印刷术广泛使用，官私藏书丰富，金石学兴起，文献理论初步形成……而能够代表宋代文献学成就的，则非“宋四大书”莫属。“宋四大书”指的是宋太宗时朝廷编纂的《太平御览》《太平广记》《文苑英华》和宋真宗时朝廷编纂的《册府元龟》。提起“宋四大书”的编纂，还有一段故事可讲。

宋太宗太平兴国年间，南唐、后蜀等降王相继去世，大多死因不明。这些降王旧臣中有人流露出疑惑，对朝廷违背当初不杀降王诺言表示不满。宋太宗听闻后，下诏把这些旧臣都收在馆阁中，让他们编修典籍，且所编典籍越大越好，并给他们丰厚的薪水，使他们没有心思考虑其他事，最终卒老于文字之间。《太平御览》《太平广记》《文苑英华》等书就是在这样的历史背景下编成的。清高宗乾隆帝说："宋太宗身有惭德，因集文人为《太平御览》、《太平广记》、《文苑英华》三大书，以弭草野之私议。"（《御制诗四集》卷十一《命校永乐大典因成八韵示意诗》句"彼有别谋漫深论"小注）可见，乾隆帝是认可宋太宗召集旧臣纂修多种典籍，以此来消散朝野议论的做法的。乾隆帝还在《文渊阁四库全书》本《太平御览》的卷首题诗一首，诗中有句曰："宋帝怀惭德，三书弭众英。"那么，宋太宗心中为什么会有"惭德"呢？

北宋诗僧文莹《湘山野录》记载，赵匡胤在陈桥驿发动军事政变，最终黄袍加身，弟弟赵光义立下了汗马功劳，当上皇帝后，宋太祖十分感激这位弟弟，经常邀请弟弟来皇宫商议国家大事，或饮酒，或留宿于此，真正做到了情同手足。宋开宝九年（976）一个大雪的深夜，赵匡胤又一次召弟弟赵光义入宫，兄弟二人在寝宫对饮，但遥见烛影下，有人举起玉斧，第二天宫中传出赵匡胤驾崩的消息，弟弟赵光义受遗诏，于灵前继位。这就是历史上有名的"烛影斧声"故事。需要说明的是，这里的"斧"指的不是兵器，而是一种类似于如意的物品，叫作纸镇，是用来压纸的。而另一本野史《烬余录》说，赵光义对宋太祖的宠妃花蕊夫人垂涎已久，是夜趁赵匡胤病中昏睡不醒时调戏花蕊夫人，惊醒了赵匡胤，赵光义于是一不做，二不休，捡起玉斧砍杀赵匡胤，并矫诏继承了帝位。继承帝位的赵光义做贼心虚，一方面安抚赵匡胤的几个儿子，另一方面则大肆笼络人心，其中，编纂大型典籍就是为其政治目的服务的一种非常重要的方式。

编纂工作始于太平兴国二年（977），止于太平兴国八年（983），领衔者为李昉。他们起初是想编纂一部大型类书，统括古今知识，便于查阅资料，这便是《太平御览》。在编写过程中，鉴于资料太多，难以涵盖一切，于是李昉等人将古代小说资料单独编在一起，名《太平广记》，将诗文资料单独编在一起，名《文苑英华》，几乎在同一时间，三部大书编纂成功。李昉等人将《太平御览》呈进给宋太宗后，宋太宗非常高兴，急不可待地率先阅读，且"日进三卷""一年读周"，遇到公务繁忙，当日来不及阅读，第二天一定补上。大臣宋琪等见宋太宗读书艰苦，劝说道："穷岁短晷，日阅三卷，恐圣躬疲倦。"宋太宗回答说："朕性喜读书，开卷有益不为劳也，此书千卷，朕欲一年读遍。因思学者读万卷书亦不为难耳，寻改总类名曰御览。"（《续资治通鉴长编》卷二十四）

《太平御览》1 000 卷，内容全部采自群书，分为 55 部、5 363 类（也有说法是 5 426 类），以天、地、人、事、物为序，可谓包罗古今万象。书中共引用古书 2 800 余种，保存了大量宋代以前的文献资料，其中十之七八已经亡佚，更使本书显得弥足珍贵，所以清代学者阮元说："存《御览》一书，即存秦汉以来佚书千余种矣，洵宇宙间不可少之古籍也。"（《万卷精华楼藏书记》卷九十八）

《太平广记》500 卷，因为该书是编纂《太平御览》时的"副产品"，有人认为并非学者急用，所以编好之后藏在太清楼，这样一来，《太平御览》盛传天下，而《太平广记》则好长一段时间不为世人所知。该书专收汉代至宋初野史小说，按题材分为神仙、道术等92大类，又分150余细目，古来逸闻轶事、偏僻遗集收集甚多，引用书籍达四五百种，但大多散佚不传。书中故事多次被宋元话本、杂剧、诸宫调及明清小说、戏曲等采用，对后世文学发展影响颇大。

《文苑英华》1 000卷，太平兴国七年（982）始编，雍熙三年（986）成书。宋真宗赵恒曾组织学者进行修订，南宋时孝宗又命专人做了校订，最后经周必大、胡柯和彭叔夏复校，于嘉泰元年（1201）开始刻版，嘉泰四年（1204）完工。该书上接《文选》，收录南朝梁末至晚唐五代2 200余家诗文作品近2万篇，按文体分赋、诗、歌行、杂文、中书制诰、翰林制诰等39类。每类之中又按题材分若干子目，如赋类下分天象、岁时、地、水、帝德、京都等42小类。书中约10%是南北朝作品，约90%是唐人作品，多数是根据当时流传不多的抄本诗文集收录的，保存了不少有价值的文献资料，校记里还附注有别本的异文，可以用以辑补校勘唐人的诗文集。清朝纂修《全唐诗》《全唐文》《四库全书》时，都曾用作参考。《文苑英华》中收录了不少诏诰、书判、表疏、碑志，还可以用来考订史实。

“宋四大书”中，卷帙最大的一部是《册府元龟》。该书1 000卷、近1 000万字。景德二年（1005），宋真宗命王钦若、杨亿、孙奭等18人一同编修历代君臣事迹，书成，名之曰《册府元龟》。“册府”是帝王藏书的地方，“元龟”是大龟，古代用以占卜国家大事，意即作为后世帝王治国理政的借鉴。全书分帝王、闰位等31部，部下再分门，共有1 100多门，将历代君臣事迹，自上古至五代，按照人物阶层身份，分门别类，先后排列，目的是“为将来典法，使开卷者动有资益”。其中，唐、五代史事部分，是《册府元龟》的精华所在，不少史料为该书所仅见，即使与正史重复者，亦有校勘价值。

“宋四大书”编写认真，卷帙浩大，保存了大量史料，是研究宋代以前文化的重要参考资料，历来受到文人学者重视，在今天仍有较高的学术价值。

（六）《永乐大典》

明王朝取代蒙古族建立的元朝后，首要任务就是复兴文教事业。为此，朱元璋十分重视文化教育，开国之初即下令广收典籍，开设学校，编纂图书。朱元璋本人对汉刘向《说苑》、元阴时夫《韵府群玉》之类采择广博的书籍很感兴趣，政事之余经常翻阅。洪武二十一年（1388），时任中书庶吉士的解缙上书朱元璋，提出编纂一部以儒学为主要内容，“上溯唐、虞、夏、商、周、孔，下及关、闽、濂、洛，根实精明，随事类别”（《明史》卷一四七《解缙传》）的大类书。这一建议很得朱元璋赏识，但终因立国不久，各种条件尚不成熟而只好暂时搁置。

朱元璋驾崩后，由于太子朱标早卒，嫡长孙朱允炆继位，但是朱元璋的第四子、镇守北方的燕王朱棣对朱允炆继位心怀不满，不久发动“靖难之变”，用武力夺取皇位，改元永乐。朱棣获取皇位不符合传统儒家的嫡长子继承制，所以遭到大量朝臣和士大夫的强烈反对。为此，朱棣采取恩威并施的两手策略：一方面大开杀戒，残酷镇压那些拒不归附的朝臣和儒生；另一方面则大力提倡文教，振兴学术，以此来怀柔、笼络广大知识分子。《永乐大典》就是在这种背景下开始编纂的。

永乐元年（1403）七月，朱棣诏令翰林侍读学士解缙等人："天下古今事物，散载诸书，篇帙浩穰，不易检阅。朕欲悉采各书所载事物，类聚之而统之以韵，庶几考察之便，如探囊取物尔。……尔等其如朕意，凡书契以来，经、史、子、集百家之书，至于天文、地志、阴阳、医卜、僧道、技艺之言，备辑为一书，毋厌浩繁。"（《明太宗实录》卷二十）解缙等人领命之后，召集朝臣及儒生共147人，夜以继日，分头编纂，次年十一月即告完成，奏上朝廷，朱棣大喜，赐名曰《文献大成》，并对解缙等人赐宴赐币，以示褒奖。

但是，朱棣仔细翻阅该书时，发现内容过于简略，类目不够完备，资料也采择不广，不符合原来设想的聚集天下之书为一书的要求，遂于永乐三年（1405）下令重编。重编的机构十分庞大，太子少保姚广孝、礼部尚书郑赐、侍读解缙担任监修，先后参与人员多达2 169人，创下历代编纂类书参与人数之最。在编纂过程中，朝廷不但集中了内府收藏的全部图书，还专门派遣通晓典籍的官员前往全国各地，广泛购求珍本秘籍，永乐皇帝向购书臣子强调说："书籍不可较价值，惟其所欲与之，庶奇书可得。"（《明太宗实录》卷五三）意思是只要是好书，不管多少钱，一定要买到手。果然，很快从全国各地征来大量秘籍，保证了编纂工作的顺利开展。

由于全书卷帙浩繁，难以刻版印刷，朝廷遂决定全部抄录出来，从全国征集擅长书法的士子，通过考试录用，规定每人每天抄写3页，一律采用端正圆润的楷书，当时称为"馆阁体"。凡遇到山川地形、名物器件，均用白描手法绘出图形，极为精致。凡征引书名、作者，均用朱笔书写，十分醒目。所录资料还用朱色圈点，便于阅读。在纸张及行款格式方面，全书采用洁白柔韧的上等皮纸。其上摹印朱丝栏，框高约36厘米、宽23厘米，四周双边，每半页8行，每行大字单行书写，约20字；小字双行书写，顶格30字，不顶格多为28字。注文之字又略小，双行书写，版心上下大红口，版心题写"永乐大典卷某某"。永乐六年（1408）冬，编纂、缮录和装帧等工作全部完成，进呈朝廷，朱棣审阅后十分满意，亲自撰写序文，赐名曰《永乐大典》。

《永乐大典》是中国古代历史上最大的一部类书，全书有目录60卷，正文22 877卷，装订成11 095册，字数约3.7亿字。该书汇集了古今图书七八千种，大凡人物事件、制度名物、山川河流、天文地理、诗词歌赋、号令文章等都尽行收录，篇幅浩繁，内容十分丰富，保留了不少古籍。最值得称道的是，《永乐大典》除了涉猎正统的经学、史学和人伦、国统、道德、政治、制度、名物，还收录了当时所能见到的有关农业、手工业、科技、医学、诗词、戏曲、小说以及释藏、道经等诸多方面的内容。在体例编排上，《永乐大典》也颇具特色。一般的类书都是分门别类，按类收录，而《永乐大典》则是按韵检索与按类编排二者结合，即"用韵以统字，用字以系事"，就是依据《洪武正韵》的韵母顺序，分列各个单字。在每一个单字之下，首先引用各种字书、韵书，详注该字音韵及训释，然后依次书写该字各种字体，再分类汇辑与该字有关的各项内容，上自天文，下至地理，包括人事、典制、名物，以至奇闻逸事，诗词戏曲，无不广搜博采。这种体例既类目全面，又便于查阅检索。

永乐十九年（1421），北京紫禁城建成，朱棣迁都北京，《永乐大典》的原稿留在了南京，正本则随之运到了北京，以后长期贮藏在宫城内的文楼，问津者少。嘉靖时期，明世宗喜爱阅读此书，乐此不疲。嘉靖三十六年（1557）某日宫中失火，紫禁城三大殿都被大火烧毁，火势危及贮藏《永乐大典》的文楼，明世宗一夜之间连颁三道谕旨抢救《永乐大典》，火灾损失很大，万幸的是文楼未毁，《永乐大典》完好无损。不过，考虑到这类事情可能还会发生，嘉靖四十一年（1562）秋，明世宗任命徐阶、高拱、张居正等人校理缮写《永乐大典》副本。其中，高拱、瞿景淳为总校官，张居正等 10 人为分校官，礼、吏二部特地主持“糊名考试”，选拔人员，抄录工作组织严密，井然有序。先由校官物色缮书儒生凡 109 人，分为 10 馆，严格按照《永乐大典》正本的行款摹写，每人每天按规定誊写 3 页。每馆专设催纂收掌各 2 员，规章制度十分严密，誊写人员早出晚归，不得将《永乐大典》私自携出，更不能雇人代写。此外，每日必须查验抄录内容，如果发现差错，立即重写，直到完全正确为止。每册后须注明总校、分校、抄写、圈点人员姓名，以分清责任。抄录副本还须无任何挖补、涂改痕迹。全部重录工作花了整整 6 年时间，于隆庆元年（1567）四月大功告成。原本称“正本”或“永乐抄本”，新抄录的称“副本”或“嘉靖抄本”。嘉靖副本与永乐正本格式、装帧完全一致，质量也丝毫不亚于正本，堪称尽善尽美。正本贮文渊阁，副本则藏在皇史宬。

虽然世间有了两部《永乐大典》，但是该书的命运并未好转。其中，南京文渊阁的稿本极有可能毁于正统十四年（1449）的宫中火灾，而北京的正本则毁于明末李自成撤出北京前的纵火焚烧，也有人认为被明世宗作为陪葬品带入了永陵。再看副本，清康熙年间，徐乾学等人已发现皇史宬里的副本并非完整的一套，说明当时已经失窃了。雍正年间，副本被转移到翰林院敬一亭，李绂、全祖望等曾查阅利用过，也发现存在残缺，应该是继续失窃。乾隆三十七年（1772），清高宗诏修《四库全书》，准备从《永乐大典》中搜集佚书，经过清点，发现已佚失 2 422 卷。咸丰十年（1860），英法联军入侵北京，《永乐大典》惨遭劫掠，英军抢掠册数最多，史载黄遵宪出使欧洲，国内文人相送之时，特意让他留意寻访，期盼《永乐大典》散本能够重返故国。光绪二十六年（1900），八国联军入侵北京，翰林院一带成为战场，敬一亭被毁，《永乐大典》甚至被侵略军当作砖块替代物，用来构筑工事和铺路，惨遭肆意践踏、毁弃和劫掠。清人雷震《新燕语》载：“洋兵入城时，曾取该书之厚二寸许、长尺许者以代砖，支垫军用等物。武进刘葆真太史拾得数册，阅之，则《永乐大典》也，此真斯文扫地矣。”据统计，这次战事损失的《永乐大典》至少有 605 册。

近年来，世界各地陆续发现《永乐大典》残本，目前，大约 400 册《永乐大典》残本散落在 8 个国家的 30 多个单位。除我国以外，美国、日本和英国收藏最多。美国国会图书馆、哈佛燕京图书馆、康奈尔大学图书馆和普林斯顿大学东亚图书馆均有收藏，日本则有京都大学、国立国会图书馆等 8 个单位和 3 个个人收藏，英国则有大英博物馆、牛津大学图书馆等进行收藏。而我国除中国国家图书馆以外，目前只发现上海图书馆、四川大学博物馆有残本收藏。

拓展阅读

一则关于《永乐大典》的故事

1983年春节过后，中国国家图书馆的工作人员一上班，就收到了一封奇怪的信。信上说，山东省掖县一位农民的家里收藏有一册《永乐大典》，但它是真是假，谁也说不清，所以想请专家去鉴定一下。这封信引起了图书馆领导的重视，于是马上派专家到掖县进行实地调查。

当书被小心翼翼地拿出来时，专家们都不禁感到惊讶。这本书虽然已有些残破，但边口"永乐大典"四个字依然清晰，书上的文字统一用楷书抄写，端庄而秀美，字迹墨色黝黑，散发着淡淡的墨香。专家忙问，这本书是从哪来的？原来，掖县有一位村民叫孙洪林，有一次他到表叔邱家去串门，聊天中，表叔很得意地讲起了秦王宫磁石门的故事。话说，秦始皇统一全国后，动用大量人力、物力，在陕西咸阳建造了一座富丽堂皇的阿房宫。为了防备刺客，特命工匠用磁石制成阿房宫的偏门。这是外人进宫的必经之路，如果有人进宫行刺，磁石门就会把身披铁甲、暗藏利刃的刺客吸住。这磁石门可以说是中国最早的安检措施了。众人一听，大开眼界，孙洪林想，表叔念书不多，怎么会知道这些历史故事呢？表叔笑着说，是从他家保存的一本书上看到的，这本书就是《永乐大典》。

几十年前，这本《永乐大典》作为邱家女主人的嫁妆，随着女主人一起"嫁"到了邱家，当时这本书是女方家用来压剪纸样的。那时，在农村，做鞋要剪纸样，剪好的纸样还要压平，而这本《永乐大典》不但书大，而且平整厚实，用它来压纸样再合适不过了。问起这本书的来历，女主人也说不清楚了，只知道是娘家传下来的。

家里人并不了解这本《永乐大典》的价值，只是觉得书中的字好看，书里的历史故事挺有趣，书的纸张好，很有韧性，所以有人还把它的边边角角剪下来做了鞋样，或给孩子当了练习本，或用来卷烟叶，这本《永乐大典》在这普通的农家里一待就是70多年。

（参见张玉娥、王皓杰、李昌田编著《文献史话》，知识产权出版社2010年版）

（七）《四库全书》

清代是我国图书编纂的极盛时期，无论是图书编纂理论还是图书编纂实践，都取得了总结性的成就。其中，《四库全书》的编纂不但是清代图书编纂的高峰，也是我国古代图书编纂最高成就的标志。

乾隆初年，学者周永年撰写《儒藏说》，提出仿效佛教《大藏经》、道教《道藏》，将古代学术著作分门别类加以整理，修成《儒藏》。他在文中呼吁道："今不揣谫劣，愿与天下同人共肩斯任。俾古人著述之可传者，自今永无散失，以与天下万世共读之。”周永年的“儒藏说”得到了学者们的广泛响应，可以看作编纂《四库全书》的社会基础。乾隆三十七年（1772），乾隆皇帝出于“寓禁于征”的目的，下诏征集天下图书，是年十一月，安徽学政朱筠提出辑佚《永乐大典》的建议，两件事直接促成了四库全书馆的成立。翌年始，朝廷先后委派永瑢、刘统勋、梁国治、陆费墀等360人参与其事，纪昀任总纂官，终始其事，全书体例是他一手制定的。

全书修纂的第一步工作是征集图书。该项工作始于乾隆三十七年，至乾隆四十三（1778）年结束，前后历时7年之久。在地方官府的大力协助和藏书家的积极响应下，征书工作进展顺利，共征集图书12 237种。其中，江苏进书4 808种，居各省之首；浙江进书4 600种，排名第二。私人藏书家马裕、鲍士恭、范懋柱、汪启淑等进书都在500部以上。

第二步工作是整理征集来的图书。馆臣们比较同书异本的差异，选择较好的本子作为《四库全书》的底本。如果一种图书被选定作为《四库全书》底本，接下来还要进行一系列加工，分校官认真审阅全书，撰写初审意见，送呈纂修官复审，纂修官审阅后，送呈总纂官三审，三审之后，送呈御览，等待皇帝审阅批准。

第三步工作是抄写底本。抄写人员最初是由提调、纂修各员保荐而来的，不久发现这种方法有行贿、受贿的弊病，于是又改为考查。具体做法是需要增加抄写人员时，让推荐而来的人员当场书写数行字，选择那些书写端正的人员录取。再到后来，又改为从乡试落第试卷中选取抄写人员。这样，先后选拔三四千人承担抄写工作，保证抄写工作顺利开展。

第四步工作是校订。为了保证校订工作顺利进行，四库全书馆制定了《功过处分条例》，并于各册之后开列校订人员名单，以明确责任，分校、总校和总裁各司其职。当然，校订工作十分艰辛烦琐，全书修成后还是存在不少问题。对此，还有一个传闻，说乾隆皇帝在翻阅文渊阁《四库全书》时，这位知识渊博的帝王很快发现了诸多讹误，震怒之下责令馆臣重新修订，史载这次修订花费30万两银子，由于纪昀是总纂官，负有不可推卸的责任，这30万两银子便由纪昀垫付。

乾隆四十六年（1781）十二月，经过将近10年的辛勤工作和不懈努力，第一部《四库全书》终于告成，贮藏在紫禁城的文渊阁。全书抄成3.6万余册，约计229万页，约10亿字，为了便于长期保存，还特别使用珍贵的楠木制作函套，每若干册书放入一匣，共计6 144函。各部《四库全书》陆续入藏之后，管理和利用工作随之提上日程。清廷也制定了相应制度，设置专门官职从事管理，由于管理严格，在此后半个多世纪里，《四库全书》发挥了“嘉惠艺林，启牖后学”的独特作用。

《四库全书》不仅囊括了从先秦至清代乾隆以前中国历史上的主要典籍，还涵盖了中国传统学术文化的各个学科门类和各个专门领域。因此，它历来有“典籍总汇，文化渊薮”的美誉。在18世纪，像《四库全书》这样的文化巨著，不仅在中国，就是在世界上也是绝无仅有的。

为了妥善保存这部卷帙浩繁的丛书，乾隆皇帝先后下令仿效浙江宁波范氏天一阁的规制，在北方和南方地区分别建造七座藏书阁用于收藏《四库全书》。这就是著名的“四库七阁”，即紫禁城的文渊阁、圆明园的文源阁、河北热河（今承德）避暑山庄的文津阁、盛京（今沈阳）故宫的文溯阁、江苏镇江的文宗阁、江苏扬州的文汇阁和浙江杭州的文澜阁。其中，北方的文渊阁、文源阁、文津阁和文溯阁都位于宫廷禁地和皇家园林之中，因此，又称为“内廷四阁”；而南方的文宗阁、文汇阁和文澜阁因为都在江浙地区，所以又称为“江浙三阁”。

然而，近代以来，清朝统治由盛转衰，列强入侵，战乱频仍，人民饱经忧患，世事几度沧桑。在一百多年的风风雨雨中，七阁《四库全书》也经历了坎坷曲折的历史命运。文渊阁《四库全书》自嘉庆以后，便长期沉睡宫中，处于无人过问的境地。辛亥革命后，清皇室迁出紫禁城，全书暂归清室善后委员会接管，不久又正式交由故宫博物院图书馆保存。1931 年“九一八”事变发生后，华北局势紧张，为了防止国宝遭到破坏，故宫博物院图书馆将全书装箱运往上海。其后，随着战争形势的变化，全书又辗转迁往重庆、南京等地，最终运至台湾，现珍藏在台北故宫博物院。

咸丰十年（1860），英法联军攻入京城，举世闻名的圆明园被侵略军的一把大火烧得只剩残垣断壁，文源阁与其《四库全书》也在这场浩劫中化为灰烬。

文津阁《四库全书》的保存和管理比较正常，基本未受到战乱的影响。1914 年，全书连同书架一并运到北京，1915 年正式移交京师图书馆（原北京图书馆前身，今为中国国家图书馆）。经该馆整理后，全书按原架陈列，并向社会开放。至今，这部《四库全书》仍珍藏于国家图书馆中，是七部《四库全书》中唯一原架、原函、原书一体存放保管的典籍。

文溯阁《四库全书》的管理比较规范，保存也比较完整。但在沙俄帝国于光绪二十六年（1900）侵占东北三省时，出现丢失现象。“九一八”事变后，东北成立伪满洲国，全书由伪满国立奉天图书馆接管。日本投降后，则交由国民党政府的国立沈阳博物院图书馆保存。东北解放后，全书由东北人民政府文物处接管，后交东北图书馆（今辽宁省图书馆）保存。1966 年，文化部决定将全书移交甘肃省图书馆代管。于是，文溯阁的这部《四库全书》由沈阳迁往兰州，迄今一直保存在甘肃省图书馆的专门书库中。

咸丰三年（1853），太平天国的军队攻入镇江、扬州。文宗阁和文汇阁在战火中被焚毁，阁中珍藏的《四库全书》均付之一炬，荡然无存。文澜阁《四库全书》也在太平天国战争中遭到严重破坏。咸丰十一年（1861），太平天国的军队第二次攻打杭州，文澜阁在战火中倒塌，阁中珍藏的《四库全书》也大量散佚。当地的藏书家丁申、丁丙兄弟在避难中发现市面上买卖食物的包装纸竟然是《四库全书》的书页，十分吃惊。他们立即随地捡拾搜访，又委托书商代为收购，总计抢救出 8 000 余册，约占《四库全书》原有数量的五分之一。光绪七年（1881），文澜阁重建工程完成，丁氏兄弟又着手进行补抄工作。前后历经 6 年，共补抄缺失书 2 174 种，补足缺卷书 891 种，合计 26 380 册，基本上恢复了文澜阁《四库全书》的规模。1911 年，浙江公立图书馆建成，全书移至该馆保存。其后又经过几次补抄及整理，“江浙三阁”仅存的这部《四库全书》终成全本，现珍藏于浙江图书馆中。

综而观之，在近代以来的社会动荡和内忧外患中，“内廷四阁”的《四库全书》幸存三部，而“江浙三阁”的《四库全书》仅存半部。当年乾隆皇帝以盛世君主的气魄，先后下令抄写七部、分藏七阁的《四库全书》，不过数十年竟然毁失过半，着实令人扼腕叹息。

20 世纪 80 年代以后，随着社会的发展、科学技术的进步，中国的文化事业也大大兴盛起来。1986 年，台湾商务印书馆率先影印出版了文渊阁《四库全书》。1999 年，上海人民出版社与香港迪志文化出版有限公司合作，共同推出了文渊阁《四库全书》的电子版。进入 21 世纪以来，文津阁和文澜阁《四库全书》的影印出版工作也已完成，文溯阁《四库全书》的影印工作也在酝酿中。这部中国古代历史上最大的丛书，如今已经化身千百得到广泛传播，并日益受到学术界和全社会的关注与重视。抚今追昔，可以说，国运兴而文化兴，国运衰而典籍亡。一部《四库全书》的变迁，就是一个国家、一个民族命运的缩影。

文渊阁《四库全书》电子版首页

【思考题】

1. 早期文献为什么多单篇别行？
2. 影响古人著作权意识兴起的因素有哪些？

第四讲

古典目录

目录学是研究目录形成和发展的一般规律的科学。历代学者都强调目录学对于读书治学的重要性，如唐毋煚《古今书录序》载："夫经籍者，开物成务，垂教作程，圣哲之能事，帝王之达典。而去圣已久，开凿遂多，苟不剖判条源，甄明科部，则先贤遗事，有卒代而不闻，大国经书，遂终年而空泯。使学者孤舟泳海，弱羽凭天，衔石填溟，倚杖追日，莫闻名目，岂详家代？不亦劳乎！不亦弊乎！将使书千帙于掌眸，披万函于年祀，览录而知旨，观目而悉词，经坟之精术尽探，贤哲之睿思咸识，不见古人之面，而见古人之心。""剖判条源，甄明科部"讲的就是目录，明目录是读书治学的第一要素。清人王鸣盛在《十七史商榷》中说得更加直白："凡读书最切要者，目录之学。目录明，方可读书；不明，终是乱读。"

一、古典目录起源

"目"，《说文解字》释为"人眼"。每个人都有两只眼睛，所以"目"便有代指复数的意思。后来它的含义有了发展，《论语·颜渊》载："颜渊问仁。子曰：'克己复礼为仁。'……颜渊曰：'请问其目？'子曰：'非礼勿视，非礼勿听，非礼勿言，非礼勿动。'"其中，"请问其目"，就是要求得到关于"仁"更清楚、更明了的纲领要点，通过它进一步来了解"仁"的具体内容，而孔子的回答就是"克己复礼"的细目。这里的"目"便有了"条目""细目"的意义，用在篇名和书名上，就叫"篇目""书目"。一书之中有若干篇章，列出具体的条目，就是篇目；一批藏书中有若干部分，列出具体的条目，就是数目。例如，《汉书·刘向传》曰："校中秘书，各有各目。"《汉书·艺文志》曰："向辄条其篇目。"两处的"目"指的都是篇目和书目。

"录"的繁体为"録"，《说文解字》释为"金色"；"录"另一种写法"彔"，《说文解字》释为"刻木"，引申为"记录"之意。"录"字与书籍连在一起，始于汉武帝时期杨仆整理而成的《兵录》，到了汉成帝河平年间，刘向整理图书时，"每一书已，向辄条其篇目，撮其指意，录而奏之"（《汉书·艺文志》）。由于记录的内容是撮取某书或某篇章的旨意，所以"录"就成为对某书或某篇章旨意、要点的说明。

一般来说，“目”指一书的篇名或群书的子书名，“录”则指叙录，即对一篇书或一部书的内容所做的提要，两者合在一起就是我们所说的“目录”了。最早把“目”“录”二字合在一起的是西汉的刘向、刘歆父子。刘向《别录》云：“列子目录。”刘歆《七略》载：“《尚书》有青丝编目录。”这里的“目录”应该指的是给一部书编订的目录，和今天的意思差不多了。

我国古代目录的产生，是以积累了一定数量的文献资料为前提的。根据对河南安阳殷墟的发掘与研究可知，商代已有一定数量的文献典籍，甲骨卜辞只是当时文献记录中的一部分。从殷墟的发掘中还可以看到，每一个窖穴中的甲骨卜辞都有一定的年代，通常以一个商王在位的时间为断限。窖穴里的甲骨入藏，都有一定的顺序、方法和手续，有与此相应的记号或数码排列，诚如姚名达《中国目录学史》所载：“按月日之先后，捧而典藏之。”因此，可以将其称为古代目录的萌芽。

我国早期的目录有一书目录和群书目录两种。一书目录是指把一本书的篇名和说明加以编排与汇集后的成品。最早的一书目录，当数《周易·十翼》中的《序卦传》，依次条列了各卦的卦名，并分别对各卦卦名及卦与卦之间的次序给予了简要的解释，颇似《易经》一书的目录。因此，很多目录学家认为《序卦传》即是《周易》一书的目录。例如，清代学者卢文弨说：“吾以为《易》之《序卦传》，非即六十四卦之目录欤？史汉诸序，殆昉于此。”（《钟山札记》卷四）余嘉锡说：“唯《周易·十翼》，有《序卦传》，篇中条列六十四卦之名，盖欲使读者知其篇第之次序，因以著其编纂之意义，与刘向著录‘条其篇目，撮其指要’之例同。目录之作，莫古于斯矣。”（《目录学发微》卷三）与《周易》差不多同时的《诗经》，三百余首诗歌前皆有小序，如果将这些小序合编在一起，无疑就是《诗经》一书的目录。此后，目录在其他人的著作中亦有痕迹，《吕氏春秋》之《序意》，《淮南子》之《要略》，其实也都具有一书目录的性质。

但是，如果论及体制最为完善的早期目录，则当推《史记》。《史记》卷一百三十《太史公自序》即是一篇完整的目录，该篇由大序和小序两部分组成。大序属于自叙，在这里司马迁交代了自己的家世、学养、仕宦经历、学术观点、编纂宗旨及全书体例等问题；而小序则依次撰写《史记》每一篇的篇名和要旨，如：

> 周室既衰，诸侯恣行。仲尼悼礼废乐崩，追修经术，以达王道，匡乱世反之于正，见其文辞，为天下制仪法，垂《六艺》之统纪于后世。作《孔子世家》第十七。①

这是一篇很典型的目录，前九句是“录”，概述全文的要旨，交代了孔子生活的时代，叙述其一生主要业绩，最后一句是“目”，确定篇名和编次。按照今天图书篇目的编排方式，如果将130条篇目集合在一起放在书的卷首，就是《史记》一书的目录。

从一书目录中检索一本书的内容是很方便的，但是想要了解某类典籍有哪些书，

---

① 司马迁：《史记》卷一百三十，中华书局1963年版。

某书的大致情况，仅仅靠一书目录就远远不够了，必须求助于群书目录。群书目录，顾名思义是多个书名和叙录的总聚。我国历史上，最早整理和编制群书目录者当为西汉的刘向。他在汉成帝年间，率领一班专家学者，经过二十余年之力，全面整理了国家藏书，每一书整理完毕，刘向会“条其篇目，撮其指意，录而奏之”。他在目录学上的贡献在于把篇次发展成为篇目，成目次状，把“序”变成了“叙”，更具解题性质。全部图书整理完毕后，刘向将所有叙录编在一起，成为《别录》一书，这是综合性群书目录的开创之作。此后，历代图书工作者和史志撰写者，都受刘向《别录》的启发。我国古代的群书目录工作取得了辉煌成就，各种目录书层出不穷，对古代学术的发展起到了巨大的推动作用。

二、古典目录类型

古代学者编纂了大量目录，据汪辟疆《目录学研究》统计，从汉魏到明末，计有官书目录 60 种、私家目录 77 种、史家目录 14 种，共计 151 种。而近人孙殿起《贩书偶记》正续编著录了清代以来的目录 155 种，两者相加为 306 种，但是实际数量远不止这么多。从类型上说，这些数量巨大的目录大致可以分为官修目录、私家目录、史志目录、专科目录、特种目录和释道目录等六大类，有的则可以再细分。

（一）官修目录

古代官修目录是由官府主持对国家藏书进行整理后所编制的目录，是我国目录学的重要组成部分，代表了国家藏书的盛衰，反映了文化的发展和学术的兴替。

《别录》《七略》是古代官修目录的开创性著作。汉成帝时，刘向领衔整理国家藏书，“每一书已，向辄条其篇目，撮其指意，录而奏之”。刘向把“录而奏之”的文字编集起来就是《别录》，这是古代有书目提要的开始，内容详备，后世解题目录多仿效之。刘歆继承父业，继续校书，在《别录》基础上编成《七略》，把国家藏书分为六略 38 种，是古代第一部综合性图书分类目录。

魏晋南北朝时期，官修目录以郑默《中经》、荀勖《中经新簿》、李充《晋元帝四部书目》为代表。其中，《中经》已有了四部分类的思想，而《中经新簿》脱胎于《中经》，采用甲、乙、丙、丁四部分类法，并将“史”从《七略》的“春秋”中独立出来。《晋元帝四部书目》更进一步，把《中经新簿》的乙、丙两部互换，确立了经、史、子、集四部的次序。这一时期的官修目录还有南朝齐谢灵运《元嘉元年秘阁四部目录》、南朝齐王俭《元徽元年秘阁四部目录》、南朝齐王亮和谢朏《永明元年秘阁四部目录》、南朝梁刘孝标《文德殿四部书目》、南朝陈佚名《德教殿四部目录》、北朝佚名《魏阙书目录》《甲乙新录》等。

隋初，牛弘任职秘书监，上书隋文帝广收典籍，并在北齐、北周所藏书目的基础上编成《开皇四年四部目录》。大业初，秘书监柳䛒组织人员对西京 37 万卷图书进行精选，得 37 000 卷，藏入洛阳，并编《大业正御书目录》，大抵按照四部分类。

唐宋元明时期，官修目录继续发展，各代皆有代表之作。开元三年至九年（715—721），唐官府组织数十人在长安和洛阳两地整理国家藏书，后由元行冲和殷践猷领衔编《群书四部录》200卷、序例1卷，编目与校书分离，分类多依《隋书·经籍志》。《群书四部录》问题很多，毋煚遂独自继续删繁节要和校订增补，编为《古今书录》40卷，为《旧唐书·经籍志》取法。宋仁宗景祐元年（1034），翰林学士张观、李淑、宋祁等校订整理三馆与秘阁藏书，编成书目，由翰林学士王尧臣上奏，名曰《崇文总目》66卷，是现存最早的官修目录。南宋淳熙四年至五年（1177—1178），在秘书监陈骙主持下编成《中兴馆阁书目》70卷、序例1卷，嘉定十二年至十三年（1219—1220），在秘书监张攀主持下编成《中兴馆阁续书目》30卷。二书皆模仿《崇文总目》，反映了南宋国家藏书状况。明英宗正统六年（1441），杨士奇奉旨对文渊阁藏书进行整理，厘定部类，编置字号，最终编成《文渊阁书目》20卷，创造性地以《千字文》为类例配号，以一字为代号来代表一种或数种类目，打破了传统的经、史、子、集四部分类体系，收录图书极为丰富。

清朝比历朝都重视图书编目工作，官修目录成果丰硕，最具代表性的是《四库全书总目》和《天禄琳琅书目》。纪昀领衔编纂的《四库全书总目》200卷，是古代官修目录的集大成者，收录了乾隆以前尤其是元代以前古代的重要典籍，对18世纪之前的学术进行了一次总结。《天禄琳琅书目》前编10卷，乾隆四十年（1775）于敏中等奉敕编成，反映的是昭仁殿所藏宋金元明刊版及影写宋本藏书情况，这是首部官方善本书目，价值很高。《天禄琳琅书目》后编20卷，嘉庆年间彭元瑞等据新入藏昭仁殿的书编成，收录宋至明善本约660部，体例悉依前编。

（二）私家目录

私家目录是整理私人藏书的记录，不过，虽然古代私家藏书早在春秋时期就出现了，但是私家有目录的记载要到南朝时期。南朝梁时，私家藏书活动中已经出现了“名簿”之说，阮孝绪《七录序》称：“凡自宋齐以来，王公缙绅之馆，苟能蓄聚坟籍，必思致其名簿。凡在所遇，若见若闻，校之官目，多所遗漏。遂总集众家，更为新录。”而南朝梁后期私家藏书活动中已有了“书目”的说法，《梁书·任昉传》记载：“昉坟籍无所不见，家虽贫，聚书至万余卷，率多异本。昉卒后，高祖使学士贺纵共沈约勘其书目，官所无者，就昉家取之。”这是说任昉已经编纂了私家的藏书目录，惜不知书名，亦未传下来。

唐代私家藏书文化比前代有了很大的发展，涌现了一批藏书超万卷的私人藏书家，私家藏书的增多带动了藏书目录的编纂，今可考知者有吴兢（号西斋）《西斋书目》1卷、蒋彧《新集书目》1卷、杜信《东斋集籍》20卷。其中，吴兢在武则天时入史馆参与国史编修，开元年间参与秘阁藏书整理及书目编制工作。其家中藏书甚多，曾自编目录著录图书13 468卷，在当时影响很大，一直流传至宋代。

雕版印刷术在宋代得到了普遍的推广，社会上图书总量猛增，私家藏书无论是在数量还是质量上都得到了更大的发展。宋代藏书家中涌现出一批著名的目录学家，其中以晁公武、尤袤和陈振孙最具代表性，他们对古代私家目录学的发展做出了杰出的贡献。晁公武曾在四川转运使井度属下为官，帮助井度校刻藏书，井度去世前把藏书全部赠给了他。在此基础上，晁公武汇集原有家藏编成《郡斋读书志》，著录藏书

24 500余卷，体例上继承了刘向《别录》和刘歆《七略》的优良传统，非常严谨。尤袤《遂初堂书目》著录图书3 000余种，在分类体系上有所创新，增设了许多新的类目，并且特别注重著录图书的版本情况，从时代、刻书地域、刻版行款、刻书人等多角度揭示图书，反映各地刻书状况，为版本目录学的兴起开了先河。陈振孙藏书5万余卷，他对自己的藏书进行了系统的整理，编成《直斋书录解题》，著录图书3 096种、51 180卷。该书目的解题不仅记录书名、卷数、撰人，还注意分析学术渊源，著录各种版本的类别、款式、版刻经过和得书来由，评其优劣，考辨谬误，多有独到见解。

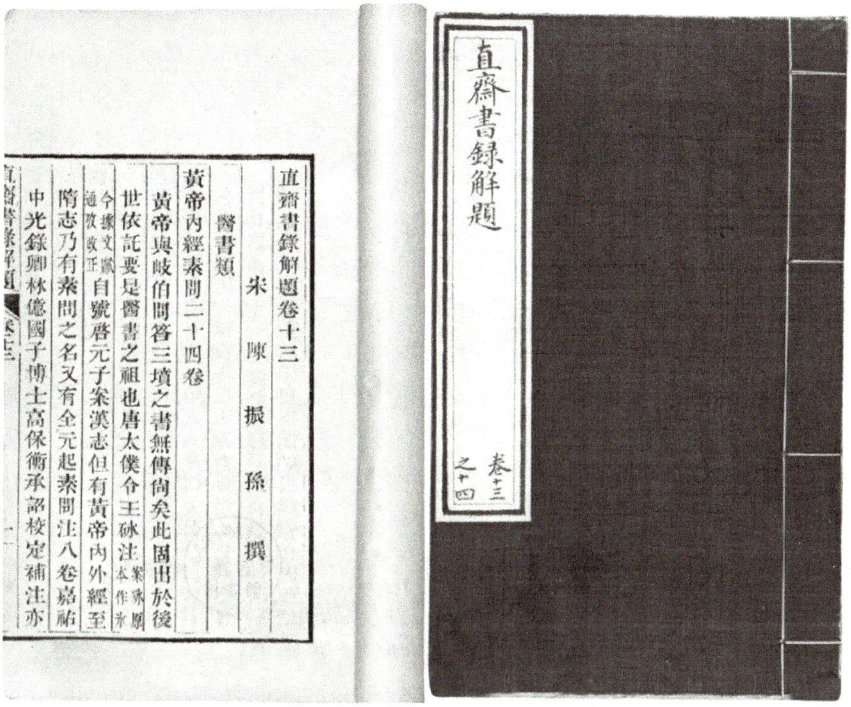

陈振孙《直斋书录解题》书影

元代私家目录相对偏少，值得一提的是钟嗣成作于至顺元年（1330）的《录鬼簿》，该书目共收152人、作品400余种，全书以人类书，以剧作者为次，对每位作者都“传其本末，吊以乐章”，并列其著作名目，成为后世研究戏曲史的重要参考资料，开戏曲专题目录之先河。

明代私家藏书成为时尚，出现了大批著名的藏书家和私人藏书楼。汪辟疆《目录学研究》统计明代私人藏家书目达41种，有20种流传至今，而以胡应麟、祁承㸁和钱谦益编纂的书目影响较大。胡应麟筑有二酉山房，聚书多达4万余卷，编纂《二酉山房书目》6卷。该书在分类体系上突破了经、史、子、集的成规，分为五个部类，即将类书和佛、道二藏及赝古书并为一部类，列在书目之末，在一定程度上考虑到了分类图书的实际需要。祁承㸁藏书10万余卷，藏书楼曰澹生堂，编撰《澹生堂藏书目》14卷，提出了“因、益、通、互”四种分类方法，主张既遵循四部定例，又根据藏书的实际需要增添新的类目，在分类上加强对图书内容的揭示，在各类之间分解互著，分类更为详明和合理，便于读者检索和认知。钱谦益的藏书楼曰绛云楼，藏书之富，天下闻名。在绛云楼大火藏书损失后，他竟能根据记忆，追录成《绛云楼书目》4 卷，对过眼的宋元藏书进行了描述，是一部极具价值的私家藏书目录。

清代私家藏书风气比前代更为兴盛，藏书家多数是学者，他们把藏书活动与目录、版本等结合起来，在编撰藏书目录时非常注重对版本的鉴定和研究，出现了多种版本目录、善本目录，以钱曾、黄虞稷、吴骞、孙星衍、黄丕烈、莫友芝、丁丙和缪荃孙等为代表。钱曾出身于藏书世家，到他手上时藏书已经达 4 000 余种、10 万余卷，藏书楼有述古堂和也是园，所编目录有《述古堂书目》《也是园藏书目》《读书敏求记》等。三书中《读书敏求记》影响最大，收录了钱氏所藏宋元精刻 634 种，对版本的著录尤为详细。黄虞稷承父志，藏书多达 8 万余卷，编纂《千顷堂书目》32 卷，著录图书 1 万余种，比《明史・艺文志》多出近两倍，并收录了不少《永乐大典》遗漏的书籍。吴骞一生精力倾于收书、校书，藏书达到 10 万卷，藏书楼曰拜经楼和千元十驾书室，所撰《拜经楼藏书题跋记》5 卷是一部学术价值极高的版本目录学著作。孙星衍藏书极富，藏书楼曰平津馆和廉石居，编纂《孙氏祠堂书目》内编 4 卷、外编 3 卷，《平津馆鉴藏书籍记》3 卷、补遗 1 卷、续编 1 卷，《廉石居藏书记》2 卷，等等。其中，《孙氏祠堂书目》著录图书 2 300 种，分图书为 12 类，突破了清代四部分类法的束缚。黄丕烈以藏书知名，所藏宋版书就有 200 余种，藏书楼名士礼居和百宋一廛。在藏书和读书的过程中，黄丕烈留下了数以千计的题跋，被后人编纂成《士礼居藏书题跋记》和《士礼居藏书题跋记续》，学术价值很高。他还在整理与鉴别藏书的过程中，编纂了《百宋一廛书录》1 卷、《百宋一廛赋注》1 卷、《所见古书录》不分卷、《求古居宋本书目》1 卷等，在目录学史上很有影响。莫友芝藏书楼名为影山草堂，藏书甚富，他编纂的《郘亭知见传本书目》16 卷，是清代有名的版本目录学著作，著录莫氏在访书过程中接触到的珍善图书；另一部目录学著作是《宋元旧本书经眼录》3 卷、附录 2 卷，著录宋金元刻本和旧抄本 131 种，是读书人必备的目录学经典著作。丁丙是清后期四大藏书楼主之一，藏书楼曰八千卷楼，分为嘉惠堂八千卷楼、后八千卷楼、小八千卷楼三部分，藏书多达 20 万卷，编纂有《八千卷楼书目》20 卷和《善本书室藏书志》40 卷、附录 1 卷，著录图书多，且每书之下均有解题，有较高的学术价值。缪荃孙担任过京师图书馆监督，私人藏书楼自号艺风堂，自编书目《艺风堂藏书记》8 卷、《艺风堂藏书续记》8 卷、《艺风堂再续藏书记》2 卷，著录缪氏所藏所见书籍 1 400 余种。

（三）史志目录

史志目录是指正史、国史及各种补史中的艺文志。《隋书・经籍志》载："古者史官，既司典籍，盖有目录以为纲纪。"可知，史官编目由来久矣。而正式将目录写进史书的，则从东汉班固编《汉书》开始，从此，史志目录作为史书的一个组成部分伴随着正史相沿流传下来。史志目录不同于其他目录，"它是史家以修史标准编纂的图书目录，它具有史的精神和特征，凡所撰述，必纲举目张，凡所论例，必辨其源流，示人以崖略，给人以要领。它不只是文献总汇，俨然是学术专史”①。

第一部史志目录是东汉班固《汉书·艺文志》。作为“十志”之一，它是根据刘歆《七略》删节而成的，但基本上保留了《七略》的概貌，创立了以记一代藏书之盛为特点的史志目录体例，对于后世各朝代利用史书“艺文志”或“经籍志”来反映各代典籍情况产生了深远的影响。继《汉书·艺文志》之后，唐魏征等《隋书·经籍志》是第一次使用经、史、子、集四部对图书进行分类的史志目录，不仅以现存图书为主，将梁存今亡的图书注明在相应类目之下，还在同类书排在一起后，将注释之书附于注释的对象之后，这种编排方法对于图书流通情况的揭示、学术源流的剖析是颇为有利的。五代后晋刘昫《旧唐书·经籍志》乃据唐毋煚《古今书录》而成，著录图书止于开元年间，录书 3 060 部、51 852 卷，前后序文简述了自先秦至唐末书文化之流变，有一定史料价值。宋欧阳修《新唐书·艺文志》在唐人所修多种目录基础上增录唐代著作，共著录 3 277 部、79 121 卷，总序概述了先秦以来之书文化史，重点叙说了唐朝书文化之盛衰。元脱脱《宋史·艺文志》反映的是宋代藏书之盛的书目，它主要依据宋代《三朝国史艺文志》《两朝国史艺文志》《四朝国史艺文志》《中兴国史艺文志》，删其重复撰成，并增补了一些新书。与以上五史“艺文志”收录通代图书不同，清张廷玉《明史·艺文志》是名副其实的明朝“艺文志”，仅录明人著作，其他朝代不录，录书 4 462 部、105 794 卷，总序叙明太祖以来官府书业活动及编本志原委，于稽考明人著作较为方便。

史志目录有益于辨章学术，考镜源流，故历代学者颇为重视，详加研究，并为缺少“艺文志”或“经籍志”的正史补作 49 种，使许多书籍得以考见。除了正史“艺文志”，宋郑樵《通志·艺文略》、元马端临《文献通考·经籍考》、明王圻《续文献通考·经籍考》、清《续通志·艺文略》《清通志·艺文略》、清《续文献通考·经籍考》《清文献通考·经籍考》《清续文献通考·经籍考》也属于史志目录范畴。此外，地方志和专门志中有“艺文志”或“经籍志”，有的是书目，有的是文献汇编，如果是书目亦当属史志目录。

（四）专科目录

专科目录是指内容仅涉及某个学科领域的书目。姚名达在《中国目录学史》中将古代专科目录的发展大致划分为四个阶段：一是萌芽期——汉初。汉朝建立后，统治者非常重视兵书的整理工作，张良、韩信、杨仆、任宏等专业人士先后从事之，而从“犹未能备”一语来看，杨仆辑录的《兵录》也可能是文献汇编。无论是汉初定著的 35 家兵书，还是汉武帝时的《兵录》，如果单独开列一份目录，即成为兵书专科目录。二是发生期——魏晋至两宋。这一时期陆续产生了许多学科的专科目录，如魏晋始有佛经目录与文学目录，南北朝始有书画目录，唐朝始有历史目录，北宋始有金石目录。三是发展期——明至清中叶。这一时期产生了以朱彝尊《经义考》为代表的成熟而具创新性体例的大型专科目录书，引来了许多学者的仿效之作，带来了清末专科

---

① 周洪才、钟淑娥：《略论史志目录》，《山东图书馆季刊》1988 年第 2 期。

目录编撰的繁荣。四是成熟期——清末民初。这一时期受西方文化影响，不但学科分支有了大发展，分支百学，种类极大丰富，而且编撰上横向扩展，收书范围横越东西，涉及国外著作，从数量上到质量上均已超过藏书目录而跻身主流目录了。

四部分类法产生后，古代学科一般按照经、史、子、集划分，因而所谓专科目录指的就是这四部的专门目录，分别称为经部目录、史部目录、子部目录和集部目录，其中经部目录和史部目录数量居多。比较有影响的经部目录有南北朝卢昶《甲乙新录》、唐李肇《经史释题》、宋欧阳伸《经书目录》、明朱睦㮮《经序录》、清朱彝尊《经义考》等；史部目录有刘宋裴松之《史目》，唐杨松珍《史目》，宋商仲茂《十三代史目》、高似孙《史略》，等等。除经、史目录外，还产生了反映古人在文学、艺术、医学、算学和其他科学技术方面取得的辉煌成就的专科目录。比较有价值的目录，文学方面的有南北朝荀勖《文章叙录》、挚虞《文章志》，宋沈建《乐府诗目录》，元钟嗣成《录鬼簿》，明祁彪佳《远山堂明曲品剧品校录》，清黄文旸等《曲海总目提要》等；艺术方面的有宋米芾《书史》等；自然科学方面的有梁祖暅《术数书目录》、隋李密《药录》、宋《医经目录》《大宋本草目》、明殷仲春《医藏目录》、清梅文鼎《勿庵历算书目》等。

（五）特种目录

除了经、史、子、集目录，还有很多种类的目录无法归类，这一部分目录可以通称为特种目录，主要有举要目录、丛书目录、知见目录、经眼目录、禁毁目录、版本目录、鬻贩目录等。

1. 举要目录

举要目录也称荐举目录、推荐目录、荐读书目等。早在春秋时期，孔子整理的《书经》和《诗经》，收录的是古代历史文献和古代诗歌，并且是根据一定的标准选择出来的，因此可以称这两部书为举要目录。历史上，举要目录不胜枚举，以清张之洞《书目答问》为代表。这是一部很重要的指导治学门径的举要目录，自光绪元年（1875）问世以来，即受到学者的普遍重视，姚名达誉其“为举要目录奠一基础”（《中国目录学史》）。

2. 丛书目录

丛书目录是收录丛书和汇刻书的目录。古代最早的丛书目录是清嘉庆四年（1799）顾修编的《汇刻书目》，光绪年间傅云龙、朱学勤等分别为之续编、增订。民国初年杨守敬、李之鼎等辑《丛书举要》，基本按经、史、子、集四部法分类编排，但只能按丛书名检索。近代著名的丛书目录有金步瀛编《丛书子目索引》（1935 年）、施廷镛编《丛书子目书名索引》（1936 年）。1959 年，上海图书馆始编《中国丛书综录》，从总名、子目、分类、著者等多元编排，互见互注，并反映藏书单位，深受学术界欢迎。

3. 知见目录

藏书家、学问家及书商将平日所知所见的书籍随时记录下来，日积月累，积久成帙，便是知见目录。这类书目以清邵懿辰《四库简明目录标注》、清莫友芝《郘亭知见传本书目》最有名。前者经邵章增订为《增订四库简明目录标注》，后者经傅增湘增订为《藏园订补郘亭知见传本书目》。

4. 经眼目录

与知见目录不同，经眼目录重在“经眼”，记录的内容更可靠。这类书目主要有傅增湘《藏园群书经眼录》、孙殿起《贩书偶记》《贩书偶记续编》、雷梦水《古书经眼录》、严宝善《贩书经眼录》、江澄波《古刻名抄经眼录》等。

5. 禁毁目录

禁毁目录指专门收录官府下令禁止公开流通发行或须销毁的图书的目录。这类书目主要有清姚覲元编《清代禁毁书目》，收录禁书 3 011 种；孙殿起编《清代禁书知见录》，收录禁书 1 400 余种。

6. 版本目录

在书目中注明版刻的情况，有利于读者选择与识别文献的目录，称为版本目录。在目录中著录图书版本，自汉刘向著《别录》时已有先例，南朝齐梁僧祐《出三藏记集》、唐魏征《隋书·经籍志》也有图书的版本信息。但是，学术界一直把南宋尤袤《遂初堂书目》作为最早的版本目录。最早著录版本的官修目录则是乾隆四十年（1775）于敏中等编成的《天禄琳琅书目》前编 10 卷，嘉庆三年（1798）彭元瑞等又编《天禄琳琅书目》后编 20 卷，两书著录清宫所藏宋元以来精刻精钞善本书籍 1 000 余部。

7. 鬻贩目录

鬻贩目录是为推销图书而编制的一种书目，这种目录多为出版商人或发行单位所编。例如，明代金台书铺汪谅于嘉靖元年（1522）在其所刻《文选注》的目录后面，即附有一篇鬻贩书目。清代鬻贩书目编纂水平有明显提高。例如，黄丕烈《士礼居刊行书目》著录书名、册数、书价、刊年等内容，便于读者选购；南京李光明庄所刻《三字经注解备要》《书经集传》《春秋左传杜林》等书前，皆附有鬻贩书目。

（六）释道目录

佛教典籍自东汉末年传入中国之后，因为译经者的不辍之功，汉译佛典日趋繁杂，遂有制作经录的必要。佛教在汉魏至隋唐期间逐渐风行，记载佛教典籍的目录学随之兴盛。

西晋竺法护撰《众经目录》，主要记录自己所译的佛经，学术界称之为佛经目录之始；两晋之交，支愍度曾总校古今群经，撰《经论都录》1 卷，又作《经论录》1 卷；两晋十六国时，东晋高僧释道安编纂经书的总集名目，标明传经人的情况，排列年代时序，结集为《综理众经目录》（又名《经录》）一书，该书目制作严谨、分类清晰，对后世影响极大。其后，各代都撰有佛经目录，著名者有隋释法经等编《大隋众经目录》、隋费长房《历代三宝纪》（一名《开皇三宝录》）、唐释道宣《大唐内典录》、唐释智昇《开元释教录》、北宋释惟白《大藏经纲目指要录》、北宋居士王古《大藏圣教法宝标目》、明释智旭《阅藏知津》等。据统计，古今存佚的佛经目录有 181 部，类型多样，内容丰富。

道藏目录比佛经目录出现稍微晚一点，东晋葛洪《抱朴子》中的《遐览篇》分为道经和符两大类，其中，道经大约分为经、图、记、录、法、律、集等七小类，而符其实与上述七小类并列为第八小类，共著录 1 200 余卷，可以说是最早的道经藏书目录。南朝宋元嘉十四年（437），陆修静对灵宝道经进行了整理，编成《灵宝经目》；南朝宋泰始七年（471），又撰成道经目录《三洞经书目录》，其中 1 090 卷行于世，“三洞”即“洞真”“洞玄”“洞神”，实际上就是对三皇、灵宝、上清三大教派经典和修行法门的规整。《三洞经书目录》是我国第一部完整的道经目录，奠定了道经目录的基础。魏晋至唐宋时期，编有大量道教经典目录，惜多失传。明代天启年间白云霁编《道藏目录详注》4 卷，分道教经典 7 部、12 小类，对一些道经进行了简单的解题。

三、古代目录内容

清代学者王鸣盛《十七史商榷》载：“凡读书最切要者，目录之学。目录明，方可读书；不明，终是乱读。”又载：“目录之学，学中第一紧要事，必从此问途，方能得其门而入。”这揭示出目录在治学中的巨大作用。古代目录有其特定的撰写要求，一般而言，一个完整的目录应该包括书名、篇卷、撰人和朝代、版本、提要、大小序、真伪和存佚完缺等。

（一）书名

书名就是一书的名称，这是目录首先应该著录的项目，其他著录项或因时而可省，唯独此项不可省，如果没有书名，也就意味着没有目录了。但是，古人著书，原皆不题书名，现在所知的古书之名，多数出于后人追题，也有以人名、篇名为书名的。

从书名的产生到目录作品中对书名的著录，可以把书名分为两部分：一是本书所题之名，一是目录作品中所著录之名。由于古代书籍并没有特别的标点符号对书名加以固定，书名文字虽有增有减，但并不伤原来之文义，咏读之下大体可以知道原来的书名，所以目录著录的书名也有与本书所题之名不同，有的是增加一些说明文字来丰翼书名，有的是省略书名中的一些文字。例如，《汉书·艺文志》“论语”类中云：“《鲁》二十篇，《传》十九篇，《齐说》二十九篇。”如果知道其省略的特点，大体可以猜得出来所记载的这些书籍的名称，应该是《（鲁）论语》《（鲁）论语传》《（齐）论语说》。

（二）篇卷

文字的载体先是竹简，所以称篇；然后用帛，所以称卷；后来用纸，所以称册或本。篇卷都是古书的数量单位，它有两层含义：一是表示意义的起讫，一是表示这些意义所依附的物质的起讫。早期篇和卷基本统一，后来逐渐不统一，一卷之中可以包括若干篇。到了书册时期，篇、卷、册更不统一，一册可以有好几卷，一卷可以包括好几篇。但是，无论书籍形态如何改变，篇基本是不变的。《中国古籍善本书目总目》著录规定：书名项包括书名、卷数、附录等。例如，“《金史》一百三十五卷目录二卷”，其中“《金史》”为书名，“一百三十五卷”为卷数，“目录二卷”为附录。这就完整地反映了该书的内容、形式和分量，因此古书著录时一般不会省略篇卷数。

（三）撰人和朝代

古代目录著录典籍时，作者是重要的著录项，这是因为古代书名相同的著作很多，不著录作者则很容易混淆。

先秦两汉时期已经出现同名异书的现象。例如，《墨子》《荀子》《庄子》各有 2 种、《邹子》有 4 种、《孙子》有 5 种、《公孙子》有 7 种。汉代以后，图书数量增加，同名异书现象也随之增多。例如，南朝梁钟嵘与唐司空图所写的诗文评都叫《诗品》；唐柳宗元和北宋柳开的诗文集都叫《柳河东集》；唐李贺与宋曹彦约的诗文集都叫《昌谷集》；名叫《易说》的书竟有 26 种之多。因此，对于这种同名异书的情况，目录在著录时以撰人为标志，就很容易区分了。

之所以还要在目录中著录撰人的朝代，主要有两个原因：一是古人重名现象很多，如“王建”在历史上有三个，五代十国时期前蜀的开国皇帝、唐代大诗人和高丽的一个国王都叫王建；又如“王维”，唐代大诗人和明代一位尚书都叫王维。二是古书好多撰人的时代问题较为特殊，李昉、李清照、赵孟頫、钱谦益等人的时代确定要看其主要活动时期。

目录著录唐宋时期的撰人时，往往将朝代、籍贯、姓名、字、官职、爵位等都著录，如《太平御览》“翰林学士承旨正奉大夫守工部尚书知制诰上柱国陇西县开国伯食邑七百户赐紫金鱼袋臣李昉等奉敕纂”，《资治通鉴》“端明殿学士兼翰林侍读学士朝散大夫右谏议大夫充集贤殿修撰权判西京留司御史台上柱国河内郡开国侯食邑一千三百户食实封四百户赐紫金鱼袋臣司马光”。不过，这些大型书籍并非一人所著，著录的撰人一般只有一个主要者。关于撰人，还要明确的一点是，正史的撰人并非真正的著者，很多正史著录的修纂者是官方的领导者。如《隋书》，著录撰人为魏征，实际为一批史臣所撰，魏征不过是“总知其务”。又如《宋史》，署名脱脱，脱脱只是丞相，全书其实也是史臣们的集体创作。

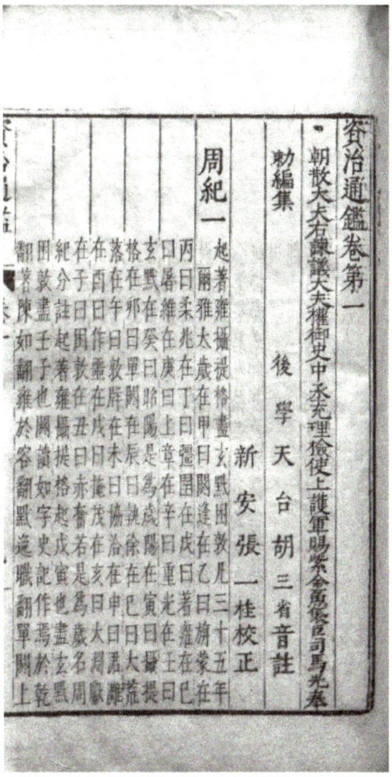
资治通鑑卷第一
朝散大夫右諫議大夫權御史中丞充理檢使上護軍賜紫金魚袋臣司馬光奉
勅編集
後學天台胡三省音註
新安張一桂校正
周紀一

司马光《资治通鉴》书影

（四）版本

古代官修目录和史志目录不太重视著录版本，即便《四库全书总目》也不注重。但私家目录著作从宋尤袤《遂初堂书目》开始，著录版本逐渐成为惯例。该书“经总类”收录：“成都石刻《九经》《论语》《孟子》《尔雅》、杭本《周易》、旧监本《尚书》、京本《毛诗》、旧监本《礼记》、杭本《周礼》《仪礼》、杭本《公羊传》、杭本《穀梁传》、旧监本《左传》、旧监本《论语》、旧监本《孟子》、旧监本《尔雅》、旧监本《国语》、高丽本《尚书》、江西本《九经》《六经图》、朱氏新定《易（古经）》《书（古经）》《诗（古经）》《春秋（古经）》。”这里就提到了后蜀石经本、杭州刻本、开封刻本、北宋国子监刻本、江西刻本等版本信息。

目录著录版本时，一方面要区分刻本、抄本、校本、稿本、石印本、活字本、铅印本等不同类别，另一方面要弄清朝代、刻者、刻地等，这样才算是完整的版本信息。清代的私家目录在这方面做得很好，尤以黄丕烈、卢文弨等为代表。例如，黄丕烈《士礼居藏书题跋记》卷一对《礼记郑注二十卷》（校宋本）的记载："国朝有武英殿仿宋本《礼记》，系从岳刻翻雕，注后附释文，不专郑注也。此本未识从何本翻刻，间或阑入释文，吾吴惠松崖先生曾手校一过。是书得自朱秋崖家，钞补首二卷，乃其所为，余藏诸箧中久矣。今秋从东城顾氏借得残宋本《礼记郑注》，字画整齐，楮墨精雅，因卷首残缺，未识何本，姑以'大字本'名之云尔。取与惠校本对勘，时有异同。"在这则跋文中，黄丕烈对《礼记郑注》的版本来源、刻者、抄者和校者等，交代得清清楚楚。

（五）提要

提要即一部书的内容提要。一般而言，提要先介绍著者生平，如籍贯、字号、科第、官位、生卒年等，然后介绍书的内容，评价得失，考究版本源流、流传情况等。中国古代提要目录有 3 种类型：叙录体提要目录，全面地揭示图书的内容和形式的目录，以刘向《别录》为代表。传录体提要目录，只着重介绍作者生平事迹的目录，以王俭《七志》为代表。辑录体提要目录，广泛辑录与某书有关的序、跋、评论等资料而成的目录，基本引用成文，有时加有按语，以马端临《文献通考·经籍考》为代表。

古代最重要的提要目录是《四库全书总目》，这是一部集大成的目录著作，清周中孚《郑堂读书记》评价说："窃谓自汉以后薄录之书，无论官撰私著，凡卷第之繁富，门类之允当，考证之精审，议论之公平，莫有过于是编。"如卷一五三："《邕州小集》一卷。宋陶弼撰。弼字商翁，祁阳人。庆历中，随杨畋讨湖南猺，以功授阳朔县主簿。历官知邕州，四迁为东上阁门使、康州团练使。《宋史本传》详述其招纳诸蛮之绩，文称其能为诗。《黄庭坚集》有弼墓志铭，亦谓其聚晚学子弟，讲授六经，平生不治细故，独以文章自喜，尤号为能诗。诗文书奏十有八卷，读其书知非碌碌者。今十八卷之本久佚，惟此集一卷尚存钞帙，所载诗仅七十三首。"其对于陶弼生平及《邕州小集》的流传等情况皆有介绍。

（六）大小序

古代最早的大小序为《诗序》，大序为卷首的一段话，小序为各诗之前的一段话。目录前的大小序始于刘向，史上最重要的有大小序的目录有两部，分述如下。

一是《汉书·艺文志》。其前面有总序，六略各有大序，各小类又有小序，在明辨学术源流方面作用甚大。例如，大序说："昔仲尼没而微言绝，七十子丧而大义乖。故《春秋》分为五，《诗》分为四，《易》有数家之传。战国纵横，真伪分争，诸子之言纷然淆乱。至秦患之，乃燔灭文章，以愚黔首。汉兴，改秦之败，大收篇籍，广开献书之路。迄孝武世，书缺简脱，礼坏乐崩，圣上喟然而称曰：'朕甚闵焉！'于是建藏书之策，置写书之官，下及诸子传说，皆充秘府。至成帝时，以书颇散亡，使谒者陈农求遗书于天下。诏光禄大夫刘向校经传诸子诗赋，步兵校尉任宏校兵书，太史令尹咸校数术，侍医李柱国校方技。每一书已，向辄条其篇目，撮其指意，录而奏之。会向卒，哀帝复使向子侍中奉车都尉歆卒父业。歆于是总群书而奏其《七略》，故有《辑略》，有《六艺略》，有《诸子略》，有《诗赋略》，有《兵书略》，有《术数略》，有《方技略》。今删其要，以备篇籍。"这是古代重要的学术史，简要梳理了先秦至西汉的图书史。

二是《四库全书总目》。该书大小序相沿《汉志》，非常有特色，叙述学术源流很精当，无愧于古典目录的典范。如卷一《易类一》小序说："圣人觉世牖民，大抵因事以寓教。《诗》寓于风谣，《礼》寓于节文，《尚书》《春秋》寓于史，而《易》则寓于卜筮。故《易》之为书，推天道以明人事者也。《左传》所记诸占，盖犹太卜之遗法。汉儒言象数，去古未远也。一变而为京、焦，入于禨祥，再变而为陈、邵，务穷造化，《易》遂不切于民用。王弼尽黜象数，说以老庄。一变而胡瑗、程子，始阐明儒理，再变而李光、杨万里，又参证史事，《易》遂日启其论端。此两派六宗，已互相攻驳。又《易》道广大，无所不包，旁及天文、地理、乐律、兵法、韵学、算术以逮方外之炉火，皆可援《易》以为说，而好异者，又援以入《易》，故《易》说愈繁。夫六十四卦大象皆有'君子以'字，其爻象则多戒占者，圣人之情见乎词矣。其余皆《易》之一端，非其本也。今参校诸家，以因象立教者为宗，而其他《易》外别传者，亦兼收以尽其变，各为条论，具列于左。"其概括《周易》在"觉世牖民"方面如何"因事以寓教"，并对古代易学研究史进行了简要的概括，读者阅读后以一驭万，很快了解了易学的相关知识。

（七）真伪

书籍作伪是我国古代图书文化的特有现象，辨别伪书是历代学者从事研究的一项主要内容，而目录在著录项中自然对此十分关注，因而有的目录在附注或提要中进行了辨伪工作。例如，《汉书·艺文志》诸子略道家类有《文子》九篇，其注云："老子弟子，与孔子并时，而称周平王问，似依托者也。"其质疑的是：周平王是东迁的第一位天子，属于春秋初年，而孔子是春秋末年的人，文子既然与孔子同时，怎么会有周平王相问之事？

明清时期，藏书家大多学识渊博，精于校勘和辨伪，在撰写藏书题跋记时，往往把考辨古书真伪的情况一并写入。例如，清鲍廷博在《鬼董跋》中说："《鬼董》五卷不署撰人姓名，据泰定间钱孚跋语，似为宋孝光时沈某著，特传之者关汉卿耳。考第四卷有'嘉定戊寅，予在都'之语，则其人宁宗时尚存。明蒋一葵《尧山堂外纪》竟以为关撰者，误矣！所纪多涉鬼神幻惑之事，宜为儒者所讥，而劝惩之旨寓焉。予固不敢以无稽目之，复梓以传。庶几于世教有少补云。"鲍廷博运用《鬼董》中的文字，对该书的作者问题进行考辨，指出了前人关于作者的不实之处。

（八）存佚完缺

古籍目录著录存佚完缺，始于《隋书·经籍志》。《隋书·经籍志》对照南朝梁阮孝绪的《七录》，将隋代已亡佚的书在附注中标明，然后通计每类亡书，并在叙录中说明原因，如"《周易》十卷，蜀才注。梁有齐安参军费元珪注《周易》九卷，谢氏注《周易》八卷，尹涛注《周易》六卷，亡"。所谓"梁有"的三部著述至迟到唐代全部亡佚，虽然如此，后人根据这则记载，或许可以从事三书的辑录工作。

受《隋书·经籍志》著录图书存佚完缺的影响，后世私家目录非常重视对这种情况的著录。如清黄丕烈《荛圃藏书题识》对宋监本《纂图重言重意互注毛诗二十卷》载："宋刻《监本纂图重言重意互注毛诗》，余于向年得之郡故家。内原阙第五至第七，计三卷。其时适有别本宋刻小板者，亦属残本，而此三卷可配入，故并购之，拟重装焉，因循未果。今岁夏初，五柳主人从都中归，携有全部宋刻本，行款正同，谓可借以影钞补全。"这则文字对宋刻《监本纂图重言重意互注毛诗》残缺情况交代得十分清楚，这样的目录十分便于通过目录来考辨书籍之存亡。

四、图书分类演变

古人把图书分类称为"类例"。南宋郑樵《通志·校雠略》载："类例既分，学术自明，以其先后本末具在，观图谱者可以知图谱之所始，观名数者可以知名数之相承。谶纬之学盛于东都，音韵之书传于江左，传注起于汉魏，义疏成于隋唐，睹其书可以知其学之源流。或旧无其书而有其学者，是为新出之学，非古道也。"这是在强调图书分类的重要性，人们通过图书分类，从事学术研究，可以非常明晰各类学术发展的渊源流变。古代目录实践工作中，分类和目录密不可分，古人通过学术分类掌握书籍并进行目录编制，有分类，目录便有条理，无分类，目录就是杂乱无章的书目，人们无法进行区别和利用。

（一）先秦：图书分类的萌芽

古代图书出现很早，随着图书的不断增多，分类问题便提上了议事日程。《周官》说："太史掌建邦国之六典……小史掌邦国之志……内史掌王之八枋之法……外史掌书五令，掌四方之志，掌三皇五帝之书，掌达书名于四方……小行人掌邦国宾客之礼籍……大司徒之职，掌建邦之土地之图……司书掌邦之六典、八法、八则、九职、九正、九事，邦中之版，土地之图……大胥掌学士之版……司士掌群臣之版……司民掌万民之数目……司约掌邦国及万民之约剂……司会掌邦之六典、八则、八法之贰……春官大师教六诗：曰风，曰赋，曰比，曰兴，曰雅，曰颂。太卜掌三易之法，曰连山，曰归藏，曰周易。其经卦皆八，其别皆六十有四。"这段文字中的太史、小史、内史、外史、小行人、大司徒、司书、大胥、司士、司民、司约、司会、春官、太卜等，既是职官的名称，也是图书类目的名称。因分官职掌，故其均负责保管本职活动中形成的图书档案。这种分工管理，也就自然形成了以职官为图书档案分类的标志。

春秋战国时期，周王朝和诸侯国之间及各诸侯国之间纷争不断，形成了各种图书档案，主要有图版、盟约、谱牒，以及史官保存的诰、誓、政典和记注等。图版为地图和户籍，记载了山川水土和人口情况，是周王朝统治的依据。盟约为盟书和誓约，是维护周王朝与诸侯国之间、各诸侯国之间，以及诸侯和卿大夫之间各种关系的法律性文书，是维护统治阶级内部各种关系的法律依据。谱牒是周王室与贵族世系的记载，是统治阶级用人的依据。诰、誓、政典等是维护和巩固周王朝统治的重要公务图书档案，皆有正、副本之分。

同时，随着士阶层的兴起，春秋战国时期的学术研究和文化教育呈现出官府与私家共同承办的局面。其中，孔子在授徒讲学时，把历史留传下来的文献档案按类别整理，分为诗、书、礼、乐、易、春秋，后世称为“六艺”。孔子要求学生学完这六门课程，就可以“学而优则仕”了。

先秦时期图书还没有像后世那样有具体的分类方法，但是上述情况足以说明那时候已经初步具备图书分类的框架，为以后图书分类体系的建立奠定了基础。

（二）西汉：六分法的产生

西汉建立后，一改嬴秦“焚书坑儒”的政策，不但优待儒生，而且除挟书之律，“大收篇籍，广开献书之路”（《汉书・艺文志》）。汉高祖刘邦登基后，号召民间向官府献书，汉武帝和汉成帝时期亦皆诏令天下，征集先秦文献遗珍。相国萧何在长安未央宫的正殿北面修建了石渠阁、天禄阁和麒麟阁三座藏书阁，专门收藏皇家书籍，宫廷藏书逐渐丰富。更为难得的是，汉成帝见皇家藏书历时日久，书缺简脱，散亡较多，“使谒者陈农求遗书于天下。诏光禄大夫刘向校经传诸子诗赋，步兵校尉任宏校兵书，太史令尹咸校数术，侍医李柱国校方技”（《汉书・艺文志》），这就是历史上第一次大规模的宫廷藏书整理。在这次图书整理工作中，刘向开创性地对每本书都“条其篇目，撮其指意，录而奏之”，全部图书整理完毕，又把这些“录”编在一起，成为一本书，名曰《别录》。遗憾的是，刘向没有完成这项工作就去世了，临终前交代儿子刘歆子承父业，继续整理图书。刘歆不负父望，顺利完成工作，同时，“歆乃集六艺群书，种别为《七略》”（《汉书・刘歆传》），《七略》的撰成，标志着古代第一个图书分类体系六分法的创立。

东汉明帝时期，史学家班固撰写《汉书》，他在“十志”中列《艺文志》，弥补了司马迁《史记》之不足。而《汉书・艺文志》根据刘歆《七略》增删改撰而成，具体做法是：保留《七略》六略 38 种的分类体系；新增入刘向、扬雄、杜林三家在西汉末年所完成的著作；对《七略》所著录的图书基本上按照原来的情况保存下来，但对著录重复和分类不妥的地方加以适当合并或改移；将《七略》中“辑略”的内容散附在除六略和“诗赋略”以外的各种之后；删简《七略》中各书的提要，必要时节取为注释。其后《七略》失传，人们就可以根据《汉书・艺文志》来研究《七略》。《汉书・艺文志》中图书六分法的具体情况如下：

六艺略：易、书、诗、礼、乐、春秋、论语、孝经、小学。
诸子略：儒、道、阴阳、法、名、墨、纵横、杂、农、小说。
诗赋略：屈原赋之属、陆贾赋之属、孙卿赋之属、杂赋、歌诗。
兵书略：兵权谋、兵形势、兵阴阳、兵技巧。

数术略：天文、历谱、五行、蓍龟、杂占、形法。

方技略：医经、经方、房中、神仙。

需要说明的是，“辑略”是总序，不是具体的图书分类。今天来看，“六分法”并不完善，但它准确地反映了汉代及以前的古代学术发展状况，为后世图书分类进一步发展提供了参照。

（三）魏晋南北朝：四分法的创立与发展

时间来到魏晋南北朝，这是社会大变革时代，随着佛教的流行和道教的产生，文化呈现出全新的图景，图书编纂也发生了此消彼长的巨大变化。有的书，如兵书、术数、方技等不断减少；而有的书，如历史、地理、佛道典籍等不断增多。汉代的“六分法”远远不能满足现实图书的分类需要。比如，历史类典籍在“六分法”中是归入“六艺略”的，是“春秋”的附庸，这是因为先秦两汉时期的史书并不多，且史书和经书一直不能完全分开。魏晋南北朝时期的情况就不一样了，各类史书大量出现，有国史、方志、谱牒、传记等之别，继续作为“春秋”的附庸显然不合实际。四分法就是在这种情况下应运而生。

三国魏时，郑默担任秘书郎，他检阅秘书中外三阁的藏书后，编纂《魏中经簿》，简称《中经》。该书目首次把全部图书分为四部，惜不久散佚，具体情况不可详知。

西晋时，秘书监荀勖仿照郑默《中经》之例，编纂《中经新簿》，按照“四分法”为图书分类，《隋书·经籍志》记载的具体情况是：“一曰甲部，纪六艺及小学等书；二曰乙部，有古诸子家、近世子家、兵书、兵家、术数；三曰丙部，有史记、旧事、皇览簿、杂事；四曰丁部，有诗赋、图赞、汲冢书。大凡四部，合二万九千九百四十五卷。”《中经新簿》第一次将史书单独成类，反映了当时史书大量增多的情况，又由于诸子、兵书、术数、方技等不断减少，所以把它们合并为一类，这样就从汉代的“六分法”正式变为“四分法”。而该书目与后世“四分法”目录不同之处有两点：一是四部名称分别为甲、乙、丙、丁，二是代表子部的“乙”放在了代表史部的“丙”的前面。

东晋穆帝永和中，著作郎李充根据晋元帝时期的藏书，采用荀勖《中经新簿》的体例而略有改变，编纂《晋元帝四部书目》，《晋书·李充传》称“删除烦重，以类相从，分作四部，甚有条贯，秘阁以为永制”。该书目之出，受到了后人的高度评价，清钱大昕《补元史艺文志》说：“晋荀勖撰《中经簿》，始分甲、乙、丙、丁四部，而子犹先于史。至李充为著作郎，重分四部：五经为甲部，史记为乙部，诸子为丙部，诗赋为丁部，而经、史、子、集之次始定。”因此，可以说，李充是经、史、子、集四部分类法的创始人。当然，与后世“四分法”不同的是，李充还没有给四部起一个准确的名称。

（四）隋唐：四部分类法的成熟

隋朝立国时间短，但是书目编纂也有成果。《隋书·柳䛒传》记载，由南朝梁入隋的柳䛒“好读书，所览将万卷。诏整理嘉则殿藏书，除其猥杂，得正御本三万七千卷，编成《隋大业正御书目》”。由于该书佚失，后人无法得窥原貌，但是唐代魏征等奉敕编纂《隋书·经籍志》，则主要依据该书。《隋书·经籍志》继续使用四部分类法，著录了唐代以前尚存和已佚的图书共 4 191 部、49 467 卷。该书的四部及小类名称如下：

经部：易、书、诗、礼、乐、春秋、孝经、论语、谶纬、小学。

史部：正史、古史、杂史、霸史、起居注、旧事、职官、仪注、刑法、杂传、地理、谱系、簿录。

子部：儒、道、法、名、墨、纵横、杂、农、小说、兵、天文、历数、五行、医方。

集部：楚辞、别集、总集。

附录：道经（经戒、饵服、房中、符箓）；佛经（大乘经、小乘经、杂经、杂疑经、大乘律、小乘律、杂律、大乘论、小乘论、杂论、记）。

《隋书·经籍志》编纂成功，具有多方面的学术价值。第一，著录丰富，取舍精当，为人们进行古籍流传研究和文献整理工作提供了重要的指导线索。该书著录隋代典籍，而且收录了南朝梁、南朝陈、北齐、北周及隋的官私书目所载现存典籍。第二，在著录体例上，该书既有对前代目录学成果的继承与沿袭，又有自己的创新与发展，充分体现了古代目录学“辨章学术，考镜源流”之精神。第三，更为重要的是，该书正式把前代甲、乙、丙、丁四部定名为经、史、子、集四部分类法，并从此成为历代官方和私家编纂目录的主流分类法。

（五）宋元明清：四部分类法的集大成与偶然变革

到了宋元明清时期，四部分类法逐渐流行起来，官私藏书目录大多采用，只不过各书在四部下面划分的二级类目数量各有不同，如北宋《崇文总目》分 45 类、南宋陈振孙《直斋书录解题》分 53 类、明黄虞稷《千顷堂书目》分 51 类等。四部分类法发展到清乾隆年间编纂《四库全书》的时候，迎来了鼎盛时期，纪昀等人所编《四库全书总目》是四部分类法集大成之作。他们根据康雍乾时期的学术发展和图书编纂情况，制定出立类总原则：“从来四库书目，以经、史、子、集为纲领。裒辑分储，实古今不易之法”（《四库全书总目》附载乾隆三十八年二月十一日上谕）。四部分类及二级类目情况如下：

经部：易类、书类、诗类、礼类、春秋类、孝经类、五经总义类、四书类、乐类、小学类。

史部：正史类、编年类、纪事本末类、别史类、杂史类、诏令奏议类、传记类、史钞类、载记类、时令类、地理类、职官类、政书类、目录类、史评类。

子部：儒家类、兵家类、法家类、农家类、医家类、天文算法类、术数类、艺术类、谱录类、杂家类、类书类、小说家类、释家类、道家类。

集部：楚辞类、别集类、总集类、诗文评类、词曲类。

在 44 个二级类目的基础上又设置三级目录，如“礼类”下又设置周礼、仪礼、礼记、三礼通义、通礼、杂礼书等，形成了相当完整的古代图书分类体系。大致来说，《四库全书总目》的分类特点主要有以下三方面：一是继承并发展了《隋书·经籍志》以来官私目录的分类体系，三级框架层次清晰、逻辑严明。二是根据图书流传情况，创造性地对类目进行删并、分设和新创，如把前代目录书的天文类、历算（数）类合为天文算法类，仪注类、刑法类合为政书类；把史评史钞分列史评类、史钞类；为了适应南宋以来纪事本末体史书日渐兴起状况，创设纪事本末类等。三是精心撰写总序、类序和按语等，阐述部类划分和类目归属的缘由，从理论上提高了古书的分类水平。

《四库全书总目》的四部分类体系代表了古代图书分类的最高成就，受到后世目录学家的一致好评和借鉴。例如，《天一阁书目》《爱日精庐藏书志》《铁琴铜剑楼藏书目录》《皕宋楼藏书志》《善本书室藏书志》《八千卷楼书目》等私藏书目，以及近代图书馆古籍目录编纂，都是依据该书目进行的。

当然还要说明的是，古代图书分类法并非只有六分法和四分法两类，历史上，亦有学者对此问题进行了多方面的探索，重要者如下。

南朝宋王俭任秘书丞时编秘书监藏书目录《元徽四部书目》，但不满四分法，力图突破官修目录的限制，遂依刘歆《七略》，成《七志》。他在《七略》的“六略”之外，增加“图谱志”，成为 7 类，把道经、佛经作为两个附录，实际上有 9 大类：“经典志”相当于“六艺略”，纪六艺、小学、史记、杂传；“诸子志”相当于“诸子略”，纪古今诸子；“文翰志”相当于“诗赋略”，纪诗赋；“军书志”相当于“兵书略”，纪兵书；“阴阳志”相当于“术数略”，纪阴阳图纬；“术艺志”相当于“方技略”，纪方技；“图谱志”，把原来散附的图谱集为一志；另有“道经”和“佛经”。《七志》虽存在类例不明、阐述不足等问题，但其著录今书、创立传录等探索都是前人所没有的。

受王俭《七志》影响，南朝齐梁阮孝绪生活清苦，终身不做官，潜心沉思，讨论研考，撰成比《七志》著录更为丰富、分类更有条理的《七录》。《七录》12 卷，分内、外篇。内篇 5 录：“经典录”纪六艺，“记传录”纪史传，“子兵录”纪子书兵书，“文集录”纪诗赋，“术技录”纪数术；外篇 2 录：“佛法录”和“仙道录”。《七录》对刘向、刘歆父子和王俭的图书分类体系进行了总结，并进行大胆改进，在古代图书分类史上起着承先启后的作用。

南宋郑樵撰著《通志》一书，其中《艺文略》通录古今存佚文献，创立了新的图书分类方法。他把礼、乐、小学从经部中单列出来，成为独立的大类，又将天文、五行、算术、医方、类书从子部中单列出来，也成为独立的大类，把集部改为文类，最后将图书分为 12 大类：经类、礼类、乐类、小学类、史类、诸子类、星数类、五行类、艺术类、医方类、类书类、文类。大类下分 155 小类，小类下又分 284 子目，如“诸子类”分为儒家、道家、法家、名家、墨家、纵横家、杂家、农家、小说家、兵家 10 家；“兵家”再分为兵书、军律、营阵、阴阳、边策 5 种，相当周密。郑樵不仅在图书分类实践上有创新，在图书理论上也有建树。他在《校雠略》中说：“类书犹持军也，若有条理，虽多而治，若无条理，虽寡而纷。类例不患其多也，患处多之无术耳。”他认为图书分类必须明类例，类例分明，书目才会条理清晰，才能做到上有源流，下有沿袭，并根据类例与学术的关系，进一步提出了“类例既分，学术自明”的论点。

明人对图书分类的探索，以《文渊阁书目》为代表。永乐十九年（1421），明廷迁都，南京文渊阁约万部、近百万卷图书被运往北京，存于北京紫禁城的文渊阁内，一直无人整理和编目。正统六年（1441），明英宗命大学士杨士奇主持整理，整理后编成《文渊阁书目》4卷。同样是国家藏书目录，该书目不是按照传统的四部分类法分类的，而是别出心裁，按《千字文》编号，分为天、地、玄、黄、宇、宙、洪、荒、日、月、盈、昃、辰、宿、列、张、寒、来、暑、往20个类目，各目收录情况如下：

天字5橱，收藏明朝御制御定文集等书。
地字4橱，收易、书、诗、周礼、仪礼、礼记等书。
玄字1橱，收礼书、乐书、诸经总类等书。
黄字3橱，收四书、性理、经济（附奏议）等书。
宇字6橱，收史部之书。
宙字2橱，收史附、史杂之书。
洪字1橱，收子部之书。
荒字1橱，收子杂、杂附之书。
日字3橱，收文集之书。
月字2橱，收诗词之书。
盈字6橱，收类书之书。
昃字1橱，收韵书及姓氏之书。
辰字2橱，收法帖、画谱等书。
宿字1橱，收政书、刑书、兵法、算法之书。
列字2橱，收阴阳、医书、农圃等书。
张字1橱，收道书。
寒字2橱，收佛书。
来字1橱，收古今志书。
暑字3橱，收旧志。
往字3橱，收新志。

以上20字号50橱，共7 297号，即7 297种书，达43 200册。该书目最突出的特点是列御制为第一，突出明代帝王的尊崇地位，这与当时封建君主高度集权有关，是明代政治思想在图书分类上的体现，这一做法也对后世图书分类产生了重要的影响。

无独有偶，明万历三十三年（1605），张萱等奉敕编纂《新定内阁藏书目录》8卷，在图书分类上继续探索。他一如杨士奇的做法，继续打破四部分类的常规，分为圣制、典制、经、史、子、集、总集、类书、金石、图经、乐律、字学、理学、奏疏、传记、技艺、志乘、杂部等 18 部类。该书目对所著录的图书，略注作者姓名、官职和书籍的完缺情况，并间或进行解题。

【思考题】

1. 为什么说古典目录学与古代学术的关系非常密切?
2. 为什么说《四库全书总目》是古典目录的集大成之作?

第五讲

四部典籍

第四讲我们谈到，从魏晋始，四分法成为中国古代图书分类的主流方法，在很大程度上，经、史、子、集成了古籍的代称，因此，学术界常说的“四部典籍”基本涵盖了浩如烟海的古代图书。

一、经学简史

提到经学，首先要弄清楚什么是“经”。从古至今，众多学者对这个问题进行考释，甚至形成了“经名考”这一专门学问。

“经”的初字“巠”，始见于周代铜器。“巠”就是“丝”，也就是“线”。《说文解字》释曰：“丝，蚕所吐也。经，织也。”就是这个意思。古代的典籍一般写在 2 尺 4 寸长的竹简或木牍上，用丝绳串起来。这个尺寸的简牍是当时最大号的，相当于现在最大的版本，表示用它书写最重要的典籍，这就是“经”。解释“经”的意义的文字，写在较小的简牍上，大约 8 寸或 6 寸，称为“传”。

“经”作为书名始见于春秋《国语》“挟经秉枹”一语，韦昭注：“经，兵书也。”到了战国，百家蜂起，且纷纷著书立说，诸子著作称“经”者逐渐多起来。《庄子·天下篇》载墨子门人“苦获、已齿、邓陵子之属，俱诵《墨经》”。《荀子·解蔽》载“《道经》曰：‘人心之危，道心之微。’”《韩非子》的《内储说》《外储说》在叙述上分为“经”“说”两部分。可知春秋战国时期，兵家书、墨家书、道家书等都可以称为“经”。而儒家典籍称“经”始于《庄子·天运篇》：“丘治《诗》《书》《礼》《乐》《易》《春秋》六经，自以为久矣。”需要说明的是，这句话肯定不是出自孔子之口，而是诸子的流行说法，但说明至迟在庄子时代，这六部儒家经典已经合称“六经”了。到了汉代，《诗经》《书经》《易经》《礼经》《乐经》《春秋经》之名广为流传，尤其是汉武帝实行“罢黜百家，独尊儒术”的思想文化政策，确立儒家思想为一尊，朝廷立五经博士，把儒家经典神圣化，于是“经”的绝对性、权威性意义被无限延伸。

儒家经典被称“经”后，学者对于“经”的意义有多种解释。东汉班固《白虎通·五经论》载："经所以有五，何？经，常也；有五常之道，故曰五经。《乐》，仁；《书》，义；《礼》，礼；《易》，智；《诗》，信也。"东汉郑玄《孝经注》曰："经者，不易之称。"东汉刘熙《释名》曰："经，径也，常典也，如径路之无所不通，可常用也。"意思是无所不包，无所不能，是处理事情的门径。南朝梁武帝《孝经义疏》引皇侃曰："经者，常也，法也。"南朝梁刘勰《文心雕龙》曰："经也者，恒久之至道，不刊之鸿教。""经"是必须遵循的万世不变的法则。清段玉裁注《说文》中的"经"曰："织之从丝谓之经。必先有经，而后有纬，是故三纲、五常、六艺谓之天地之常经。"他把"经"说成贯穿天地和人世间最根本的理路。

（一）"六经"

"六经"，也称"六艺"，是春秋时孔子整理出来的。孔子办学，需要解决教科书问题，于是从前代文献中精选出《易》《书》《诗》《礼》《乐》《春秋》六种，并分别进行了整理，以此授徒有章可循。

《周易》亦称《易》，是"群经之首"，是中国历史上最为古老的文化典籍之一。《汉书·艺文志》："故曰《易》道深矣，人更三圣，世历三古。"相传伏羲"仰则观象于天，俯则观法于地，观鸟兽之文，与地之宜"，受此启发，始作八卦，八卦的出现大大便利了古人的占卜活动。殷商末期，周文王囚于羑里，于是重《易》六爻、演绎六十四卦而为《易经》，占卜的准确性大大提高。孔子将《周易》用作教科书后，显微阐幽，述其义理，撰写为"十翼"，此即《易传》。《易经》是用来占卜的，而《易传》则以阴阳学说为核心的哲学著作，是用于统治的，可以说，孔子对于《周易》成书贡献太大了。关于《周易》书名为什么称"周"，显然是取岐阳地名。《毛诗》云"周原膴膴"，是也，周文王作《易》之时，正在羑里，周德未兴，犹是殷世也，故题"周"，别于殷。

《尚书》是"元典中的元典"，亦称《书》或《书经》，是夏、商、周三朝及其后代子孙保存、搜集的本国历代以君、臣训诰为主的记录档案。孔颖达《尚书正义》曰："以其上古之书，谓之《尚书》。"一说"尚"又有"崇尚、尊崇"或"君上"之意，因该书所记乃上古帝王之言论，故尊崇之以为《尚书》，意即"上古帝王之书"。《尚书纬》载，孔子"断远取近，定可以为世法者百二十篇，以百二篇为《尚书》"。这是春秋时期该书的基本面貌。《尚书》包含了中国文化崇尚道德、以民为本、重视社会和谐的价值取向，内涵丰厚，思想深刻，中国古代绝大多数学者都难以绝对摆脱它的思想影响。

《诗经》亦称《诗》《诗三百》等。《史记·孔子世家》说："古者《诗》三千余篇，及至孔子，去其重，取可施于礼义，上采契、后稷，中述殷、周之盛，至幽、厉之缺，始于衽席，故曰：'《关雎》之乱以为《风》始，《鹿鸣》为《小雅》始，《文王》为《大雅》始，《清庙》为《颂》始。'三百五篇，孔子皆弦歌之，以求合《韶》《武》《雅》《颂》之音。"孔子对《诗经》进行了确定采诗范围和篇目、提出编纂方法、制定选诗标准、提出"四始"结构、为诗歌配以弦歌等整理工作。整理之后的《诗经》和《尚书》，一直被中国人视作国学的代表，是至高无上的权威与经典，历来受到关注。

孔子整理的“礼”是《仪礼》，亦称《礼》。《仪礼》是儒家传习最早的典籍，前人多以为周公作，一说为孔子采辑周鲁各国即将失传的礼仪加以整理记录而成。该书记载周代的冠、婚、丧、祭、乡、射、朝、聘等各种礼仪，其中以记载士大夫的礼仪为主，蕴含了丰富的文化宝藏，为了解先秦民俗民风、政治经济、宗教文化、伦理道德、语言状况等提供了珍贵的史料，具有重要的文化价值。

《乐经》，亦称《乐》，在“六艺”中，情况最为复杂。《庄子·天运篇》有孔子治《乐》记载，孔子再传弟子公孙尼子为《乐经》作《乐记》，残存于《小戴礼记》中。但是，秦火后，《乐经》不传，武帝时未立学官，古文学家以为古有《乐经》，因秦火而亡佚，今文学家则以为古无《乐经》，其在《礼》与《诗》中。唐颜师古《汉书注》曰：“其道精微，节在音律，不可具于书。”直到今天，学术界仍讨论不休。

《春秋》原为古代各国史官记君主行动之书，因时令之自春及秋，皆有记载，故遂以为名。孔子为授徒，因鲁国旧有史书笔削而成《春秋》，故用鲁国年号，收录从鲁隐公元年到鲁哀公十四年（前722—前481）间242年史事，内容涉及祭祀、战争、弑君、灾异、朝聘、盟会、联姻、婚葬等各方面，全书18 000万余字，却能精准表达事件真相。孔子作《春秋》，用极简单的词语表达极复杂的含义，文字简约，含义隐晦，讲究以一字寓褒贬，此即“春秋笔法”。

孔子在教学过程中删定“六经”，整理出“文艺”文献给弟子，加上他的声望极高，文化贡献极大，所以这些文献得传于后世，历代都极受重视。

（二）“五经”

西汉建立后，马上打天下的汉高祖刘邦对儒家十分冷淡，在政治、经济和文化上贯彻道家无为的理念。汉文帝和汉景帝时期，儒学在政治和社会上的影响力逐渐彰显，朝廷开始设置“一经博士”。几代儒生传播《诗》《书》，并将之运用到政治建设中，儒学的政治和社会影响力逐渐彰显，黄老之学不断受到挑战。汉武帝即位后，这位有着强烈政治追求的年轻帝王，对学术思想活跃、政治追求锲而不舍的儒生产生了浓厚的兴趣，建元五年（前136），遂在朝廷中设置“五经博士”，教授弟子，从此“博士”成为专门传授儒家经学的学官。由于《乐》失传，“五经”指的是《诗》《书》《礼》《易》《春秋》，其中，《诗》有齐、鲁、韩3家，其余每经只有1家，共7家，亦称“五经七家”。西汉末年，研究“五经”的学者逐渐增至14家，所以又称“五经十四博士”。

汉武帝时期，公羊学成为最受推重的经学派别，其学最善附会，以讲求微言大义而著称于世。此外，以董仲舒为代表的公羊经学家能够根据时代需要创立理论，其倡导的孔子改制说更为汉代受命于天提供了理论依据。汉宣帝时，经学博士的设置有了新变化，《易》有施、孟、梁丘之学，《书》有欧阳、大夏侯、小夏侯之学，《诗》有齐、鲁、韩三家，《礼》有大戴、小戴与庆氏之学，对《春秋》的解释有《公羊传》与《穀梁传》两部重要典籍，并分有严、颜之学。汉宣帝时，《穀梁传》最为尊重，一方面在即位之初征召治《穀梁传》的江公之孙为经学博士，另一方面则在甘露三年（前51）召开石渠阁会议，主要讨论《公羊传》《穀梁传》之优劣。得益于汉宣帝的支持，《穀梁传》学由是大盛。汉宣帝后，一度中兴的西汉王朝开始走下坡路。反映在经学上，则是《诗》学代替《穀梁传》，成为最为时尚的经学派别。

“五经”在西汉独尊地位的确立，使众多儒生得以进入仕途，大大提高了政治的清明程度和文明程度。学习“五经”成为一种社会大趋势，其影响直到今天，绵延不绝。

（三）“七经”

“七经”之称，始见于《后汉书·赵典传》注引《谢承书》：“典学孔子七经《河图》《洛书》，内外艺术，靡不贯综，受业者百有余人。”《三国志·蜀书·秦宓传》也有相关记载：“蜀本无学士，文翁遣相如东受七经，还教民吏，于是蜀学比于齐、鲁。”若《三国志》所言符合事实，则说明汉武帝以后就有“七经”了，但大概率西晋陈寿撰写史书时多使用通行已久的词语，且两则史料中的“七经”是哪些经典，也没有交代。东汉通行的“七经”是《易》《书》《诗》《礼》《春秋》《论语》《孝经》，朝廷规定《论语》和《孝经》为学生识字后的必读书，所以称“七经”。

汉统治者推崇的“五经”皆为今文经学，而今文经学以“六经注我”的方式阐发经典，并与强调“君权神授”和“天人合一”的谶纬神学相结合。他们强调孔子至高无上的地位，奉为“素王”，称为尧、舜、禹、汤、文、武和周公等三代圣人的继承者，所以，记录孔子语录精华的《论语》，便成为儒生的必读书，将其确立为经典，无可厚非。

那么，为什么只有约1 800字的《孝经》也被定为“经”呢？东汉郑玄说：“《孝敬》者，三才之经纬，五行之纲纪。孝为百行之首，经者不易之称。”（《孝经·郑氏序》）《孝经》作者，多认为孔子弟子曾子。两汉时期，统治者十分重视孝道，除汉高祖刘邦和光武帝刘秀外，其余皇帝的谥号都冠以“孝”。其中，汉文帝刘恒对孝道亲自践行，因缘于吕后专权时期母亲薄太后便带着他前往代地，这才躲过了杀身之祸。当时，汉高祖的子孙几乎被吕氏一族残杀殆尽，刘恒自己也没有想到日后能够登上帝位。汉文帝对母亲极为孝顺，《二十四孝》中“亲尝汤药”讲的就是生母薄太后病重三年，汉文帝目不交睫，衣不解带，汤药非口亲尝弗进的故事。汉文帝的孝行感动天下，加上他治国有方，不兴兵，除肉刑，天下大治。上有所好，下必甚焉，两汉社会孝行天下，各种孝道故事广为流传，而统治者更是把选拔人才的标准与“孝”联系起来，“举孝廉”中的“孝”即孝子，“廉”是廉吏。统治者明白，所谓“孝道”不单纯是尊敬和照顾父母，而是从属于封建宗法思想体系的一种严峻的伦理观念。“百善孝为先”，“孝”是最高美德，“孝道”和“忠君”是一致的。因而，《孝经》被列入经典顺理成章。

（四）“九经”

南北朝时期，由于南北经学宗尚不同，因此经义歧异多门。隋代经学北并于南的局面虽然形成，但是经义歧异的局面并没有消失。唐朝建立后，统治者十分重视经学巩固统治秩序的功能，于是继续统一经义，而主要以统一“五经”文本为先导。唐太宗先令颜师古编纂《五经定本》，以校定“五经”之文字，后命孔颖达与诸儒撰定“五经”义疏，成《五经正义》170卷。之后，朝廷又以“五经”为本，提出“九经”之名。“九经”之名始见于《旧唐书·儒学传上》：“谷那律，魏州昌乐人也。贞观中，累补国子博士。黄门侍郎褚遂良称为‘九经库’。寻迁谏议大夫，兼弘文馆博士。”关于九经名目，皮锡瑞《经学历史》载：“唐分‘三礼’‘三传’，合《易》《书》《诗》为九。”唐代以科举取士，在“明经”科中有“三礼”（《周礼》《仪礼》《礼记》）、“三传”（《左传》《公羊传》《穀梁传》），连同《易》《书》《诗》叫作“九经”。需要说明的是，“三礼”中，《周礼》为古文经，《仪礼》为今文经，《礼记》就学派说属于今文，但就内容说则又为古今文兼有。“三传”中，《左传》属于古文学，《公羊传》《穀梁传》属于今文学。

那么，为什么唐初不收《论语》和《孝经》呢？

唐初，一则出于维护安定繁荣局面以图长治久安的需要；二则由于受魏晋六朝遗风影响，李渊、李世民父子为证明李姓统治的正当性，抬出春秋时期老子李耳作为远祖。老子既是道家学派的创始人，又被奉为道教的创始人，被称为太上老君。与孔子主张为政以德、以德治国的理念不同，老子提出唯道是从、无为而治的治国方略。当然，二人也有相同点，那就是都强调“守正”治国，老子说“以正治国，以奇用兵”（《道德经》），孔子说“政者，正也”（《论语·颜渊》）。于是，唐廷统治者就把道教奉为国教，老子的《道德经》地位自然也高于《论语》，《论语》不再像东汉时期那样受到全社会的重视。

再说《孝经》，内容是以提倡“孝道”来维护封建宗法制度，宗法制度的核心是嫡长子世袭制，讲究父慈子孝、兄恭弟敬。而李氏建立唐朝后，上百年间皇室不得安宁。李世民在“玄武门事变”中杀掉哥哥李建成和弟弟李元吉，强娶弟媳，又逼迫父亲让位，可以说他是宗法孝悌观念的叛逆者。继任者唐高宗李治，登基不久就娶了先父的妃子武则天，并且封为皇后，为人诟病。武则天执政后，废黜太子，杀死女儿，扰乱了父系制，更是宗法制度的破坏者，政敌一直用宗法正统观念来攻击她。唐中宗李显二次上台后，性格懦弱，朝政大权慢慢落到了韦皇后和安乐公主手中，女儿安乐公主更想效法祖母武则天，要挟父皇封她为皇太女，更为离谱的是，韦皇后和安乐公主竟然合谋毒死了唐中宗。这个时期何谈孝道？从李世民到李显，几代帝王都不提倡《孝经》。

（五）“十二经”

“十二经”是唐中期以后，在“九经”的基础上添加《孝经》《论语》《尔雅》形成的。

唐中宗去世后，李隆基率领万骑军发动“唐隆政变”，肃清了韦皇后及其集团重要人物，拥戴父亲李旦即位，是为唐睿宗。接下来，李隆基与太平公主之间矛盾日深，李隆基又发动“先天政变”，诛杀太平公主及其党羽，李旦逊位，李隆基登上帝位。执政后，李隆基痛定思痛，认真总结唐代成立以来皇室内乱不断的原因，认识到

“以孝治天下”对于稳定天下、巩固政权的作用，所以重新尊崇《孝经》。李隆基还亲自践行孝行，对二十多个兄弟悉心呵护、敬爱有加，经常邀请他们入宫饮酒，其乐融融。他亲自到太学宣讲《孝经》，向太学生宣传孝道，并为《孝经》作注，至今《十三经注疏》中《孝经》的注本用的还是李隆基的。

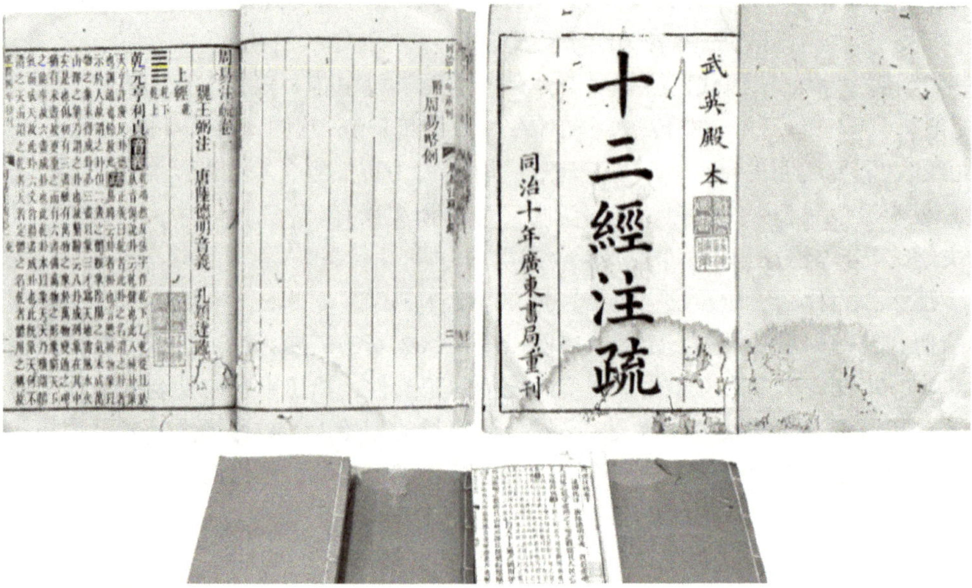

《十三经注疏》书影

唐中期以后，佛教风靡，其出世思想造成了社会精神风貌的萎靡，佛家“无君无父”的思想，更致使封建君主专制政权的衰颓和封建伦理关系的破坏。比较起来，儒家学说既是反佛的有力武器，又能够起到振兴政治、巩固封建统治秩序的作用，弊少利多，孔子这位精神偶像再次受到特别的尊崇，《论语》也重新立为“经”。

《孝经》《论语》重新回到经典后，“九经”扩充到“十一经”，阅读经典首先要解决文字问题，因此产生了训诂的需要。《尔雅》是古代训诂的汇编，对古代经典词语较为普遍地作了解释，为阅读经传必须翻检之辞书，于是唐朝把它与“经”“传”“记”列入同等地位，“十二经”形成。

（六）“十三经”和“四书五经”

宋代，《孟子》被列入经典，“十三经”最终形成。

《孟子》是记述孟子言行以及他和时人或门人弟子互相问答的书。孟子自觉地继承和发扬孔子开创的经学，把经学推进到一个新的阶段。他所阐述的“王道理想”“天道崇拜”“圣贤担当”皆是“五经”的大义所在，是华夏文明的精神命脉所系，因此，后世称儒学为“孔孟之道”。但是，从《孟子》成书到北宋初年，该书一直被作为子部典籍，没有被列入经典，原因何在？原来，《孟子》对统治者的批判十分尖锐，如称“君之视臣如手足，则臣视君如腹心；君之视臣如犬马，则臣视君如国人；君之视臣如土芥，则臣视君如寇仇”（《孟子·离娄下》），历代统治者听了很不惬心。中唐时期，儒学一代宗师韩愈和弟子李翱积极捍卫儒家思想的正统地位，他们汲取孟子思想中的道统说、性情说及“君臣大义”理论，作为排斥佛教、构建儒家道统、维护大一统的理论资源。韩愈等人还重新建立儒家道统，将孟子提到仅次于孔子的地位，超过了颜回、曾子、子思等儒家重要人物，并且否定了唐代孔庙祭祀中的儒家传承统绪，孟子在儒家学术界的地位得到提升。但是，由于中晚唐政治斗争的复杂性，虽然《孟子》得到尊崇地位，但是朝廷无暇将其列入经典。

北宋熙宁四年（1071），朝廷首次将《孟子》列为科举考试科目，其官学地位得以确立，此后成为官学教材之一，是时人必须诵习的重要经典。《宋史·礼志》记载，熙宁七年（1074）“立孟轲、扬雄像于庙庭，仍赐爵号”。到了元丰六年（1083），宋廷封孟轲为邹国公，这是孟子其人首次在官方受爵，次年配享孔庙。宣和五年（1123），《孟子》被刻入蜀石经中，“十三经”终于完成。

“十三经”的完成，是古代思想和文化建设的标志性事件，封建社会儒家文化居主导地位已经无可撼动，影响力渗透到社会的方方面面。但是，北宋朝廷指定“十三经”作为科举的必考书目，这就带来了正反两方面的结果：有利的是宋代的进士普遍水平高，留下了众多学术成果；不利的是经书加上注疏内容太多，众多学子望洋兴叹，苦不堪言。早在北宋时期，程颐就在《伊川先生语》中云：“学者当以《论语》《孟子》为本。《论语》《孟子》既治，则六经可不治而明矣。”程子所言，在教人如何通过读《论语》《孟子》而推求圣人之心，不必通读全部经典。南宋朱熹继“二程”而起，合《大学》《中庸》《论语》《孟子》而为“四书”，与“五经”相配，称“四书五经”，作为士人读书的基础读本。《朱子语类》说：“经书中所言只是这一个道理，都重三叠四说在里。”“四书”之名在于它们分别与儒家的四位代表人物曾参、子思、孔子和孟子有着密切的渊源关系，所以称为“四子书”，简称“四书”。之后各朝代皆把“四书”列入科举考试范围，因而造就“四书”独特的地位，甚至凌驾于“五经”之上。

二、古代史书

梁启超在《中国历史研究法》中说：“中国于各种学问中，惟史学为最发达；史学在世界各国中，惟中国为最发达。”中国古代史学大家，一般都具有恢宏的历史视野，学兼天人，会通古今，并以高度自觉的精神肩负修史使命，视史学有补于人伦道德与政治借鉴，强调以古为镜，经世致用，实录史事，这些都是中国史学的优良传统。“史”字最早见于甲骨文，其形体与后世的金文、古文、篆文相似，《说文解字》称：“史，记事者也。从又持中。中，正也。”这就对治史者提出了很高的要求。几千年来，古人留下了汗牛充栋的史籍。这些史籍内容丰富翔实，反映了每一个时代的政治、经济、文化、军事和科技等多方面的变迁，在记录历史的同时，还起到了经世致用、以古鉴今、移风易俗等作用，为后人从事学术研究、文学创作和科技发明等提供了丰富的史料，对于认识现在、预见未来具有重要价值。

（一）史书编纂简史

先秦时期是史籍的产生阶段，产生了大量史书。囿于史料缺失，夏代史书编纂情况无法得知，但商代司卜的贞人便是史官，他们记录下来的卜辞就是早期的史官记事。西周时期，宫廷设置有掌管记事、文书、典籍、祭祀等事务的官吏，通称史官，也称史臣。商代已出现正式史籍，而周朝史籍大批出现，如《周书》《周志》《郑书》等，还有记载诸侯国史的“百国春秋”。现存先秦史籍代表作有《尚书》《逸周书》《春秋》《左传》《周礼》《仪礼》《国语》《世本》《竹书纪年》《战国策》等，在中国史学史上都具有奠基的意义。这些史籍多为资料汇编，或修订、解释历史文献，一般成于众手，作者多为史家或士大夫，成书并非一时一人，笔法、体例、史观、内容等都对后世产生了深远的影响。

两汉魏晋南北朝时期是史学和史籍成熟、独立与发展时期，史不仅从经部的附庸地位走出，还成为一个大部类，列于四部中的第二位。第一，人们对史学有了新的认识。司马迁著《史记》就有明确的目的，即“究天人之际，通古今之变，成一家之言”（《史记·报任安书》）。《汉书》用纪传体载西汉首尾一朝史事，成为一代大典。《史记》《汉书》的产生，标志着我国史学的成熟，历史学家已经能够在相当的广度与深度上描绘历史，揭示历史发展的内在动力，从而奠定史学与史籍的独立地位。第二，汉魏六朝还有多种文体产生，以及史注的繁荣。从体裁上看，除纪传体正史外，有别史几十种，有人物传二百余种。人物传再分类，有《高士传》《逸士传》《列女传》等。还有以地域为中心的《会稽先贤传》《益都耆旧传》《襄阳耆旧传》等。这一时期的方志学也十分发达。从史注看，注家蜂起，有裴松之《三国志注》和郦道元《水经注》等名著。第三，史籍质量有了显著提高。一是内容宏阔，如《史记》就是一部百科全书性质的通史，天文、地理、人事、物事无所不包。二是体例创新，史例、史法纯熟。三是语言锤炼，如“前四史”是公认的文史名著。四是史观进步，尤以《史记》突出，它不仅宣扬大一统精神，还为货殖、游侠、起义人物、少数民族立传，具有人民性的成分。

隋唐宋元时期是我国史籍发展的鼎盛时期，尤其是唐宋两代，更是出现了博大气象，主要表现在三方面。第一，文体创新，丰富多彩。唐代产生了第一部典志体政书，即杜佑《通典》；第一部历史编纂学理论著作，即刘知几《史通》。南宋产生了史籍三大体之一的纪事本末体，即袁枢《通鉴纪事本末》。古老的编年体在宋代复活，出现了《资治通鉴》编年体通史，并走向高峰。此外，从编年体衍生的纲目体，从典志体衍生的会要体，也产生于唐宋。汉魏六朝产生的传记、方志、类书等史体，也走向兴盛。笔记小说是宋代史花中的一朵奇葩。由是可以说，中国史书的主要体裁，在唐宋均已创立，并且都有了相当的发展。第二，史籍空前繁荣。《宋史·艺文志》《补宋史艺文志》《补辽金元史艺文志》总计史籍为 2 000 余部，5 万余卷。从唐朝建国至元灭，共经历 750 年，史籍获得了如此巨大的发展，标志着史学文化的昌盛。第三，史学受到社会的重视。从唐代开始，官府设馆修史，唐太宗李世民亲自挂衔领修《晋书》，其他官修史书还有《梁书》《陈书》《北齐书》《周书》《南史》《南齐书》《隋书》。被列为正史的“二十四史”中，有三分之一撰成于唐代。修史制度创立之后，一直延续到清代，每个朝代建国之初，都要开设国史馆撰修前朝史书。官修正史，一方面是统治者加强对史学的控制，另一方面也表明史学地位的提高。

明清两代是中国封建社会的晚期，封建专制主义空前加强，不仅思想受到钳制，而且残酷的文字狱大兴，使文化事业备受摧残。中国封建社会文化专制主义有一大特点，每当强化政治专制之时，在思想文化界，史学首先受到冲击。中国历史上第一次大规模的文字狱是清代庄廷铣案和戴名世案，就是因私修明史而触犯清室。在这种高压的文化专制政策下，一是很少有人写当代史，明代野史仅有《国榷》《明季北略》《明季南略》《南疆逸史》等数种。二是史籍质量下降，很少有史学创新。《清史稿·艺文志》著录的49种正史，除官修《明史》一书以外，其余48种多为对前“二十一史”的考证、补注、校释。明代所修《元史》，在正史中质量最差。

（二）史书的著作种类

1. 正史

作为著作种类，“史”是各种体裁的历史著作，《四库全书总目》分为正史、编年、纪事本末、别史、杂史、诏令奏议、传记、史钞、载记、时令、地理、职官、政书、目录、史评等15类，而正史的地位尤其重要，是历代不断叠加形成的。

三国时，社会上已有“三史”之称。“三史”通常是指《史记》《汉书》和东汉刘珍等写的《东观汉记》。《后汉书》出现后，取代了《东观汉记》，列为“三史”之一。“三史”加上《三国志》，称为“前四史”。

历史上还有“十史”之称，它是记载三国、晋、宋、齐、梁、陈、北魏、北齐、北周、隋等十个朝代的史书的合称。后来又出现了“十三史”。“十三史”包括了

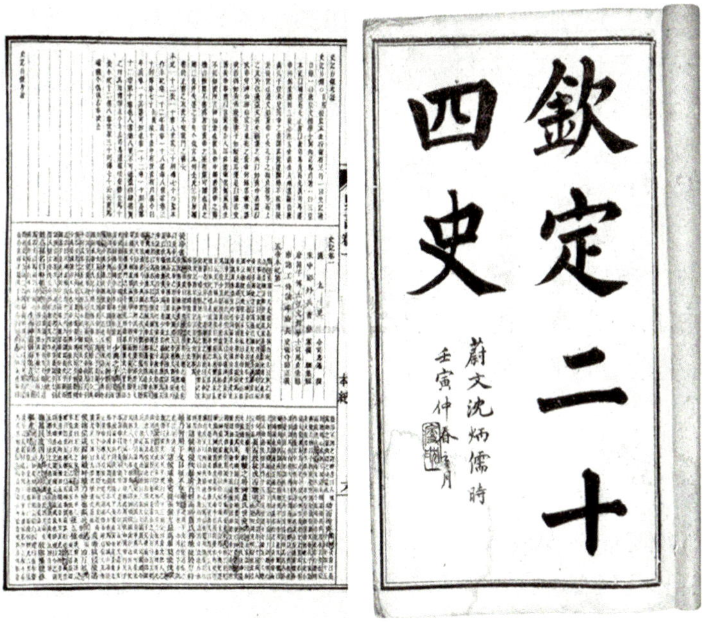

《钦定二十四史》书影

《史记》《汉书》《后汉书》和“十史”。

到了宋代，在“十三史”的基础上，加入《南史》《北史》《新唐书》《新五代史》，形成了“十七史”。明代又增加《宋史》《辽史》《金史》《元史》，合称“二十一史”。清乾隆初年，刊行《明史》，加上先前各史，总名“二十二史”。后来又增加了《旧唐书》，成为“二十三史”。后来从《永乐大典》中辑录出来的《旧五代史》也被列入正史，经乾隆皇帝钦定，合称“钦定二十四史”。乾隆四年至四十九年（1739—1784）武英殿刻印的《钦定二十四史》，是中国古代正史最完整的一次大规模汇刻。

在古代，“二十四史”被称为“正史”。“正史”这个名称见于《隋书·经籍志》：“世有著述，皆拟班、马，以为正史。”乾隆皇帝钦定“二十四史”以后，“正史”一称就被“二十四史”专有，取得了“正统”史书的地位。

2. 方志

方志，又称地方志，它是专门记述天下四方之事的志书。“方志”一词起源甚早，《周礼·春官》曰：“外史掌四方之志。”东汉郑玄注：“志，记也。谓若鲁之《春秋》，晋之《乘》，楚之《梼杌》。”《周礼·地官》载：“诵训，掌道方志，以诏观事。”清孙诒让注：“方志，即外史四方之志，所以识记久远掌故，外史掌其书，此官则为王说之，告王使博观古事。”

古代方志的渊源，可以追溯到儒家经典之一的《尚书》。该书记载了中国上古时代的方域、山川、土质、物产、贡赋，可以看作上古时代的一部全国性方志。此后出现的《山海经》和《华阳国志》等，更是其继承和发展。也有人认为《吴越春秋》《越绝书》等，开方志之先例。综上可以说，古代方志起源于三代，导源于国别史、地理书和地图等。

汉魏六朝时期，方志仍处于形成阶段，出现了不少以“地志”“地记”为书名的地理书，主要记叙地区的方域、境界、山川、物产、风俗、民情等方面的情况。接着，又出现了“图经”一类的书，所谓“图经”，早期以“图”为主，用图表示疆域、山川、土地，“经”只是“图”的说明。

隋唐是官修志书制度确立的时期，之后，历代志书基本上都是官府主持编纂的，凭借官府财力，调动有识之士，利用官府所藏文书档案和其他有利条件，方志修纂进展十分顺利，所编志书不断增多。这个时期，图经发展到以“经”为主、以“图”为辅的阶段，更加接近今天的方志性质。现存的《元和郡县图志》40卷，成书于中唐，可惜的是“图”在后世亡佚，只有“志”流传下来，但是仍可大致窥见隋唐时期的图经面貌。

宋代是地方志体例大致定型的时期，地图、都市社会风俗志和方志理论等，都有重大发展和贡献。两宋所编方志有600余部，虽然留存下来的不多，但是宋人在方志编写方面创造的体例和取得的经验对于后代修志有很大的借鉴作用。成书于宋代初年的《太平寰宇记》，列有姓氏、人物、风俗等门类，因人物又详及官爵和诗词杂事，使以记地为主的方志发展成为史学的一个分支。至此，方志体例始为完备。

元明是古代方志编纂的复苏期，一统志、地图、方志理论等，都在宋代基础上有所发展。元代所编的《大元大一统志》1 300 卷，对古今建制、沿革及山川、古迹、人物、风俗、土产之类收录极为完备，可惜今天仅存 10 余卷。明代方志起元代之衰而转向兴盛，明成祖朱棣颁降《修志凡例》，表示统治者对修志工作的重视，在总结前代修志经验的基础上对新编志书提出了原则、要求和注意事项，有力地推动了明代志书向前发展，除省、府、州、县志以外，边关要塞卫所等均纂修志书。明人根据《元一统志》修纂《大明一统志》，体例更为完备，明代所编方志的数量和种类都有很大的增加，全国有一统志，各省普遍修总志或通志，省以下的府、州、县亦多次修志，学者们明确提出方志属于史的范畴。

清代是编修方志的全盛期，满族入关后，朝廷下令各地编修志书，除数量众多的府县志以外，村镇寺观等亦多修志书。有清一代，所编方志种类全、数量多，在体例和内容上也更加充实完备。一些著名的方志学家、文献学家直接参与或主持修志，在方志理论上亦颇有建树。清中叶，著名史学家、思想家章学诚在著述和编修方志过程中，根据自己的修书实践，又总结了前人修志的成败得失，建立了方志学，名著《文史通义》专门立有篇章，集中阐释其方志学思想。

民国时期，军阀混战，经济凋敝，各地方志编纂受到严重影响，较之清代又呈衰象，但在方志学的研究上大大前进了一步，以梁启超为代表的学者在方志源流、体例、编纂方法，以及方志辑佚、方志目录的研究和整理上，取得了空前成就。

方志既是一门古老的科学，也是一门被赋予新的内容和概念的学科，它是历史学和地理学的新型结合，是地方信息的科学。方志有强烈的独立价值和意义，从这个角度去考查源头，古籍中许多内容都可能包括进去了，可以“补史之缺，参史之错，详史之略，续史之无”，对保存文献资料有着重要的作用，其特点有以下几方面。

一是内容广泛性。宋司马光称方志为“博物之书”，清章学诚称方志为“一方之全书”，都是就其内容而言的。古代的方志一般包括以下内容：地理门有沿革、疆域、面积、分野；政治门有建置、职官、兵备、大事记；经济门有户口、田赋、物产、关税；社会门有风俗、方言、寺观、祥异；文献门有人物、艺文、金石、古迹；等等。其中，很多是在正史或其他书籍中所无法见到的资料，内容非常丰富，记载的范围极广，可以说上至天文，下至地理，中及人事，包罗万象，无所不有，因而为历史学、地理学、经济史、科技史、文学艺术史、地方史等研究提供了多门类、详细而广泛的资料。

二是资料连续性。早在唐代，封建王朝就规定各州郡按时向朝廷编送图经，以后历代朝廷都曾多次颁发修志诏令，规定省、府、州、县的志书每隔若干年重修一次。雍正曾颁发各省六十年一修志的诏令，如现存清代《常熟县志》修 13 次之多，平均每隔二十年修志一次。一般情况下，地方志纂修是在旧志的基础上增添新的内容资料，使之连缀不断，并经常更新。

三是反映地区性。除全国性的总志或一统志以外，所有省、府、州、县、镇等的方志，都以反映该地区特点为编写目的，内容都以社会为中心。例如，明郭子章撰《黔记》60 卷，是明代贵州方志中卷帙最多、资料最富、体例最严、门类创新较多的一部私修省志，材料多为撰者亲闻亲见，或采自当时案牍档册，颇多可取。其中，卷十四《艺文志》仿《汉书·艺文志》体例，详列书名、卷帙、撰者，多有提要或节录其序跋，以见其立言之旨，是考察贵州文化学术的主要参考资料。该志所附江进之《黔中杂诗》10 首，有珍贵的史料价值，如第三首有句云“耕山到处皆凭火，出户无人不佩刀”，就反映了当时贵州少数民族粗放的农业社会的经济情况。

四是文献原始性。由于地方志多根据当地档册、谱牒、传志、碑碣、笔记、信札等文献资料编写，其原则一般是照抄照录，很大程度上保持了资料的原始性。有的地方志还是进行实地采访取得的第一手资料，更为宝贵。

著名史学家朱士嘉于 1935 年出版的《中国地方志综录》一书，对保存和介绍中国的方志起了积极的促进作用。截至 2010 年，全国现存的总志、方志约在 8 000 种，这在世界各国中也是独一无二的。

3. 家谱

家谱是一个家族的历史，有宗谱、世谱、族谱、家乘、统宗谱、支谱、房谱、家族根派、世系录等诸多名目与种类，是以表谱形式，记载一个以血缘关系为主体的家族世系繁衍和重要人物事迹的特殊图书体裁。作为中国特有的文化现象，家谱有着悠久的历史，从出土的甲骨文、金文、碑文等中国早期文字，以及史类文献等考证来看，家谱的起源至少可以追溯到先秦时期，收录于《库方二氏藏甲骨卜辞》，序号为“库 1506”的甲骨，所载文字是一极为完整而典型的殷商时期“儿”（倪）氏家族世系。考古学家陈梦家在《殷墟卜辞综述》中，将这件甲骨片定为武丁时期所刻。

商周时期盛行宗法制度，血缘谱系极其重要，家谱就是两者结合的产物。《汉书·艺文志》载：“《世本》十五篇。”班固自注：“古史官记皇帝以来讫春秋时诸侯大夫。”《世本》是利用记述帝王、诸侯与名人世系的谱牒写成的，其体例对后代家谱影响很大，被视为古代家谱的起始之作。

司马迁创作《史记》中的“本纪”“世家”“列传”时，相当一部分材料取自家谱档案，并将其运用于构建大一统的帝王谱系，将“中国”上溯至黄帝，历经三皇五帝至秦汉大一统。自此以后，历代大一统王朝皆传承司马迁《史记》思想来编修正史。但是，《史记·太史公自序》载：“维三代尚矣，年纪不可考，盖取之谱牒旧闻。”司马迁虽然从三代谱牒中选择史料，但遗憾的是没有具体指出取材谱牒的名称。

三国之前，家谱还是帝王家族的“专利品”。魏晋以后，士族阶层壮大，选官、婚配以至社会交往都要看门第。这样一来，家谱在政治生活、经济生活和社会生活中的作用就大大增强，家谱内容较之以往也有所增加。士族门阀制度根深蒂固，朝廷选拔官吏不是靠科举，而是以族望，社会上形成了“上品无寒门，下品无势族”（《晋书·刘毅传》）的现象。每个人的政治前途都和家庭出身有关，士族门阀皆以此为荣，互相夸耀。东晋贾弼之奉晋孝武帝之命编撰《十八州士族谱》，王僧孺奉梁武帝之命改定《百家谱》而成《十八州谱》《百家谱集钞》《东南谱集钞》等，都是朝廷选官的重要依据。

隋朝时期，隋文帝废除九品中正制，改为科举取士，选官制发生了重大变革，家谱不再作为选官的依据，家谱的政治价值大打折扣。到了唐朝，为了避唐太宗李世民讳，世谱便被称作家谱或族谱，唐因隋制，发展和完善了科举制度。经过这样的变革，旧士族逐渐衰落，但是，“百足之虫，死而不僵”，旧有的观念在部分人群中依然根深蒂固，为此，新兴贵族依靠重修谱牒来提高声望。唐太宗时，吏部尚书高士廉等修谱，“止取今日官爵高下作等级”（《旧唐书·高俭传》），于是改皇族为第一等，原来的第一等崔氏被降为第三等。唐高宗时，因为谱中未叙明武后的本望，于是朝廷诏孔志约等重修，改名《姓氏录》。唐中宗和唐玄宗两朝也重修谱牒，目的在于提高新贵族的社会地位，以政治为标准，强化伦理教育作用，而不是为了选官。但遗憾的是，隋唐及其以前所修的谱牒早已亡佚殆尽，只是从史志上还能够了解部分纂修情况。

五代战争频繁，社会动荡，旧族新贵不断交替，出身已经完全失去了现实意义，所以，郑樵《通志·氏族略》在序中载：“自五季以来，取士不问家世，婚姻不问阀阅，故其书散佚，而其学不传。”这里说的就是谱牒纂修情况。

宋代家谱纂修的最大变化是官方修谱的传统禁例被打破，民间编撰家谱的风气开始兴盛，这时的家谱在政治生活中基本上不再发挥作用，作用转移到尊祖、敬宗、睦族上。家谱经常被反复修撰，每次修谱也就成了同姓同族人的大事。宋代家谱纂修贡献最大者为欧阳修和苏洵。欧阳修《欧阳氏谱图》包括谱图序、谱图、传记、谱例等几方面，以图的形式列出始祖至当世的世系，这里的“图”就是表格，自上而下分为五横格，第一格记“一代”，第二格记“二代”，以此类推。欧阳修的家谱只收了九代，往上不收，因为弄不清楚，而这也正体现了他认真求实的修谱态度。苏洵《苏氏族谱》与欧阳修《欧阳氏谱图》几乎是同时纂修的，但格式不同，《苏氏族谱》属于世系表，在某人之下书其子、孙、曾孙、玄孙，一代代注得很清楚，然后在表中人名下注其仕宦、配偶、生卒年等。

明清时期私修家谱蔚然成风，结构已基本定型，格式上一般采用《欧阳氏谱图》的做法，家谱编撰无论是数量上还是质量上都为前此时代所不及，现存家谱中清人编撰的最多。这一时期的家谱还多了一项“班辈用字”，又称“昭穆”，即父子排列次序，通常都是四字或五字句的顺口溜，押韵好记。从家族始祖开始，一代代人的取名用字，都按班辈用字顺序。清代还涌现出一批谱学专家，其中最杰出的是章学诚，他在有关著作中不仅阐述了家谱的起源、作用，还具体分析了以往家谱理论和家谱实践的不足之处。

家谱的文献价值很大，主要有以下几方面。

第一，寻根留本。古人言“谱牒身之根本也”，意思是家谱能够告诉我们是谁，从哪里来。亦云：“子孙不知姓氏所从来，以昧昭穆之序者，禽兽不如也。”意思是说，姓氏是一种血缘关系的标志，人兽之别，就在于他们对有血缘关系的本族人有一种生生不息的寻根意识，使这个家族有强大的凝聚力和生命力。一个人不管漂泊多远，总是忘不了自己的家乡，因为那里埋葬着他们的祖先。中华民族 5 000 多年来，人们有将祖先的事迹记录下来传给后人的习惯，这就是谱，凡与族人有关的人和事，谱上都有记载。

第二，人物传记资料的补充。家谱中的人物传记，往往记载得比国史、方志详细，尤其是有关祖上的情况、生卒年月日时、字号、婚姻情况、子女情况、葬所等更是如此。因此，家谱在考世系、考生卒等问题上较为可靠。国史、方志中无传者，可求之于家谱。如李贽祖上及身世全靠家谱记载，泉州《清源林李宗谱》记载明李贽原姓林，名载贽，其父、祖都信奉伊斯兰教，李贽本人也有阿拉伯或波斯血统。

第三，诗文资料。家谱中的传志录、诵芬录、丝纶录、恩荣录等，不少为文人学者所作，由于这些原始资料保存在私人家中，不易流传于外，反而得以保存下来。例如，清乾隆五年（1740）刊刻的《汶邑路氏族谱》载有不少明清两代与路氏有关的原始资料，其中有关王阳明的文献资料有明正德十一年（1516）王守仁致陆迎三封书信，后陆迎将其辑为《阳明公文卷》。

第四，移民史资料。家谱对先世迁徙情况的记载非常详尽，对迁徙的时间、地点、原因等都有较详细的说明。根据大量的不同家谱，后人可以进行分析总结，进而找出历代移民的流向、成因。例如，张岱祖上是从四川迁居山阴的，其祖先是谁？如何迁居？一时资料匮乏，难以考知。但是，宋张远猷纂《张氏原始谱》（清道光十年恂兴张氏十三世孙程增订）记载，张远猷是张浚六世孙，张元忭是张远猷十一世孙，张岱是张元忭曾孙，无疑也是张远猷后裔。张远猷在南宋咸淳元年（1265）从绍兴知府任上致仕，因道路梗阻，归蜀不得，又因外祖家居会稽，遂定居山阴，张岱祖上迁居绍兴一事就眉目清楚了。

第五，研究宗族制度的史料。一般来说，家谱对宗族的构成有详细的记录，因此，出于团结的目的，其中收录了家规、家训。家规规定了在家族内做什么是被允许的，做什么是不被允许的，如果违反家法，是要受到族规的惩罚的。例如，清代昆山归氏《松期公训言》载：“子孙以读书为本，学问有成，上可以建功立业，显亲扬名，下可以明理达道，识事知务。”而苏州洞庭许氏对于戒赌不听者即如此处理：“当立一罚规，犯此者，或罚银若干，助入公祠；或押至公所，严加戒饬。庶几有所儆戒，不敢作俑开端。”

此外，家谱还可以提供研究地方史、伦理学史、教育史、风俗史、慈善事业史、经济史、宗教史等的资料，其重要性十分明显。①

4. 年谱

年谱是史籍中较为特殊的一种人物传记。梁启超在《中国近三百年学术史》中说：“三者（按：指方志、族谱家谱和年谱）皆为国史取材之资。而年谱之效用，时

① 关于家谱文献价值的内容，参考来新夏等《中国的年谱与家谱》，中国国际广播出版社 2010 年版。

极宏大。”梁启超把年谱当作具有与正史一样的作用来看待，大大提高了年谱的作用和价值，很有见地。年谱属于史学范畴，是一种比较特殊的人物传记体裁。一般的人物传记主要记载传主的生平大要，而年谱则是以谱主为中心，以年月为经纬，比较全面细致地叙述谱主一生的事迹，诚如朱士嘉《中国历代名人年谱目录》序所谓：“叙一人之道德、学问、事业，纤悉无遗而系以年月者，谓之年谱。”总的来说，年谱杂糅了纪传与编年二体，并从谱牒、年表、宗谱、传记、行状等书体逐渐发展演变而自成一体。

“年谱”一词最早见于《汉书·艺文志》，但那时不是真正意义上的年谱，只是其名，年谱历经谱牒、年表、宗谱、传记等体裁，才最终形成了现在的形式。学术界通常认为年谱始于宋代，据不完全统计，现存及见于目录中的宋人所编年谱约 165 种，所编前代人为 59 种，其中有孔子谱 9 部、陶渊明谱 5 部、杜甫谱 12 部、韩愈谱 7 部、白居易谱 7 部、柳宗元谱 2 部等。所编时人，多为政治家和著名文人，大多有谱，有的还不止一种，如范仲淹 2 部、欧阳修 9 部、周敦颐 2 部、苏洵 4 部、苏轼 9 部、黄庭坚 3 部、苏辙 3 部等。

元人所编年谱数量不多，流传亦少。明清时期编修年谱工作大盛，所编年谱范围广、数量多、价值高，著名诗文作家几乎都有年谱。尤其是清代，年谱编修工作与前代相比更是取得了较大的成就，现存古人所编年谱，一半以上是清人所作。顾廷龙为《中国历代名人年谱目录》作序说：“乾嘉之际，竟尚考据，而编纂年谱之业遂蒸蒸日上，至今有甚而不衰。”一方面，康雍乾盛世时期，文化取得新成就，年谱作为研究对象得到较快发展。清代编谱者不少是学问深厚的学者，这就呈现给学林一大批质量较高、足以供参考的年谱，为后世学术研究提供了有价值的资料。近代以来，谱主范围比以前更为扩大，超出过去达官贵人、文人学者为主要谱主的范畴，社会各阶层的杰出人物都被列为谱主。

年谱的文献价值，可以从两方面述说。

一方面，史料价值。姜亮夫《中国历代年谱总录》序中载：“年谱者，人事之史也，所关至宏伟。小之则一技一艺之珍闻雅记，因之而传，大之则足补国史之缺佚，为宋以来流畅于民间之一大业。”年谱为历史人物提供了生平资料，使已有传志但又十分简略的人物资料得到丰富的补充。有些历史人物的传志比较简略，仅记仕历，或有重点地选记，或只记最后的官阶、最高的官阶等，而年谱则记仕历的逐步过程，并记及宦海沉浮中错综复杂的矛盾关系，可以借以了解这一人物在政治集团中的地位和派系关系。但是，在使用年谱这方面的史料时，也要注意一个问题，因为年谱大多出于子孙和门生、朋友等，他们对谱主的评论不能不有所溢美，因此，人物生平事迹或评论需要特别注意。年谱除提供一些人物资料以外，还蕴藏着一些可供论史、证史的史料，尤其是年谱资料为它书所未收，有助于论证问题，使其更加全面、更为有力，有的甚至还能解决存疑问题。

另一方面，实用效应。年谱记录谱主字号、生卒年、里贯、仕历等特别详细，而一般传记及年里生卒工具书往往有误，以致贻误使用者，遇到这种情况，可以根据年谱的记载给予辨证。例如，来新夏等《中国的年谱与家谱》一书载：“王权（清初江苏震泽人）之子王廷鼎撰《王蟾生年谱》二卷（原题《府君年谱》），谱称谱主王权，后更名源通，小名传声，因谐其声曰蟾而为字。谱前即附俞樾传权一篇。《综表》（按：指姜亮夫《历代人物年里碑传总表》）既于王源通条注称‘初名权’，又于王权条注引府君年谱，其误极易核正。”

5. 日记

日记以系年、月、日的方式，记录作者的经历、见闻和情感等，内容较真实、具体。古代日记滥觞于帝王的起居注，但不是帝王亲自撰写，而是“左史记事，右史记言”，有专职史官负责。如果论及作者亲自撰写的、严格意义上的日记，当属《后汉书·祭祀志》收录的东汉马第伯《封禅仪记》。该记逐日记载跟随汉光武帝封禅泰山的经过，起自“正月二十八日”，止于“二月十五日”，历时不足一月，且详于登山那一天，全文不足千字，还不能说是真正的日记。最早且比较完备的日记，是唐李翱《来南录》，记述作者由北方到广州的行程及主要事件，连续记载六个月，文笔古朴，是古代第一部记事简略的日记。

入宋后，大量文人有撰写日记的风习，周辉《清波杂志》卷六载：“元祐诸公，皆有日记。凡榻前奏对语，及朝廷政事，所历官簿，一时人才贤否，书之惟详。”在文人掌权的北宋时期，政治家习惯将朝政大事书于日记之中，如王安石、司马光、曾布、蒋子奇、赵概等均曾撰写日记多册，惜世异事迁。这些珍贵的文献资料除欧阳修《于役志》、张舜民《郴行录》和黄庭坚《宜州乙酉家乘》以外，大多不传。

南宋王明清《挥麈三录》卷一载：“自昔以来，大臣各有日录，以书是日君臣奏对之语。”可知宋代朝官普遍有记日记的习惯，因此，大臣们私下所记可备史官采用。与此同时，许多著名文人、学者也都开始写日记，记录见闻，抒发感想，并收录在文集中。南宋日记文留存至今的有陆游《入蜀记》、范成大《吴船录》《揽辔录》《骖鸾录》、吕祖谦《入越记》《入闽记》《庚子辛丑日记》、文天祥《指南录》、方凤《金华游录》、楼钥《北行日录》等。周必大更有日记8篇11卷留存下来，是宋代日记文创作最多的作家。

元明清时期，日记写作更为盛行，风格多样。有记述私人日常生活的，如元郭畀《客杭日记》，其书自元武宗至大元年（1308）戊申九月廿三日至大二年（1309）己酉二月初十日，逐日记载交游闻见；有记述朝政掌故的，如明许浩《复斋日记》，记载明初以来朝野事迹，其中杨荣料敌、于谦治兵、汪直乱政等史事，叙述颇详；有专门欣赏花卉的，如明归庄《寻花日记》，表现出作者对花卉欣赏的执念；有专记旅途见闻的，如清林则徐《荷戈纪程》，系林氏遣戍伊犁途中日记，始清道光二十二年（1842）七月初六日出西安，迄十一月初十日抵伊犁；有专记海外经历的，如清载振《英轺日记》，记录了他在1902年受英国外务部邀请，前往英国参加爱德华七世加冕仪式的过程；等等。元明清时期，日记创作多姿多彩，作者群体多样，影响十分深远。

近代人物传世日记数量可观，收藏在图书馆、博物馆、档案馆、科研机构及作者后人手中，已经影印出版的近代日记如《林则徐集·日记》《手书日记》（曾国藩）、《越缦堂日记》（李慈铭）、《郭嵩焘日记》《能静居士日记》（赵烈文）、《翁文恭日记》《桐城吴先生日记》（吴汝纶）、《湘绮楼日记》（王闿运）、《缘裻庐日记》（叶昌炽）、《张謇日记》《薛福成日记》《宋教仁日记》等。

三、子部文献

与经部和史部文献不同，子部文献在历史上经历了多次扩充，从原来的诸子发展到杂家，大致包括今天所说的哲学和科技两大门类。

（一）子部典籍的发展

春秋战国时期，由于社会政治、经济和文化发生急剧变化，学术思想领域形成了百家争鸣的局面。随着士阶层的崛起，他们四方游说，著书立说，逐渐形成了不同的学术思想流派。后世将这些思想流派的代表人物称为“子”，其书称为“子书”，如《墨子》《庄子》《韩非子》《公孙龙子》等，这就是子部典籍的起源，古典目录泛称诸子。《释名》释“子”为“孳”，滋生也，称他们为“子”，寓意不断发展壮大。当然，也有很多思想家并不亲自写书，其言行多由门人汇编成书，用“××子”作为书名，既表示对先师的敬意，也表示是一种学派。

诸子数量有一个渐进的过程。春秋战国时期主要有 5 家，根据《庄子·天运篇》和《荀子·非十二子》记载，他们是以孔子为代表的儒家，以老子、庄子为代表的道家，以慎到为代表的法家，以墨翟为代表的墨家，以惠施为代表的名家。到了西汉中期，又增阴阳家，总为 6 家，司马迁的《史记·太史公自序》转引司马谈《论六家要旨》即是明证。至西汉末年，又多出纵横家、杂家、农家、小说家，共计 10 家。

“诸子”一词始见于《史记·屈原贾生列传》：“贾谊年少，颇通诸子百家之书。”汉成帝时，刘向奉敕整理国家图书，其子刘歆编成《七略》，为子书设立了专类“诸子略”。东汉班固《汉书·艺文志》就是承袭《七略》而来的，其载：

> 诸子十家，其可观者九家而已。皆起于王道既微，诸侯力政，时君世主，好恶殊方，是以九家之说蜂出并作，各引一端，崇其所善，以此驰说，取合诸侯。其言虽殊，辟犹水火，相灭亦相生也。仁之与义，敬之与和，相反而皆相成也。《易》曰：“天下同归而殊涂，一致而百虑。”今异家者各推所长，穷知究虑，以明其指，虽有蔽短，合其要归，亦六经之支与流裔。使其人遭明王圣主，得其所折中，皆股肱之材已。仲尼有言：“礼失而求诸野。”方今去圣久远，道术缺废，无所更索，彼九家者，不犹愈於野乎？若能修六艺之术，而观此九家之言，舍短取长，则可以通万方之略矣。①

① 班固：《汉书》卷三十，中华书局 1962 年版。

《汉书·艺文志》共著录子书 189 家，除去汉代子书 49 家，可知先秦尚有诸子之书 140 家。“诸子略”在《七略》中地位仅次于“六艺略”，是后世子部的雏形。后世所谓“子部”，就是在先秦“九流十家”的基础上逐渐形成和发展起来的。

魏晋时期，子部的范围开始超出“九流十家”的界限，数量不断增加，魏郑默《中经》和晋荀勖《中经新簿》开始把部兵书、术数等并入诸子，子部的范围扩大了。东晋李充《晋元帝四部书目》把子部和史部的位置对调，子部排在了四部分类的第三位，说明子部的社会地位下降了。唐魏征等人编纂《隋书》，其中《经籍志》正式把经、史、子、集的先后次序固定下来，子部的范围也基本固定了。

宋以后，子部的范围或大或小，《崇文总目》子部增加释书类，《新唐书·艺文志》增加类书类和杂艺类，但尤袤《遂初堂书目》子部删去了法家、名家、墨家、纵横家和阴阳家。清代《四库全书总目》集历代子部类目之大成，分 14 个子目：儒家、兵家、法家、农家、医家、天文算法、术数、艺术、谱录、杂家、类书、小说家、释家、道家。

从子部的形成过程来看：唐宋以前，子部书籍单纯，名副其实；而唐宋以后，子部书籍驳杂，名不副实，混入了很多杂家的书籍。从文献的类别和历史价值来看，子部书籍首先要划分为社会科学与自然科学两大类。但就科技典籍来看，为数不多，分类杂乱，这反映了古代统治者不重视科技、抑制科技发展的状况。秦始皇焚书，医、农、占卜等书不在焚书之列，但今天并没有传下先秦的科技书，他不焚科技书，并不等于他重视科技，而是认为科技文献对统治没有什么威胁，无关紧要。

社会科学类是子部书籍的主体部分，可以分为古代哲学和宗教迷信两种。子部是从先秦的“九流十家”发展而来的，所以子部书籍反映了先秦各个学派的哲学思想，是研究先秦哲学的重要资料。而宗教迷信主要集中在术数、释家、道家三类，小说家类也有一些，如命书、相书，以人的出生年月日时的所谓“八字”以及相貌等来推测未来命运，实在是荒诞至极。

子部内容相当丰富，但四部中子部伪书也最多，清人姚际恒《古今伪书考》著录伪书 92 种，其中子部书籍过半。原因在于：一是先秦子书复杂，有战国人伪托的，也有门人追记的，有著者无考的，也有有录无书的，种种不一。这些复杂的情况给后人伪造、增添、篡改提供了可乘之机。二是历代统治者均重视儒家经典，把子部书籍视为“闲书”，或者是不登大雅之堂的书籍，所以有的子部书籍作者不敢理直气壮地题写自己的名字，要么用号，要么不写，这样就给作伪者打开了方便之门。

（二）古代类书

唐玄宗在位期间，十分重视皇室子弟的教育问题，他多次到国子监督学，并亲自过问教材的编撰工作。一次，他对大臣张说等人说：“儿子等欲学缀文，须检事及看文体。《御览》之辈，部帙既大，寻讨稍难。卿与诸学士撰集要事并要文，以类相从，务取省便。令儿子等易见成就也。”（《大唐新语》卷九）张说遵从旨意，与徐坚、韦述等很快汇纂各种掌故，编纂出《初学记》30 卷，放在国子监供士子翻阅。这部“以类相从，务取省便”的《初学记》就是类书。

类书是采辑群书，将各类资料分类汇编，加以排比序列，便于读者检索资料的典籍。从古代图书分类来看，类书也很别致，很难准确地归入经、史、子、集四部中，它非经、非史、非子、非集，但又四部兼容，以杂见称，早期目录将类书划分为史书，《隋书·经籍志》以后，类书多归子部。

类书是在各种因素综合作用下产生的，是古代文化发展到一定阶段的产物。

首先，古人对自然万物的分类不断细化，使类书编纂有了“分类”依据。早在殷商时代，古人就开始用天干地支纪日，万事万物都有类可依，以“以类相从”为基本特征的类书，则更为直接地反映了古人的分类意识。

其次，类书的产生是古代社会发展到一定阶段的需要。汉武帝“罢黜百家，独尊儒术”之后，儒学走向了思想统治的地位，儒家经典成为人们的行事规范，古圣先贤的名言成为后世的金科玉律。举凡封禅、巡狩、郊祀、宗庙、科举、冠婚等大典必以经典为准，官僚政客上朝言事、接待外宾，缙绅大夫待人接物、举措应对，等等，都离不开经文典故。这样，编制各种类书，汇集经典文句、收录前代典章、罗列名人逸事的类书就有了现实需要。

最后，文学创作中“征事”“用典”风尚直接推动类书的产生。随着时间的推移，古籍资料积累越来越多，文人创作更喜欢引经据典，以期让文章达到让人信服的效果，即便是文人之间日常赠答，也以读书广、用典多而相标榜。如南朝梁武帝是一位知识渊博的帝王，他十分喜欢和臣僚比学识。一次，君臣宴饮，面对豫州进贡的栗子，他来了兴致，于是和博学多才的沈约当场比赛讲述关于栗子的掌故，结果沈约败下阵来，比梁武帝少说了三个，被连罚三杯。酒后，沈约私下里对群僚说自己是故意让皇上赢的，这话传到梁武帝的耳朵里，梁武帝龙颜大怒，不久后，就随便找了个理由把沈约下狱治罪。

六朝以后，征事、用典逐渐成为习尚，唐宋以来，此风更盛。唐太宗曾经戏称虞世南为“行秘书”，意思就是可以行走的活的藏书楼。面对唐太宗的疑难问题，虞世南常常不假思索，脱口而出。这并不是因为虞世南记忆力超群，而在于他广泛阅读各类典籍，更重要的是他在隋朝时期主持编纂了大型类书《北堂书钞》。在编辑过程中，他十分留心一些生僻典故，久而久之，烂熟于心，从而博得了“行秘书”的美誉。

古人编纂类书的初衷是供帝王了解治国策略、士子应付科举之用。在信息发达、网络应用普及的现代，人们想要快捷地获取各种信息，打开百度、谷歌等搜索引擎，可以说很快就可以解决问题。而在知识、信息十分闭塞的古代，辞书、字典等编纂十分有限，人们想要查阅资料、获取信息十分困难，类书的出现大大方便了人们的信息获取。可以说，类书就是古代的搜索引擎，历代不断编纂类书，也就是在不断丰富、更新这个信息库。

我国最早的一部类书是三国魏曹丕命文士编纂的《皇览》，后世称为“类书之祖”。南北朝时，南北双方各有类书之编纂，南朝梁编纂类书《寿光书苑》《类苑》《华林遍略》（又名《芳林遍略》）；北朝则编纂类书《修文殿御览》，该书在类书编纂史上影响较大。隋朝虽短，但是编纂了一部重要的类书《北堂书钞》，这是我国现存最早的类书，保存了很多魏晋南北朝及以前的古书，对于今天的学术研究有很重要的价值。唐代是古代图书编纂十分繁荣的时代，先后编纂了《艺文类聚》《初学记》《法苑珠林》《白氏六帖》等，对后世影响很大。

宋代类书编纂规模空前，产生了许多大型类书，其中，《太平御览》号称“类书之冠”。此外，宋真宗命令王钦若等纂辑《册府元龟》、南宋章如愚私撰《山堂考索》（一名《群书考索》）、南宋王应麟私撰《玉海》等，都是宋代有名的类书。

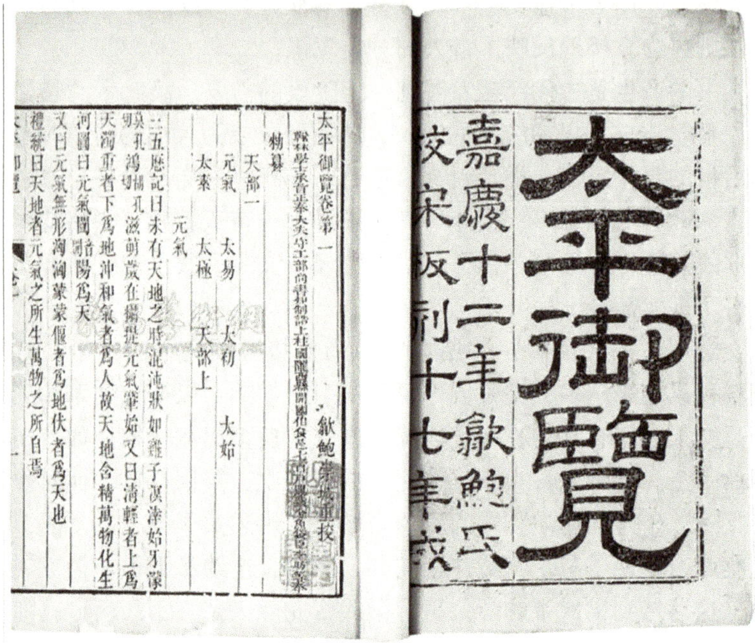

《太平御览》书影

明清两代官修和私辑的类书更是汗牛充栋，最具代表性的是两部规模巨大的类书——《永乐大典》和《古今图书集成》。关于《永乐大典》，前面已经做过专题介绍，这里就不赘述了。《古今图书集成》为清康熙年间陈梦雷等编。该书分为 32 典、6 109 部，共 1 万卷。所引图书资料，一律注明出处。正如雍正皇帝称赞该书曰：“贯穿古今，汇合经史，天文地理，皆有图记。下至山川草木，百工制造，海西秘法，靡不备具，洵为典籍之大观。”（《清实录》）此书在世界文化史上实属罕见。

（三）佛道典籍

刘歆《七略》时代，佛教尚未传入中国，道教尚未出现，二者谈不上有典籍。魏晋以后，佛道典籍逐渐增多，书目开始收录。最早收录佛经的是西晋荀勖《晋中经簿》，附录于四部之外，之后的几部官修目录著录佛道经典的做法一如该目。南朝梁阮孝绪《七录》与《外篇》列“佛法”“仙道”二录，正式把两家典籍纳入图书目录体制之中分类，反映了南北朝时期佛道知识体系的形成和文化地位的上升。到了唐代，《隋书·经籍志》把佛道典籍又附于四部之末，与唐朝官方和儒家知识分子整顿学术思想体系，打压宗教势力并重新确立儒学独尊地位有关。自五代刘昫《旧唐书》

始，其中的《艺文志》著录佛道典籍不再别为二类附于四部之末，而是在子部中分二级类目，选择有限的典籍收录，到《四库全书总目》，此种做法成为定制。

佛道典籍情况十分复杂，不便展开，然其内部分类情况需要稍作厘清。

汉明帝永平十年（67），佛教正式传入中国，此后，一大批西域高僧来华传授佛经，并将其翻译成汉文，经过 2 000 多年的努力，佛教典籍已经成为中国古代典籍的重要组成部分。佛教典籍的体例有传记体、编年体、志乘体、经传体、灯录体、游记体、目录体、纲目体、笔记体、类书体和文集体等。

传记体是记述僧人生平事迹的一种体裁，可分为总传、类传和专传三种。总传是集多僧传记于一书，代表作有南朝梁释慧皎《高僧传》、唐释道宣《续高僧传》和宋赞宁《宋高僧传》。类传是记一地一寺或某一类型的僧人的传记，代表作有梁张孝秀《庐山僧传》、明成祖《神僧传》。专传是记某一名僧的专著，代表作有唐释慧立和彦悰合著的《三藏法师传》。

编年体是按时间的先后记载佛教史实的一种体裁，由宋沙门祖琇首创，他著有《隆兴佛教编年通论》，继之者有宋本觉《释氏通鉴》、元觉岸《释氏稽古略》等。

志乘体是指一地、一山或一寺之志。代表作有北魏杨衒之《洛阳伽蓝记》，该作追叙了北魏洛阳佛寺的繁盛景象；唐惠详《古清凉传》专记五台山的佛教史实；清德介等《天童寺志》记载了该寺创建及沿革，兼及诗赋、历代住持、云游高僧和寺庙经济；等等。

经传体记载某一佛经的传习源流，包括部类卷帙、隐显经过、传译年代、派生经典、有关论注、诸师序记，以及僧俗因讲、讽诵、书写、听闻此经而得到报应的事迹等。代表作有唐惠详《弘赞法华传》和法藏《华严经传记》。

灯录体通过问答形式记载禅宗历代传法世系，介于传记体和语录体之间。和传记体比，它重于记言；和语录体比，它兼记事。灯录体始于宋道原《景德传灯录》。所谓“传灯”，意思是灯能照暗，祖祖相授，以法传人，犹如灯，故名。该书记载禅宗世系源流 52 世、1 701 人，其中附有语录者 951 人。

游记体是记载高僧云游所见所闻的专著。代表作有晋法显《佛国记》、唐玄奘《大唐西域记》、唐义净《南海寄归内法传》。其中，《大唐西域记》记述唐僧玄奘西行取经所见所闻，是研究南亚古代诸国历史地理的重要文献。

目录体是指著录佛教典籍的书目。代表作有东晋释道安《综理众经目录》、梁释僧祐《出三藏记集》、隋费长房《历代三宝纪》和唐释智昇《开元释教录》。其中，《出三藏记集》记载了东汉至梁的译经、律、论等的目录、序记，以及译经人的传记等。这样的既著录经目，又记载史料的体例，大大提高了书目的使用价值。

纲目体是指有纲有目、纲目分明的佛教典籍，如明朱时恩《佛祖纲目》、清纪荫《宗统编年》等。

此外，笔记体、类书体和文集体通，同一般的笔记、类书和文集区别不大。笔记体代表作有唐《释门自镜录》、宋《林间录》、明《山庵杂录》等。类书体代表作有唐道世《法苑珠林》、宋道诚《释氏要览》等。文集体佛教典籍代表作有南朝梁僧祐

《弘明集》和唐释道宣《广弘明集》等。

道教是中国本土产生的宗教，其第一部正式经典是《太平经》，完成于东汉，因此，学术界将东汉视作道教的初创时期。道教有正式实体活动是在东汉末年太平道和五斗米道出现后，而《太平经》《周易参同契》《老子想尔注》三书是道教信仰和理论形成的标志。经过世代编纂，道教典籍不断增加，著名者有东晋葛洪《抱朴子·内篇》、南朝宋陆修静《三洞经书目录》、唐《开元道藏》、北宋《大宋天宫宝藏》、金《大金玄都宝藏》、明《正统道藏》和清《道藏辑要》等。

道教典籍的编排是根据三洞、四辅、十二部的分类方法进行的。

“三洞”指洞真、洞玄和洞神。“洞”即通、同之意，“真”即纯粹不杂，“洞真”即通向真仙之道；“玄”即不凝不滞，“洞玄”即通向玄妙之道；“神”即神秘莫测，“洞神”即通于神灵。

“四辅”较“三洞”晚出，有补充之义，故曰“辅”，它们是太玄、太平、太清和正一。“太玄”即玄而又玄之意，辖《道德经》等，太玄部辅洞真部；“太平”因《太平经》而得名，太平部辅洞玄部；“太清”取体大气清之意，令人升入太清仙境，太清部辖金丹诸经，辅洞神部；“正一”即以正压邪、以一统万之意，正一部包括《正一盟威妙经》等，正一部遍辅“三洞”。

“十二部”是“三洞”之中每部的分类，分 12 类，亦称十二部，分别是：（1）本文。经是道教的本源，故三洞经文归此。（2）神符。指“神”授之符箓，神妙莫测，信如符契，故三洞符箓入此。（3）玉诀。“玉”即宝贵之意，“诀”即解决疑问之意，故各经注解入此。（4）灵图。内容以图为主者，或以图为名者入此。（5）谱录。“谱”即谱系，“录”即记录，凡记录神仙谱系者入此。（6）戒律。“戒”即劝善止恶的告诫，“律”即必须遵守的条文，凡与戒律有关者入此。（7）威仪。“威”是气象庄严之意，“仪”即斋醮科仪，凡记载道教礼仪制度者入此。（8）方法。凡记载设坛祭炼及身内修持方法者入此。（9）众术。凡记载炼丹及变化之术者入此。（10）记传。道史和神仙的传记入此，如《海内十洲记》《列仙记》《神仙传》等。（11）赞颂。以赞词、颂唱为主者入此。（12）表奏。凡祈祷所用、表白愿望及上奏天庭之表文等入此。

总的来说，“三洞”含义比较广泛，与经术内容关系不大。“四辅”的辅助作用也不确切，如《道德经》本来是道教最主要的经典，却处于辅助地位。倒是“十二部”比起“三洞”“四辅”切实可用，但是它的缺陷在于将经文和注释分为二目，不便使用。

（四）古代丛书

丛书出现后，古代书目对此茫然失措，不知如何处理，或者打破四部成规，单独列类，或者附在子部，前者如《书目答问》，后者以《四库全书》为代表。《四库全书》在杂家类杂纂之属里收《意林》《绀林集》《类说》等 11 种书，其中的《说郛》和《古今说海》两部大书，现代人一般都把它们看作丛书。因此之故，我们在子部文献中把丛书问题交代一下。

丛书，或称丛刊、丛刻、汇刻书、套书，是在一个总书名下汇集多种单独著作为一套，并以编号或不编号方式出版的图书。它通常是为某一特定用途，或针对特定的读者对象，或围绕一定主题内容而编纂的。一套丛书内的各书均可独立存在，除共同的书名以外，各书都有独立的书名；整套丛书有编者，各书也有自己的编著者。一套丛书一般有相同的版式、书型、装帧等，且多由一个出版者出版，除少数丛书一次出齐以外，多数为陆续出版。丛书所收的著作，多的有几千种，少的只有寥寥数种。对于丛书来说，被收录的著作称为丛书的子目。

关于丛书起源问题，学术界争论较大。程千帆、徐有富《校雠广义》说：“儒家学派把《诗》《书》《易》《礼》《乐》《春秋》总称为六经或六艺。传说它们都是经过孔子编定的，都是儒家学派的教材。如果单从这一点讲，六艺或六经就是我国最早的丛书。”如果细分的话，《尚书》28 篇，《礼记》49 篇，也可以看作经学丛书。《隋书·经籍志》史部地理类就著录了《地理书》149 卷，《录》一卷注云：“陆澄合《山海经》以来一百六十家以为此书。”可知南北朝时，陆澄编的《地理书》隐含着丛书的因素。此外，五代后唐长兴三年（932），冯道与同僚李愚等上奏朝廷，请依《开成石经》为底本，雕版印刷“九经”，至后周广顺三年（953）完工，也可以看作经学丛书。

但是，学术界多把南宋《儒学警悟》看作现存最早的丛书。南宋嘉泰二年（1202），俞鼎孙、俞经编《儒学警悟》，将 6 人的 6 种著作汇为一书，从辑录年代来看，应为古代最早的丛书。70 多年后，南宋左圭纂辑《百川学海》，收书约 100 种，并于咸淳九年（1273）雕版印刷，这是中国古代最早刻印且流传较广的大型综合性丛书。

有元一代，文化发展前不及宋，后远逊明，所编辑刻印的丛书不多，其中值得一提的有杜思敬《济生拔粹》和陶宗仪《说郛》。明代之后，丛书刊刻悄然兴起，到清代至于极盛。明清时期，丛书编刻特色显著：第一，有以收罕见之书著称的。明代《古今说海》《汉魏丛书》《稗海》《宝颜堂秘笈》等，保存了许多罕见之书，但是，这些丛书所收的书籍并非全帙。清代前期，以收罕见书著称的，首推鲍廷博《知不足斋丛书》，鲍氏择取有价值的传抄本、未刊稿本，以及刊本行世久远、旧版散亡者校刊入集，那些传世较多的书一概不收。第二，有以校勘精审著称的。如卢文弨《抱经堂丛书》、毕沅《经训堂丛书》、卢见曾《雅雨堂丛书》、吴骞《拜经楼丛书》、孙星衍《岱南阁丛书》《平津馆丛书》、阮元《文选楼丛书》等，颇能反映乾嘉时期学术成就。第三，有以广罗旧籍著称的。明顾元庆《阳山顾氏文房小说》多以宋本翻雕，清《武英殿聚珍版丛书》大多为《永乐大典》中辑出的宋元旧作，清陆心源《十万卷楼丛书》所据多宋元刊本。

古代编纂的最大丛书为《四库全书》。据文津阁藏本，该书共收录古籍 3 503 种、79 337 卷，装订成约 36 000 册。《四库全书》共约 8 亿字，以经、史、子、集四部分类，保存了中国历代大量文献。所据底本中，有很多是珍贵善本，如宋元刻本或旧抄本；还有不少是已失传很久的书籍，是在修书时重新发现的；也有的是从古书中辑录出来的佚书，如从《永乐大典》中辑出的书有 385 种。《四库全书》的编纂，无论是在古籍整理方法上，还是在辑佚、校勘、目录学等方面，都对后来的学术界产生了巨大的影响。

民国时期，一些有家学渊源的学者，亦能继承祖业，以个人之力从事丛书出版事业，如刘承幹、张钧衡等。尤其是国内出现了多家商业出版社，多致力丛书的出版，其中以坐落在上海的商务印书馆和中华书局最为有名，两家出版社均以出版古籍、传播文化为出版宗旨，先后出版了多部古籍丛书，影响后世。两家出版社出版的古籍丛书以《四部丛刊》（商务印书馆）、《四部备要》（中华书局）和《丛书集成初编》（商务印书馆）三大丛书为代表，先后还有《涵芬楼秘籍》《续古逸丛书》《道藏》《百衲本二十四史》《十通》《万有文库》《国学基本丛书》《中国文化史丛书》《四库全书珍本初集》（以上商务印书馆）、《聚珍仿宋二十四史》《辑佚丛书》《层冰堂丛书》《锡山先哲丛书》《新曲苑》（以上中华书局）等。上述丛书内容丰富，门类齐全，广涉文学、哲学、宗教、经济、法律、自然科学等。

中华人民共和国成立后，国家非常重视古籍整理和出版事业，多次组织专家学者，纂辑了一批可以和《四库全书》等相媲美的丛书，以利于学者的研究之用。诸部丛书中以“续四库”系列最具代表性。“续四库”系列丛书有《续修四库全书》《四库全书存目丛书》《四库禁毁书丛刊》《四库未收书辑刊》等。为了全面了解我国丛书的出版情况，中华书局 1959—1962 年出版了《中国丛书综录》，该书分为“汇编”和“类编”两部分，“汇编”下分杂纂、辑佚、郡邑、氏族、独撰五目，“类编”下分经、史、子、集四目。《中国丛书综录》共收丛书 2 797 部，均系古典文献，新型丛书和释藏尚未包括在内。

四、集部文献

集的繁体字为“雧”，《说文解字》解释：“集，群鸟在木上也。从雥从木。”段玉裁注：“引伸为凡聚之称。”因此，把文章汇总在一起就形成了集部文献。《七略》中的“诗赋略”是最早的集部文献目录，南朝宋王俭撰《七志》，改“诗赋略”为“文翰志”，可知当时的文学作品已不限于诗赋。南朝梁阮孝绪《七录》有“文集录”，分为楚辞、别集、总集、杂文 4 类，至《隋书·经籍志》改“文集录”之名为“集”，集部正式定名于四部分类法。清代《四库全书总目》对集部类目的划分具有官方性和权威性，分为楚辞、别集、总集、诗文评、词曲 5 类，至此，集部目录分类的发展脉络基本清晰可见。需要说明的是，词曲主要产生于民间，在古代社会受到轻视，正统的古籍目录中往往没有它的位置，只配附于目录的最后。这里只对楚辞、别集、总集和诗文评的文献情况略做述说。

（一）楚辞

《四库全书总目·集部总叙》载：“集部之目，楚辞最古。”“楚辞”最初并不是类目名称，原为楚地歌辞的简称，也称“骚体”。战国时期，屈原对其进行大胆改造，从而成为一种新型诗体，具有鲜明的楚国地域色彩。《四库全书总目·集部一·楚辞类》载:“裒屈宋诸赋,定名《楚辞》,自刘向始也。后人或谓之‘骚’,故刘勰品论《楚辞》,以《辨骚》标目。考史迁称屈原放逐,乃著《离骚》,盖举其最著一篇。《九歌》以下,均袭骚名,则非事实矣。”其交代了楚辞文体的产生和发展过程。自上古时代起,楚地人便有信神好巫的传统,流传给后世很多的相关神话和巫术。此二者都呈现了把自然意识化、人格化的思维方式,对楚辞的产生具有极为重要的影响。因此,宋黄伯思《东观余论·校定楚辞序》称:“盖屈、宋诸骚,皆书楚语、作楚声、纪楚地、名楚物,故可谓之‘楚辞’。”此处非常精准地总结出楚辞的创作特色。

“楚辞”之名,始于西汉刘向。成帝时,刘向奉命典校皇室藏书,将屈、宋及汉代文人汇在一起,给以“楚辞”总名。《汉书·艺文志》沿用这一名称,其“诗赋略”分为屈原赋之属、陆贾赋之属、孙卿赋之属、杂赋、歌诗5类。需要说明的是,《汉书·艺文志》中把屈原的作品称为“屈原赋”并与其他作家的赋归入一类,可见汉人是把楚辞与赋混为一谈的。南朝梁刘勰《文心雕龙》对两种文体进行了辨析,《诠赋》称“赋者,铺也,铺采摛文,体物写志也”,而《辨骚》则以为骚体“同于《风》《雅》”而“异乎经典”,具有“气往轹古,辞来切今,惊采绝艳,难与并能矣”的艺术魅力,从此分为两类。萧统《昭明文选》因袭之,说明楚辞与赋确为两种不同的文体。《隋书·经籍志》集部将楚辞自成一类,后世目录大多相沿这种分类方法,这是因为在古代文集中,楚辞出现的时代较早,创作风格独特,内容也和一般的诗赋不同。

由于屈原忠君爱国、独立不迁和上下求索的高尚情操与精神,其死后受到后人的无限景仰。以屈原作品为主的楚辞,是古代个性化文学创作的开始,奠定了浪漫主义诗歌的优秀传统,因而受到后世的强烈关注,历代研究之作层出不穷,是古典文献学的一笔丰厚宝藏。

(二)别集

元马端临《文献通考》载:“别集者,人别为集。”将一位作家的作品按一定体例汇编在一起,是为别集。需要说明的是,别集并不是纯粹的文学作品。因为古人没有现代意义上的学术研究和文学创作之分,从汉代大儒到清代乾嘉学者,他们中的大多数人以博大精深取胜,四部典籍无不涉猎,因此,他们的别集往往涵盖平生各类著述,具有兼收并蓄的特点。

关于别集起源,一般认为起自汉代。《隋志·别集类》小序载:“别集之名,盖汉东京之所创也。自灵均已降,属文之士众矣,然其志尚不同,风流殊别。后之君子,欲观其体势而见其心灵,故别聚焉,名之为集。”先秦时期无别集,受制于载体不便,诸子百家文章皆单篇别行。西汉刘向领衔整理皇室图籍时,把诸子文章汇编在一起,因为无法概括全书旨意,遂以作者名为集名,这就有了《墨子》《庄子》《孟子》《韩非子》等,后世别集与之类似。

“别集”一词出现于西晋,《晋书·挚虞传》载:“(挚虞)又撰古文章,类聚区分,为三十卷,名曰《流别集》,各为之论,辞理惬当,为世所重。”不过挚虞的《文章流别集》是文章总集,因此这个“别集”还不是个人文集。

汉代以后，文学创作繁荣，《汉书·艺文志》专列《诗赋略》，著录屈原、唐勒、宋玉等共106家，以作家为单位汇集赋作，为后世目录家别集类之始。魏晋南北朝时期是“文学的自觉时代”（《魏晋风度及文章与药及酒之关系》），文学已经取得正式的独立地位，各种文体逐渐定型和成熟，由此带动了别集编纂的流行。明代张溥《汉魏六朝百三名家集》对汉至隋各家文集收录比较权威。当然，这一时期也有一些名家别集是通过其他刻本或翻印本流传下来的，如蔡邕《蔡中郎文集》、曹植《曹子建集》、嵇康《嵇中散集》、陆机《陆士衡文集》、陶渊明《陶靖节集》等。唐代至清代，由于雕版印刷的流行，出现了各种各样的别集，别集数量巨大，仅《四库全书总目》就著录历代别集961部18 038卷、存目1 568部16 439卷。而今人李灵年和杨忠《清人别集总目》更是著录作家近2万人、诗文集约4万部。

别集有诗集和文集之别，但多数是诗文合集。别集又分为全集和选集两种。其中，全集除了收录作家的全部作品，还可附各种异文、草稿、日记、书信、札记等；选集则根据选家所定的标准，辑录作家的主要著作，有时也有附录。别集是研究一位作家生平经历、思想背景及文学成就的主要依据，有助于了解或研究作家所处时代的政治、经济、文化、社会等多方面的情况。

就编排方式而言，别集可分为以下四类：一是分体编排的别集，这一类在古代文学别集中最为常见。如唐李白《李太白集》30卷，卷一为古赋，卷二为古风，卷三至卷六为乐府，卷七至卷二十五为古体诗和近体诗，另有文4卷、诗文拾遗1卷。二是按编年编排的别集，如唐杜甫撰、清仇兆鳌编注《杜少陵集详注》25卷，卷一至卷三作于“安史之乱”前，卷四至卷七作于“安史之乱”时，卷八至卷九（前半部）是赴四川途中所作，卷九（后半部）至卷十四是定居成都五年所作，卷十五至卷二十三是离开成都沿江东下时所作，最后两卷收表、赋、赠序和杂著等。三是按作品主题分部编排的别集，如宋文天祥《文山先生全集》20卷，分《文集》（卷一至卷十二，包括诗词文）、《指南录》《指南后录》《吟啸集》《集杜诗》《纪年录》《拾遗》（卷十三至卷十八）及《附录》（卷十九、卷二十，为传记、祭文等）。四是兼用以上几类编排的别集，如宋黄庭坚《山谷全集》70卷，包括《内集》30卷、《外集》14卷、《别集》20卷、《词》1卷、《简尺》2卷、《年谱》3卷等。

别集的命名方式非常灵活。有用作者本名命名的，如《骆宾王文集》《孟浩然集》等，这种命名方式在古典文献中较少，近人新编的别集则很常见；有用作者的字、号、别名命名的，如《李太白集》《玉溪生诗集》（唐李商隐撰）、《陶渊明集》等；有用作者的斋室命名的，如《玉茗堂集》（明汤显祖撰）等；有用作者的官衔、封号、谥号命名的，如《阮步兵集》（三国魏阮籍撰）、《诚意伯文集》（明刘基撰）、《范文正公全集》（宋范仲淹撰）等；有用作者的籍贯、居住地、别墅命名的，如《柳河东集》（唐柳宗元撰）、《樊川文集》（唐杜牧撰）等；还有用作者撰作编集的朝代命名的，如《白氏长庆集》（唐白居易撰）等。

（三）总集

总集是指按照一定的体例，将多位作家的诗文词曲等作品汇集在一起的典籍。

《四库全书总目》载："文集日兴，散无统纪，于是总集作焉。一则网罗放佚，使零章残什并有所归；一则删汰繁芜，使莠稗咸除，菁华毕出。"总集对于保存零散的诗文用途很大，因此古人十分重视总集的编纂。

《诗经》和《楚辞》是我国最早的两部总集。但由于《诗经》被列入经部，成为"十三经"之一，因此学术界多以成书于汉代的《楚辞》为"总集之祖"。至于收录多种文体的总集，《隋书·经籍志》推晋代挚虞《文章流别集》。但也有学者认为晋代杜预《善文》早于挚虞《文章流别集》，而今人曹之考证后认为曹丕《建安七子集》编纂时间更早。

魏晋南北朝，总集编纂进一步发展，南朝梁昭明太子萧统领衔编纂《文选》，南朝陈徐陵编选《玉台新咏》，二书对后世总集编纂有重要影响。唐代总集编纂方面，出现了《箧中集》《河岳英灵集》等众多的诗歌总集。宋代雕版印刷普及，总集编纂的数量越来越多，规模越来越大，《文苑英华》《唐文粹》《宋文鉴》等总集最具代表性。金元虽由少数民族统治，但汉文化影响太大，所编著名总集有《中州集》《河汾诸老诗集》《瀛奎律髓》《元文类》等。明清时期，雕版印刷臻于极盛，学者们对历代诗文集做了总结性的整理工作，对前代诗文总集进行了网罗式的搜辑，并对当代诗文总集编纂付出了巨大心血，总集数量极为庞大。

总集的编选有多种情况：可以收录一种文体，如《历代赋汇》《古文观止》；可以兼收多种文体，如《昭明文选》《文苑英华》；可以以一朝一代之作为限，如《宋文鉴》《金文最》；可以兼收数代，如《全上古三代秦汉三国六朝文》；可以以一地、一家为准，如《温州文献志》《昆山杂咏》；可以以某一流派为准，如《西昆酬唱集》《瀛奎律髓》；等等。

有的总集收录的是一个时代或一种文体的全部作品，这类总集叫全集，内容宏富，在文化的积累和传承方面发挥着重要作用。还有的总集在编选作品时，面对众多的别集，受到条件的限制，不能够全部容纳，于是删繁汰芜，尽选菁华，这样的总集叫作选集。选家通过选与不选、选多与选少等方式对作品进行褒贬，而那些凡总集重复收录的作品都被赋予更长久的生命，凡名篇名作也必定是选集性总集收录次数最多的。

总集具有评价性的特点，且收录的诗文有较高的质量，所以总集有很强的可读性、鉴赏性，尤其是那些内容浅易、规模适中的文选，极易受到广泛欢迎，《文选》《唐诗三百首》《古文观止》等便是如此。

（四）诗文评

所谓诗文评，就是评论诗文的文字。古代文学体裁多样，但人们一直把诗与文看作正统文学，由此对这两类文体创作有不少的评说，有单篇的，有成组的，也有不少专著。

先秦时期是诗文评的萌芽期，社会上尤其盛行谈诗之风。诸子具有诗文评性质的只言片语，散见于子史著作中，而尤以儒家突出，对后世产生了深远的影响，后来出现的《毛诗序》就是对先秦儒家诗论的总结。

两汉时期，文学创作逐渐繁荣，此时的诗文评以诗赋为主要对象。从散见的作品来看，此时的诗文评大抵从儒家政教立场出发，从某种意义上说也属于儒家经典的义疏传辞，并不系统，也没有出现专业的诗文评论家与专门的诗文评著作。

诗文评正式诞生是在魏晋南北朝，此时的诗文评著作不再作为学术的附庸，而是独立出来了，各种著述对文学的本质规律和笔法特质等进行品评。其中，魏文帝曹丕《典论·论文》是文学批评史上较早的单篇专论，认为文学作品的不同体裁各有特点，作家的不同气质与文体的不同要求有重要的关系，还本着文以致用的精神，把文学提到了与事功并立的地位，具有划时代的奠基作用。西晋陆机《文赋》是文学史上第一篇完整而系统的赋体文评，比较细致地分析了文学创作过程，广泛论述了文学理论方面的许多重要问题。

唐代文学艺术繁荣，诗文评紧跟文学创作发展，陈子昂、杜甫、韩愈、白居易、司空图等运用不同的形式开展诗文评创作，基调是反对六朝绮靡文风，恢复风雅传统，晚唐诗文评逐渐转向探索艺术本身成就，具有一定的影响。宋金元时期，诗文得到了巨大的发展，理论界产生了阐述创作经验的小品文字，出现了诗话、词话等新的体裁。明清时期，诗文创作流派纷呈，此起彼伏，各领风骚。诗文流派的多样化，一方面体现在作品创作上，另一方面则体现在文学理论上，出现了数量众多的文论家和诗文评著述，加上明清时期著书及出版均较以前方便许多，所以保留下来的诗文评典籍也较多。

纵观古代诗文评文献，大致可以分为以下几类：一是重在理论探索的诗文评文献，如南朝梁刘勰《文心雕龙》的特点是理论性比较强，论述比较全面，它以文体发展为线索，在叙述文体演进过程中对历代作家做了评价。二是对作家进行等级分类的诗文评文献，如南朝梁钟嵘《诗品》近于一部五言诗发展史，重在品评历代五言诗诗人的高下等级，而且把历代五言诗歌创作的渊源归为国风、小雅和楚辞。三是研究创作技法的诗文评文献，如唐皎然《诗式》的特点是研究诗歌语言的格式技法，是诗格一类著作的代表。四是发掘文学作品背景的诗文评文献，如唐孟棨《本事诗》重在叙述引发诗歌创作的本事“故实”，有助于知人论世。五是小品化风格的诗文评文献，如唐欧阳修《六一诗话》和宋刘攽《中山诗话》等涉笔成趣，可以说是小说化、随笔化的诗文评。

【思考题】

1. 如何理解清人章学诚的“六经皆史”说？
2. 四部分类法确立后，有哪些古代学者试图改进？

第六讲

古代刻书

马克思在《机器、自然力和科学的应用》中说火药、指南针、印刷术“总的来说变成科学复兴的手段，变成对精神发展创造必要前提的最强大的杠杆”。培根在《新工具》中称赞“印刷术、火药、指南针这三种发明已经在世界范围内把事物的全部面貌和情况都改变了”。他们都对印刷术给予高度评价。雕版印刷术在中国发明不是偶然的，它是我们的先人在长期生产实践中积累起来的智慧和经验的结晶，是社会经济文化不断发展的产物。具体来说，远古时代陶器上面压印出来的花纹、殷商时代甲骨文的镌刻、战国时代印章的出现及各种石刻的制作等，都为雕版印刷的出现提供了借鉴。至于雕版印刷术的发明时间，学术界主要有东汉发明说、北齐发明说、隋代发明说、唐代发明说等，而前三种说法皆缺少实物印证，唐代发明说有确切的实物证明，因此，这里的古代雕版印刷问题就从唐代说起。

一、唐五代刻书

唐五代是刻书的早期时代，刻书品种遍涉儒经、日用、佛经和诗文等，为后世刻书的发展和繁荣奠定了良好的基础。

（一）唐代刻书

唐代国力强盛，经济和文化繁荣，尤其是继承了隋代的科举制度，社会上对文化知识的需求大大增加，这就为刻书的到来提供了良好的基础。

关于唐代刻书情况，有诸多史料记载。唐冯贽《云仙散录》（一名《云仙杂记》）称：“玄奘以回锋纸，印普贤像，施于四众，每岁五驮无余。”玄奘为唐初高僧，为传播佛教做出了多方面的探索，刊刻佛像是为了满足普通信众的需要。唐穆宗长庆四年（824），元稹《白氏长庆集序》曰：“乐天《秦中吟》《贺雨》《讽谕》《闲适》等篇……缮写模勒，衒卖于市井，或持之以交酒茗者，处处皆是。”下有一行小注：“扬越间多作书模勒乐天及予杂诗，卖于市肆之中也。”根据这行小注文字，可以推知中唐时期已经有文学作品刊刻售卖，这与白居易诗歌妇孺皆知的情况是吻合的。《册府元龟》载，太和九年（835）“剑南西川及淮南道皆以版印历日鬻于市。每岁司天台未奏颁下新历，其印已满天下”，说明民间雕印日历非常流行。咸通六年（865），在长安留学的日本学问僧宗睿回国，携带有“四川印子”标记的《唐韵》5卷、《玉篇》30卷，可知韵书雕印很早，是唐代近体诗创作繁荣的反映。今藏于大英图书馆印有“咸通九年四月十五日王玠为二亲敬造普施”字样的《金刚经》，是现存世界上最早有日期的印刷品。1944年，四川成都一座唐墓中发现的“成都府成都县龙池坊卞家印卖咒本”梵文《陀罗尼经咒》，为国内现存最早的印本。唐柳玭《柳氏家训·序》载：“中和三年（883）癸卯夏，銮舆在蜀之三年也。余为中书舍人，旬休，阅书重城之东南，其书多阴阳杂记、占梦、相宅、九宫五纬之流，又有字书、小学，率雕版印纸，浸染不可晓。”这说明成都一地刻书种类之多，远迈其他地区。

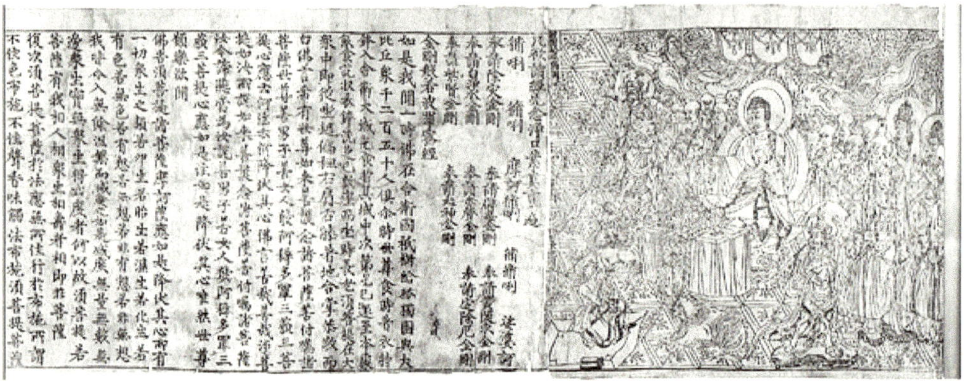

敦煌莫高窟出土《金刚经》残卷（今藏大英图书馆）

综观以上史料可知，唐代刻书多为日常用书，如日历、韵书、诗歌、阴阳占卜、佛经等，民间和寺院刻书较为流行，而官府刻书尚无记载，且刻书地区主要在四川和江南一带，属于刻书的初级阶段。

唐代虽发明了雕版印刷术，但雕版印刷的书籍流传下来的非常少见。今天所能见到的多为写本经卷，且多为卷子装，俗称“卷子本”，即用卷轴装订成的书籍，因唐以前写抄本均用长幅，抄成之后，形成一卷。明胡应麟《少室山房笔丛》云：“唐人写本存于今者皆为长卷，如手卷之装，收藏家谓之卷子本。”现存唐代最早的雕版印刷品为咸通九年（868）雕印的《金刚经》。这份卷子本的图和字雕刻得十分精美，浑朴凝重，可知雕版使用的早期，技术已经非常成熟。

（二）五代刻书

五代是中国历史上的大动荡、大分裂时期，朝代更迭，十国并存，各据一方，战争频繁。但有一个极为特殊的现象，就是雕版印刷术在五代时期得到了进一步的发展。明胡应麟《少室山房笔丛》云：“雕版印刷技艺肇始于隋，行于唐世，扩于五代，精于宋人。”与唐代零星刻书不同，五代开始出现大规模刻书活动。

儒家经典的刊刻是五代刻书的代表，这项工作始于后唐。《旧五代史·后唐明宗纪》载：“长兴三年（932）二月辛未，中书奏请，依石经文字刻九经印版，从之。”这项工程是宰相冯道提议的，后来扩大到《论语》《孝经》《尔雅》《经典释文》《五经文字》《九经字样》，经文用大字，注文用双行小字的版式，经过后唐、后晋、后汉、后周四代，历时22年，直到后周广顺三年（953）全部完成。这些书都是五代各国子监具体负责完成的，后世称为“五代监本”。这是儒家经典第一次开雕，也是古代官方雕版刻书之始。在中原地区刊刻儒家经典之时，偏安西南一隅的后蜀也有刊刻《九经》之举。后蜀广政十六年（953），宰相毋昭裔奏请蜀主镂版雕印《九经》，蜀主从之，所印之书主要颁给所属郡县。其后，后蜀为北宋所灭，这批雕版被宋军一并运到汴京。

五代佛教刻书继唐代之后继续发展。在这个战乱和分离的时期，佛教信仰更为流行，统治阶级和佛教信徒都大力提倡刻印书籍。如敦煌石窟中发现了不少五代时期的佛像印刷品，包括《大圣毗沙门天王像》《大慈大悲救苦观世音菩萨像》《圣观白衣菩萨像》《大圣文殊师利菩萨像》《千佛像》等，透过这些印刷品，可以窥见五代时期雕印技术的提高与进步。吴越王钱俶于后周显德三年（956）、北宋乾德三年（965）和北宋开宝八年（975），刻印《一切如来心秘密全身舍利宝箧印陀罗尼经》84 000卷，这是五代佛经的刊刻情况。

私家刻书方面，士大夫阶层非常活跃。前蜀僧人昙域编纂师父贯休诗稿，题名《禅月集》，并亲自主持雕印，这是助他人刻书；而后梁和凝则将文集雕版印刷数百册，一一赠送友人，这是刻自己的书。后晋石敬瑭曾命人刻印老子《道德经》等。此外，五代私家还刻印了老子《道德经》、刘知几《史通》、徐陵《玉台新咏》、徐寅《斩蛇剑赋》《人生几何赋》等，由于时代久远，刊刻的情况难以具知。

五代时期，成都和杭州成为两大刻书基地，诞生了一批具有高超技艺的刻印名匠，敦煌、金陵、闽南等地紧随其后，尤其是福建已经出现私家书坊。五代刻本留存下来的极少，国内仅存文殊师利菩萨像一张，分上下两栏，上栏镌菩萨像，下栏镌“五字心真言”共52字。总的来看，五代在中国历史上只有短短50余年，却在古代刻书史上占有重要的地位，上承唐代，下启宋代，并开创了官方组织大规模雕版印刷儒家经典的先例。五代刻书，文字上保持唐人写经的风格，雕镌手法朴素，并精心校勘，对后世的刻书产生了较大的影响。

二、宋代刻书

宋朝统治者十分清楚“王者虽以武功克敌，终须以文德致治”（《宋朝事实》）的道理，因此，历代帝王都大力发展文化事业。宋代经济繁荣，文化发达，技术成熟，为刻书事业的发展臻于极盛提供了适宜的环境。作为中国雕版印刷史上的黄金时代，宋代雕版印刷事业是在五代奠定的基础上继续发展的。中央政府继续刻印图书，除国子监承刻以外，其他政府部门和地方官府都刻书、印书，全面开展了政府刻书事业，私家和坊肆刻书也有了进一步的发展，形成了官、私、坊刻书系统的庞大网络。

（一）国子监刻书

继五代之后，宋朝政府刻书仍由国子监负责，国子监既是最高学府、国家的教育管理机构，又是国家的刻书中心，其所刻书称“监本”。《玉海》卷二六“景德龙图阁阅太宗御书”条：“凡亡缺之书，搜求备至……国学馆阁经史未有板者悉令刊。”国子监最初以五代遗留的版片直接刷印，继之补刻或重刻。刻书数量之多、内容之广，大大超过了五代，可谓经、史、子、集四部皆备，尤以经书、史书、医书、类书居多。最难能可贵的是，一批大型典籍如《初学记》《白氏六帖事类集》《昭明文选》及“宋四大书”等，都在国子监刊刻流传。

国子监刻书在时间上距古不远，大多属于从写本向刻本初次转换，因而能够基本保留典籍的“原貌”。国子监中有众多饱学之士从事典籍校勘，因而所刻书讹误较少，在手写上版时也请书法名家，这样，监本大多具有很高的艺术价值。

国子监刻书对文化发展起到了巨大的推动作用。一般来说，国子监刻书主要用途有三：一是供朝廷赏赐之用。如太平兴国二年（977），江州白鹿洞书院生徒缺少可读之书，知州向宋廷禀奏，宋太宗闻之，赏赐《九经》印本，大大满足了数千名生徒的需求；太宗淳化元年（990）、咸平四年（1001），岳麓书院山长也向朝廷求援，朝廷遂以《九经义疏》《史记》《玉篇》《唐韵》等赏赐。二是为士子读书提供范本。国子监所刻典籍质量高、讹误少，对于读书人来说是最好的版本。《宋史·职官志》载，宋廷的太学、武学、律学、算学、医学等，其所用教材，大多为国子监所刻，而科举所用之书，更以国子监刊刻为标准。三是用于文化普及和民众购买。宋代城市经济繁荣，国子监还用小字体刊刻了医书、小学书等日常用书，大量刷印，目的是降低成本，便于民众购买，满足市民阶层的文化需求。国子监还对部分典籍多次雕印，如《汉书》就在淳化、景德和宣和年间三次开雕，民众就可以随时购得此书，非常方便。

靖康之变，国子监刻书事业受到严重摧残，书籍版片大多被掠劫，损失巨大。宋廷南迁后，朝廷在崇尚儒术、培养人才方面同样投入了很多精力和财力。南宋国子监虽然有一定程度的衰微，但是仍努力刊刻群经。南宋国子监虽然搜寻了一些北宋旧监本的书籍，但是无力重雕，只好下令临安府及两浙、两淮、江东等地方政府部门刻版，然后送归国子监。即便如此，也只刻印了“九经”白文、“十三经”古注、“十二经”正文，以及一部分正史和《资治通鉴》等。

宋代国子监刻书带动了中央的其他部门刻书，如崇文院、秘书监、太史局、德寿殿、左廊司局等都开始刻印与本部门职权相关的书籍。但是，这类官刻书无论是质量还是数量，都无法和国子监刻书相比。

（二）地方官府刻书

宋代除了中央官府刻书，各地方官府也积极从事书籍的雕版印刷工作，所刻典籍饶有特色。

一是公使库刻书。宋初，朝廷对中央和地方官制进行了重大改革，人员经常调动，地方公使库应运而生。公使库除了接待各级来往官吏做短暂安寓，还用作收贮公使钱的仓库，并兼营商业，财力较为雄厚。此外，往来客寓的多为文官，附庸风雅者不在少数，有的公使库下设“印书局”负责刻书事业，以此赚取厚利，后人就把公使库所刻或者用公使库钱刻印的图书称为“公使库本”。两宋间，公使库刻书十分普遍，如元符元年（1098）苏州公使库刻朱长文《吴郡图经续记》3卷，宣和四年（1122）吉州公使库刻欧阳文忠《六一居士集》50卷、续刻50卷，《司马温公集》旧抄本卷末题记有“泉州公使库印书局淳熙十年（1183）正月内印造到”，等等，不胜枚举。

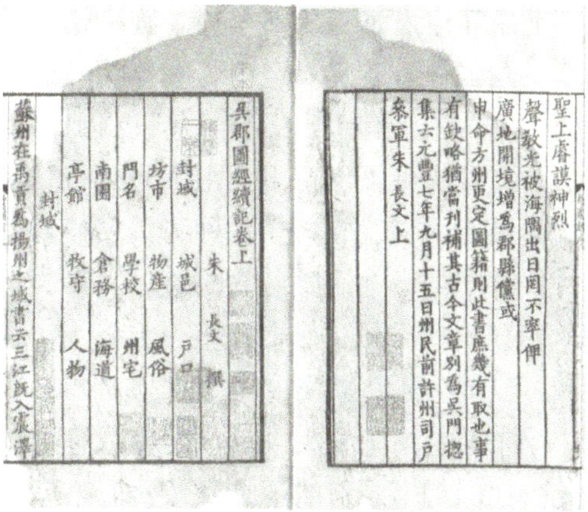
聖上睿謨神烈
聲敎光被海隅出日罔不率俾
廣地開境增為郡縣儀式
申命方州更定圖籍則此書庶幾有取也事
有缺略猶當刊補其古今文章別為吳門總
集云元豐七年九月十五日州民前許州司戶
參軍朱長文上

吳郡圖經續記卷上
朱長文撰
封域　城邑　戶口
坊市　物產　風俗
門名　學校　州宅
南園　倉務　海道
亭館　牧守　人物
封域
蘇州在禹貢爲揚州之域書云三江既入震澤

宋刻本《吴郡图经续记》书影

二是各路使司刻书。除公使库刻书外，宋朝在各路设置茶盐司、安抚司、转运司、提刑司等机构，主管茶盐专卖、民政、水路转运、财政税收、提点刑狱诉讼等事务。这些机构掌握着各地的政治经济命脉，有较雄厚的力量和条件，也竞相从事刻书和印书工作。以转运司为例，该机构掌管一路的财政赋税，有余钱刻印大量图书，所刻书籍世称“转运司本”或“漕司本”，如南宋建康府境内转运司刻有《后汉书注》。

三是各州（府、县）衙署刻书。作为宋代的地方行政机构，这些府、州衙署，有条件的也都刻书和印书。例如，北宋江宁府于嘉祐三年至四年（1058—1059）初刻《建康实录》20卷；杭州路在元祐元年（1086）刻《资治通鉴》294卷；而《景定建康志》记载，南宋建康府所刻典籍68种，共12 924版。

四是州（府、军、县）学刻书。宋代教育事业发达，全国各州、府、军、县都设立学校，称州学、府学、军学、县学，是教书育人的重要基地。这些学校由具有较高学艺水平之人主持，又具备一定的学田财力，所以能够大量刻印书籍。例如，南宋乾道二年（1166），扬州州学刻沈括《梦溪笔谈》26卷；南宋嘉定五年（1212），吴郡学舍刻《吕祖谦大事记》12卷、《通释》3卷、《解题》12卷；等等。

（三）坊肆刻书

坊肆也称书林、书肆、书堂、书棚、书铺、书籍铺、经籍铺等，是商人刻书售卖以营利的店铺，所刻书即坊刻书。坊刻书起源很早，早在唐代坊肆刻书就十分兴盛，入宋后更为普遍。

南宋罗璧《罗氏识遗》载：“宋兴，治平以前，犹禁擅镌，必须申请国子监，熙宁后方尽驰此禁。”此后，民间坊刻风起云涌，刻书事业得到了突飞猛进的发展，坊肆刻书遍布全国各地，特别是浙江、福建、江西、四川等几个主要地区，坊肆刻书十分活跃，有些甚至几代人传承刻书卖书事业。北宋开封城内，“州桥西大街”“相国寺资圣门前”“寺东门大街”等处皆刻书发售，吸引了众多文人到此玩赏、购书。南宋时，坊刻主要集中在临安（今杭州），最著名者有陈宅书籍铺、陈解元书籍铺、尹家书籍铺、荣六郎经史书籍铺等。其中，临安府陈氏书籍铺不止一家，其所刻书可视为宋代坊刻书的代表。陈氏刻书中，又以陈起父子最为知名，他们刻印的唐宋文集和笔记小说有近百种之多。此外，福建也是坊刻的重地，建宁和建安两地书铺林立，可考知的有建宁府黄三八郎书铺、陈八郎书铺，建安余仁仲万卷堂等。其中，最著名的是建安余仁仲万卷堂，经营刻书年代久远，世代相传，直至元、明仍以刻书为业，传世的宋刻本中，有余氏绍熙二年（1191）刻汉何休《春秋公羊经传解诂》12 卷。

与官府刻正经正史为主不同，书肆除了出版经史百家和唐宋名人诗文，还编印科场需要的字书、韵书、各种工具书，以及市民阶层日常所用的医书、历书、佛经、百科读本和都市生活所需的曲谱、唱本、平话小说等，涵盖范围非常广泛，与官刻图书形成有效的互利互补之势。

（四）私家刻书

宋朝是中国士大夫时代的典范时期，文人地位得到空前提高，从事刻书者不乏其人，他们刻书的目的不是赚钱，而是另有深意。一是为了提高名誉和声望，提升家族的地位。例如，岳飞冤案平反后，子岳霖开始收集整理关于岳飞的各种文献资料，惜未成而没，子岳珂继续其事，将收集到的各种资料编成《鄂国金佗粹编》28 卷，在嘉兴府付梓印行，之后又将续得资料编为《鄂国金佗续编》30 卷，在镇江府刻印。《乾隆震泽县志》卷二十也有相关记载：“（王楙）子德文，字周卿，克世其学，尝刻《丛书》成，焚之墓，见者无不咸涕。”宋人王德文刻父亲王楙《野客丛书》成，焚于父亲坟前，以之告慰父亲的在天之灵。二是为了不使古籍佚失，为后世留下学习的范本。如南宋尤袤一生宦游各地，每到一地便收集典籍，致力刻书，所刻典籍有数十种，用料不惜工本，并仔细校勘，刊印精美，质量上乘，成为传统版本学的典范。通过刻书来传播著述，交游论学，抒发个人情趣，这是尤袤致力刻书的伟大情怀。

清人叶德辉《书林清话》收录宋代私家刻书 32 家，其中尤以岳珂相台家塾、廖莹中世彩堂、广都费氏进修堂、吴兴施元之坐啸斋、建安黄善夫宗仁家塾、建安魏仲举家塾和眉山程舍人宅诸家为最。宋代私刻本流传后世者诸多，而以岳珂相台家塾刻本《相台五经》《九经三传》、廖莹中世彩堂咸淳年间刻本《韩柳文集》、广都费氏进修堂刻本《资治通鉴》、建安黄善夫宗仁家塾刻本《史记正义》《汉书》、建安魏仲举家塾刻本《新刊五百家注音辨昌黎先生文集》《新刊五百家注音辨柳先生文集》、眉山程舍人宅刻本《东都事略》等最为著名。

在刻书风格上，北宋质朴，南宋挺秀，字体多仿欧阳修、颜真卿体。所印各书往往成为后世刻本的依据。由于宋本的选本、刻印均十分精良，因此宋本一直为后世读书人和藏书家所珍爱，也为研究人员所重视。尽管宋代刻印了大量书籍，但由于年代久远，遭战火毁坏，留存至今的宋刻本已经不多了，北宋本尤其稀少。现今收藏宋刻本最多的是首都图书馆、北京大学图书馆、南京图书馆、上海图书馆等国家收藏机构，民间或许还有一些，但为数已经很少了。

宋版书极受当时和后世藏书家的重视，在宋代就出现了许多藏书家。后世藏书家也总以拥有宋版书而自得，清末浙江吴兴陆心源收藏 200 种宋刻书，就极言其收藏之富，特地将藏书楼取名为“皕宋楼”。

被后人公认为珍本的宋版书，其所以珍贵，原因有二：其一，由于宋版书是我国历史上早期的刻本，它最接近原著的时代，所以也是许多书的祖本，是研究历史和其他学科的早期版本依据。其二，两宋时代，我国雕版印刷术达到了艺术的高峰。单就刻书而言，它的精致和认真是空前绝后的。宋代以后直至今日，我国的刻书艺术都无法达到那个时代风格的艺术境界。它的刊刻艺术是后世的楷模，同时对后世的书籍制度有巨大的影响。

宋代刻书的特点是：北宋刻本字大，疏朗悦目，字体浑朴厚重，有欧柳颜体的笔意。版心中缝无线，即所谓白口。版心上栏通常有本页字数；中栏记书名、卷次、页码；下栏有刻工姓名。南宋刻本字体逐渐变为秀劲圆活，行款也渐细密，小字刻本增多。版心上下留有黑牌，有时用阴文刻有字数或刻工姓名（黑底白字），这就是黑口。

宋代是我国雕版印刷术的黄金时代，两宋三百余年间刻书之多，地域之广，规模之大，版印之精，流通之宽，都堪称前所未有，后世楷模。

三、元代刻书

蒙古族是游牧民族，在统一战争中深刻认识到百工的重要性，因而大军所到之处，刻意保护各类工匠，刻书工也在保护之列。实现了大一统，元代统治者逐渐接受汉族文化传统，尊孔崇儒，兴学办教，维护统治，同时在大都立国子学，各路、府、州、县遍设儒学及书院，这就催生了对图书的大量需求。元代从中央到地方，既有官府刻书，又有书院刻书和坊肆刻书，形成了发达的刻书网络，刻书事业沿着宋人开辟的道路继续向前。

（一）官府刻书

元代统治者对刻书和印书非常注重，早在入主中原之前，就兴办官方刻书机构。蒙古太宗八年（1236）成立编修所，在平阳设立经籍所，编辑、印刷经史书籍。统一中国后，元朝在政权组织上承袭宋金，并根据情势稍作调整，反映在官方刻书机构与管理上，则十分严整。元代官府刻书具有以下几方面的特点。

一是最高统治者亲自统领刻书工作。有两类书尤其受到帝王的关注：一类是元代帝王特别感兴趣的经史著作。例如，《元史》载，大德年间，中书左丞孛罗铁木儿将译为蒙文的《孝经》进上，后来元武宗诏谕：“此乃孔子微言，自王公达于庶民，皆当由是而行。命中书省刻板模印，诸王而下皆赐之。”而元仁宗喜读《大学衍义》，认为治理天下仅此一书足矣，遂命人将该书与《图像孝经》《列女传》同时刊印。另一类是有助于农业生产的书。元人从游牧转变到农耕，急需向百姓普及农桑技术，延祐五年（1318），大司农苗好谦撰《栽桑图说》，元仁宗非常赞赏，认为有助于农业发展，敕令刊印千部，广散民间。泰定二年（1325），元朝还曾刻印《救荒活民书》，颁行各州县。这类书籍大部分是蒙文版本，十分珍贵，可惜失传较多。

二是中央官府刻书机构多，所刻典籍实用性强。《元史》载：“至元二十七年（1290），立兴文署，召工刻经、史、子板，以《资治通鉴》为起端。”兴文署属于秘书监，主要负责刻书工作，而朝廷先刻《资治通鉴》，则反映出统治者急于借鉴汉人治乱兴衰的历史经验。朝廷的其他刻书机构有艺文监的广成局、太史院的印历局、太医院的广惠局和医学提举司等。其中，广成局主要刊刻元代历朝皇帝的圣训，但是也没有实物流传下来；太史院专掌天文历书，设有印历局，专管历书的印制；太医院于大德四年（1300）刻过医书《圣济总录》；等等。元代官方刻书由政府拨款出资，因而不惜工费，择用良工，所用纸墨上等，品相精美。

三是中央官府和地方官府合作完成刻书任务。除了前述各中央官府亲自刻书，元朝中书省还把刻书任务下达给各地行中书省，各路儒学、书院、郡庠、郡学和儒司等。例如，江东建康道肃政廉访司副使伯都提议各路儒学协助刊刻十七史，各路刊刻情况是：大德九年（1305），太平路儒学刻印《汉书》120 卷，宁国路儒学刻印《后汉书注》90 卷、《志注补》30 卷，瑞州路儒学刻印《隋书》85 卷，建康路儒学刻印《新唐书》225 卷、《晋书》130 卷、《新五代史》74 卷；大德十年（1306），池州路儒学刻印《三国志》65 卷，信州路儒学刻印《北史》100 卷、《南史》80 卷等。

（二）书院刻书

元军征战过程中，对各地书院实行保护政策，对师儒、山长给予礼遇，对书院生徒关爱有加。元朝还主动鼓励私人创建书院，专门给书院拨付学田，对书院育人和文化发展具有重要的促进作用。各地书院除了讲授经典、祭祀先贤和培育后进，还进行频繁的刻书活动，刻印了大量高质量的图书。这是因为各书院的山长大多为名儒，对经典十分熟悉，且精于校勘、版本、目录之学，人文素养较高；而书院向来典藏丰富的图书，用作刻书底本非常方便；此外，书院刻书针对性强，就是为满足书院师生读书所需。针对书院刻书的优势和特点，清人顾炎武总结说：“闻之宋元刻书，皆在书院。山长主之，通儒订之，学者则互相易而传布之。故书院之刻有三善焉：山长无事而勤于校雠，一也；不惜费而工精，二也；板不贮官而易印行，三也。”（《日知录》）

今人陈矩弘《元代书院刻书事业述略》一文，对元代书院刻书情况做了统计，有元一代 51 家书院共刊刻图书 159 种，所刻图书可以分为三类：一是书院教学所需名家读本，如（后）至元年间（1335—1340），永泽书院刻何晏《论语集解》10 卷和朱熹《论语或问》2 卷。二是历代先儒大师的巨著和本院山长等人的名作，如大德年间（1297—1307），中溪书院刻朱熹《周易本义》附录集注 11 卷。三是各种体裁的史书，如大德十一年（1307），临汝书院刻杜佑《通典》200 卷。这些书籍大多是书院所立的课程。需要说明的是，元代书院以传授朱熹理学思想为主，有关儒家经典及阐述、解释经典要义的书籍成为书院生徒必读之书，因而刻印较多。当然，书院也不是一味地刊刻经史类，也有刊刻文学类的。例如，大德三年（1299），广信书院刻辛弃疾《稼轩长短句》12 卷；至正八年（1348），建阳书院刻《千家注分类杜工部集》25 卷。

有了大量的自刻图书，元代书院的教学工作得到了极大的保证，书院把自刻典籍赠送或者售卖到社会上，也对元代的文化教育事业起到了很大的推动作用。同时，书院刻书的高质量，奠定了书院在元代出版史上的重要地位。

（三）坊肆刻书

叶德辉《书林清话》载：“元时书坊所刻之书，较之宋刻尤夥，盖世愈近则传本多，利愈厚则业者众。”在官府和书院刻书成就斐然的同时，元代坊肆刻书一样兴旺。元代坊肆刻书在地区分布上，打破了南方独大的局面，南北各地皆有书肆从事刻书。

元朝定鼎之前，大都（今北京）就有私家刻书活动，统一政权建立后，私宅和坊肆刻书更加蓬勃地开展起来。平水（今临汾）是元代北方另一个刻书中心，蒙古太宗八年（1236），经籍所设立于此，对平阳私刻事业的发展也起到了一定的促进作用，当时较为著名的书肆有曹氏进德斋、平水许宅、尊贤堂、晦明轩、中和轩等。平水书坊除刊刻经史典籍以外，医书、类书和诗文集也多有刊刻，且质量上乘，受到后世藏书家的追捧。

元代南方坊肆刻书主要分布在金陵、苏州、扬州、杭州、建阳等地，而尤以建阳最具代表性。元代，建阳书坊可考者有近 40 家，知名者有余氏勤有堂、刘氏翠岩精舍、刘氏日新堂、虞氏务本堂、郑氏宗文堂等。例如，余氏勤有堂刻书始自南宋，至元朝仍为当地刻书翘楚，其所刻书现在可考者有 20 种左右，四部皆备，其中《集千家注分类杜工部诗》《国朝名臣》等，印刷精良，影响较大。

据日本学者长泽规矩也《元朝私刻本表》统计，有元一代，坊肆（含私宅）有 118 家，刻印图书 232 部，当然这仅是一斑，而非全豹。与官府和书院刻书不同，元代坊肆刻书的主要目的是营利，因此刻书种类主要有医书、科举用书、日用类书和通俗文学作品等。从刻书质量来说，坊肆刻书水平参差不一，建阳麻沙刻本多受诟病，这是书坊主片面逐利的结果。但是，也有质量上乘者，如罗振玉影印《云窗丛刊》时，就把元代建阳刘氏日新堂至元六年（1340）所刻虞集《伯生诗续编》作为底本；而平水坊刻本《刘知远诸宫调》残存 5 卷，是今天研究金元时民间诸宫调说唱仅存的几种诸宫调之一，文献价值极高。

总的来说，元代刻书十分精善，字体风格大多模仿赵孟頫书法，元人不避讳，元刻本自然也不避讳。在数量上，元代刻书远超前代，据清人钱大昕《补元史艺文志》统计，元代刻印流通的图书，经部有 804 种，史部有 477 种，子部有 763 种，集部有 1 098 种。

拓展阅读

从毕昇到王祯的古代活字印刷

宋代庆历中期，湖北黄冈人毕昇发明了胶泥活字印刷术。这项重要的发明被有名的科学家杭州人沈括在《梦溪笔谈》中记录了下来：

庆历中有布衣毕昇又为活板。其法用胶泥刻字，薄如钱唇，每字为一印，火烧令坚。先设一铁板，其上以松脂腊和纸灰之类冒之。欲印，则以一铁范置铁板上，乃密布字印，满铁范为一板，持就火炀之，药稍熔，则以一平板按其面，则字平如砥。若止印三二本未为简易，若印数十百千本，则极为神速。常作二铁板，一板印刷，一板已自布字，此印者才毕，则第二板已具，更互用之，瞬息可就。每一字皆有数印，如“之”、“也”等字，每字有二十余印，以备一板内有重复者。……昇死，其印为予群从所得，至今保藏。保，一作宝。藏字下或有“之”字。

毕昇的这项发明是我国最早的活字印刷术，在刻书史上具有重要的意义，其价值竟没有被时人充分认识，虽有人推广但仍不被广泛利用。直到元人王祯发明了木活字，活字印刷术才有实物留存后世。

王祯，字伯善，山东东平人，曾做过两任县官。在安徽旌德县尹任内，他经常教导农民合理耕作和改良落后的农具，并撰写《农书》用于指导农业生产。他曾对毕昇发明的胶泥活字印刷术进行改进，经过多次试验，终于创造出用木活字印刷的巧便之法，并进一步创制了转轮排字盘。他及时总结木活字印刷的实践经验，撰写了《造活字印书法》《写韵刻字法》《作盔安字法》《活字板韵轮图取字法》等，附在《农书》里，是印刷史上珍贵的文献。其中，《造活字印书法》包括写韵刻字法、锼字修字法、作盔嵌字法、造轮法、取字法、作盔安字刷印法等工序，讲解十分详细，便于操作。

王祯创造的木活字印刷术，是将雕版印刷和活字印刷结合的产物，且在此基础上进行了改进，把雕版印刷的清晰和活字印刷的灵便两方面的优点结合在一起，大大提高了古代印刷术的质量和速度，对文化发展和传播做出了巨大的贡献。

（参见张秀民著《中国印刷史》，上海人民出版社 1989 年版）

四、明代刻书

朱元璋推翻元朝的统治以后，建立了明朝。明朝统治者很重视前代遗留下来的书籍印版，将其全部集中于西湖书院，又刻了新版，印了不少书籍，后将书版全数运往金陵（今南京），保存在国子监内。明代刻书，沿袭宋元的传统，有官刻、私刻和坊刻。官刻本以经史典籍为主；私刻本以名家诗文为主；坊刻本除了经史读本和诗文，还有小说、戏曲、酬世便览、百科大全之类的民间读物。明代印书颇多，是我国古代印刷业和印刷技术发展的高峰时期。

（一）官府刻书

官府刻书是明代刻书的主流，各部院、都察院等机构也都刻书，但以内府和国子监刻书最具代表性。

内府刻书主要由司礼监负责。朱元璋对历史上宦官干政深恶痛绝，登基后严令禁止太监读书识字，以免皇权受到侵蚀。但是，朱棣即位后，出于政治斗争需要，赋予宦官极大的权力，司礼监一跃成为内衙之首。司礼监下设刻印图书的经厂，包括刻印传统经、史、子、集四部书籍的汉经厂，刻印佛经的番经厂和刻印道藏的道经厂等，它们所刻图书称为“经厂本”。

汉经厂刻书大致可以分为三类：一是为巩固统治而刊刻明代帝王“制书”，主要有《皇明祖训》《大诰》《大明律》《大明令》《御制文集》《为善阴骘》《孝顺事实》《内训》等。二是为加强对读书人的思想控制而刊刻大量考试用书，主要有《四书大全》《五经大全》《性理大全》等。三是为帮助太监和宫女提高文化水平而刊刻大量蒙学类图书，有《百家姓》《千字文》《孝经》《大学》《中庸》《论语》《孟子》，又专为宫内妇女刻《女训》《女诫》《内训》等读物。此外，番经厂刻有《佛藏经》《番藏经》，道经厂刻有《道藏经》。

明代宦官刘若愚《酌中志》一书，对内府刻书做了记载，所载书目 150 余种（一作 170 种），加上明周弘祖《古今书刻》所载内府书 83 种，两者除去重复，可知司礼监刻书当在 200 种左右。司礼监刻书具有经费充足的优势，刻书不惜花费，因而经厂本具有版式宽大、行格疏朗、字迹清晰、装订考究等优点。但是，由于主持其事者文化水平有限，经厂本不可避免地存在校勘不精、讹误较多等不足。

明成祖迁都北京，旧都南京也有六部和国子监，这样明代就有北京、南京两个国子监，简称南监、北监。南、北国子监都接受宋元遗版，继续重刻或新刻图书。相较于其他刻书机构，国子监有三大优势：一是作为全国最高学府，国子监人才荟萃，为刻书提供了雄厚的学术实力，许多著名学者参与刻书工作，提高了图书的质量；二是国子监有大量藏书，不仅为刻书提供了底本，还为校勘提供了佐证；三是国子监经费来源多，刻书所需要的大量资金有了保障。

具体到刻书，南监在明初接受了大量宋元版片，还从各地收集了不少版片，因而南监刻书主要是修补前朝版片后刷印，当然也有部分是新刻的。周弘祖《古今书刻》著录南监刻书约 270 种，实际刻书量要远远超过这个数字。北监刻书多以南监本为底本，但数量不及南监多，所刻典籍中，最具代表性的是《十三经注疏》《二十一史》，成化《国子监通志》卷九载有北监书版 47 种，当然，这也不是全部书目。虽然两监刻书具备很多优势，刻书数量也多，但是总的来说质量不尽如人意，讹误、错乱很多，为后人诟病。

（二）藩府刻书

明代藩府是历代政治制度中最为特殊的一种。明初各地藩王集政治、军事大权于一身，而永乐始，他们游离于政治之外，成为一帮不折不扣的“闲人”。因为藩王是皇家宗室，待遇十分优厚，加上明代提倡藩王读经、诵经、习文、昌艺，所以宗室普遍文化水平很高。又因为他们不能参加科举，所以大多数人从事各种文艺活动，其中也进行刻书。

藩府刻书有几方面的优势：一是藩府中有大量藏书，经常收到朝廷赏赐的典籍，其中不乏宋元善本、珍稀古本，为刻书提供来源；二是藩府官属中设有长史、纪善、伴读、教授等职，相当于藩王的秘书与教员，其中不少是著名学者，刊书时他们又多任校对工作，因此藩府刻书有较好的编校人员；三是藩府衣食无忧，朝廷给予了优厚的待遇，他们在刻书上往往不惜花费。

藩府刻书始于洪武末年，以嘉靖、万历两朝最盛，刻出了大量精品图书。根据《中国古籍善本书目》著录，诸藩所刻精品图书有：秦藩刻《史记》、晋藩刻《文选》《初学记》《唐文粹》《宋文鉴》《元文类》、周藩刻《普济方》《太上老子道德经》、鲁藩刻《文心雕龙》、蜀藩刻《通鉴纲目全书》、辽藩刻《元诗体要》、宁藩刻《海琼玉蟾先生文集》、沈藩刻《五音琴谱》、唐藩刻《文选》、伊藩刻《四书集注》、德藩刻《前汉书》、崇藩刻《贞观政要》、吉藩刻《四书集注》、徽藩刻《词林摘艳》、益藩刻《盛明十二家诗选》、衡藩刻《洪武正韵》《急救良方》、荣藩刻《灵棋经》、潞藩刻《古今宗藩懿行考》等。

藩府刻书一般都是镂版精良，校核认真，纸墨俱佳，底本上乘，莫不精善，世称“藩府本”，是明代版刻的珍品。

（三）私家刻书

与坊刻以营利为目的不同，私家刻书的目的是保存典籍、传承文化、嘉惠后学。明代私家刻书事业在继承元代私家刻书的基础上，取得了进一步的重要成就。

明代私家刻书者多为文人或学者型藏书家，他们一般为官致仕后，读书治学，饶有余财，则从事刻书大业。那些不曾做官的学者，往往凭借家族积累的财富，终生与书打交道，藏书、著书、刻书……乐此不疲。他们所刻图书种类，以经史为主，目的在于培养后人，其次是医书、地理志和金石图考等，这些则与日用和自己的读书治学有关。更有部分私人刻书家，凭借雄厚的家产，刻印总集、类书和丛书等大型典籍。例如，万历二年（1574），常熟周光宙等以活字印行《太平御览》1 000 卷；正德十二年至嘉靖十年（1517—1531），吴县顾元庆刻《阳山顾氏文房小说》40 种 58 卷；等等。

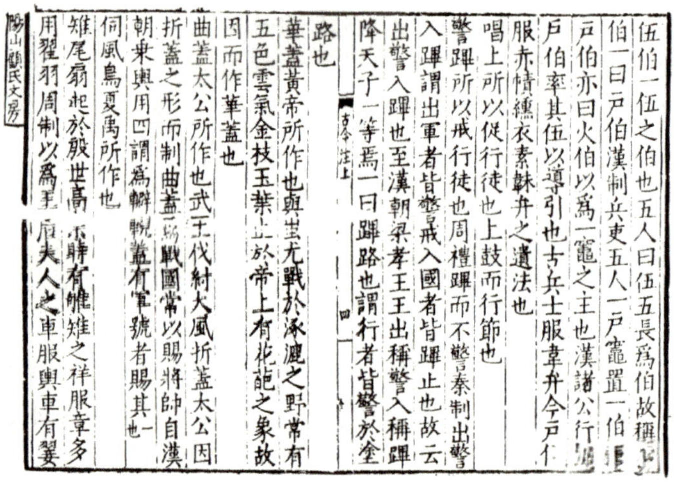
伍伯一伍之伯也五人曰伍五長爲伯故稱
伯一曰戶伯漢制兵吏五人一戶竈置一伯
戶伯亦曰火伯以爲一竈之主也漢諸公行
戶伯率其伍以導引也古兵士服韋弁今戶
服赤幘纁衣素韎弁之遺法也
唱上所以促行徒也上鼓而行節也
警蹕所以戒行徒也周禮蹕而不警秦制出警
入蹕謂出軍者皆警戒入國者皆蹕止也故云
出警入蹕也至漢朝梁孝王王出稱警入稱蹕
降天子一等焉一曰蹕路也謂行者皆警於塗
古今注上　四
路也
華蓋黃帝所作也與蚩尤戰於涿鹿之野常有
五色雲氣金枝玉葉止於帝上有花葩之象故
因而作華蓋也
曲蓋太公所作也武王伐紂大風折蓋太公因
折蓋之形而制曲蓋焉戰國常以賜將帥自漢
朝乘輿用四謂爲[illegible]蓋有軍號者賜其一也
伺風鳥夏禹所作也
雉尾扇起於殷世高宗時有雊雉之祥服章多
用翟羽周制以爲王后夫人之車服輿車有翣
陽山顧氏文房

明刻本《阳山顾氏文房小说》书影

私家刻书以非营利为目的，主其事者既有余财，更有学识，眼界较高，因而在典籍的选择、图书的校勘方面有先天优势。在刻书质量上，明代私家刻书往往不惜花费，力求尽善尽美，目的是给后世留下宝贵的文化财富，这方面表现在翻宋本上，工艺上精益求精，几可乱真。当然，明代私家刻书之所以在工艺上十分纯熟，与他们重金聘请专业的刻工有关系。例如，一批徽州籍黄姓刻工，一直活跃在江南一带。南京、杭州、苏州、常州等地的大家族，争相聘请他们刻书。这些人被称为“雕龙手”，所刻图书领一时风气。

在江南地区，明代私家刻书还有一个突出的现象，即家族成员皆从事之，或兄弟共同刻书，或祖孙几代持续其事，如苏州吴县黄氏家族（黄鲁曾、黄贯曾和黄省曾兄弟）、袁氏家族（袁表、袁褧、袁褒和袁袠四兄弟及堂兄袁衮、袁裘等）等。这些刻书家族在古代刻书史上都具有重要的地位。

（四）坊肆刻书

明代坊肆十分发达，分布地区广泛。其中，福建建阳书坊，历史十分悠久，宋元时期这里的坊刻已经名满天下；金陵书坊主要集中在三山街，数量多，刻印精；北京书坊主要分布在正阳门、琉璃厂一带，所刻典籍为一时精品；杭州书坊也是历史传承久远，刻书行销天下；徽州书坊异军突起，坊主既在本地刻书，也在各地开设书肆，影响很大；苏州书坊主要集中在阊门一带，形成了规模庞大的产业。

书坊刻书能够紧跟阅读需要，及时调整刻书策略，从而在市场竞争中立于不败之地。各家主要做法：一是精心策划选题。各书坊对图书市场的行情非常关注，刻书选题很有针对性。大致而言，他们所刻图书主要集中在科举用书、日用之书、雅士收藏用书等方面。二是重视与文人合作。书坊密切联系文人，力争在第一时间刊刻新成果，如冯梦龙编选和创作话本小说，拟以“古今小说一刻”“二刻”“三刻”的顺序分批问世，苏州和金陵两地的书坊得知后，纷纷联系冯氏谈合作刊刻计划，最后以《喻世明言》《警世通言》《醒世恒言》之名刊刻出版。三是聘请绘画高手。书坊主不惜重金聘请绘画能手给图书绘制精美的插图，明代坊刻本插图多有创新之作，尤其是在小说刊刻中大量使用，深受读者的欢迎，从而推动了书坊刊刻从经史向小说扩展。

明代书坊喜欢在名号前冠以地名或堂号，如南京坊刻喜欢冠“金陵”“秣陵”“三山街书林”“山书坊”字样，而苏州坊刻常常冠以“金阊”名号。书坊所刻印的书籍涉及经、史、地志、文集、医药、小说、戏曲等多个门类，内容极其丰富，十分畅销，而以戏曲、小说的刻印为主流，流传至今的明代著名戏剧和小说作品皆在此地刊刻。大致而言，明代坊刻图书取得了以下几方面的成就：一是刊刻质量上乘。例如金陵唐氏富春堂刻书，在版框四周有花纹图案，称为“花栏”，打破了宋元以来传统的单边双边的单调格局。二是复古之风大盛。明代中期以后，前后“七子”在文坛大倡复古运动，风靡一时，各地书坊受此影响，翻刻宋元图书成为一种风潮。三是流行刻印文学作品。随着小说、戏曲创作的繁荣，以及市民阶层的出现，明代坊刻对文学作品的刊刻迎来了黄金时期，《封神演义》《醒世恒言》等书一版再版，供不应求。四是套印技术发展快。对套印技术做出突出贡献的是明代后期的胡正言，他所采用的“饾版”“拱花”印刷新工艺，将我国古代印刷技术提高到一个新的水平。所谓“饾版”印刷，就是按照彩色绘画原稿的用色情况，经过勾描和分版，将每一种颜色都雕一块版，然后逐色套印，最后完成一件与原作相差不大的彩色印刷品。“拱花”印刷能表现彩色的深浅层次变化，经过不断改进，已成为压凹技术，现在书的封面、包装品、年历卡等印刷品还在使用。

当然，明代坊刻也有不良现象需要注意。嘉靖年间，有一部分书坊急功近利，专刻科举用书，把古书割裂篡改付工雕印，鲁鱼亥豕，错误脱漏，贻误读者，以致后人称“明人好刻古书而古书亡”，这主要就是指明代坊刻书粗制滥造、割裂篡改的情况。

总的来看，明初刻本延续元代风格，正德、嘉靖、万历三朝刻书最盛，形式也多种多样。大致而言，正德、嘉靖两朝字体、版式仿宋，万历以后在版画艺术上取得突出成就。

拓展阅读

毛晋汲古阁刻书

“高阁藏书拥百城，主人匡坐校雠精。名传海外鸡林识，学重都门虎观惊。”（《桴亭先生诗集·赠毛子晋》）这首诗所咏的人物是明末著名藏书家、刻书家毛晋。

毛晋像

毛晋（1599—1659），原名凤苞，字子久，后改字子晋，号潜在，别号汲古主人。常熟昆承湖七星桥（亦名曹家滨）人。毛晋少年拜师求学于钱谦益，博学强识，学问渐高。成年后，他立志藏书，搜集善本秘籍遗书，不惜高价买书，他在家门口贴出广告说：“有宋椠本至者，门内主人计页酬钱，每页出二百；有以旧钞本至者，每页出四十；有以时下善本至者，别家出一千，主人出一千二百。”（《汲古阁主人小传》）于是，湖州书舶云集于七星桥毛家门前，当时有“三百六十行生意，不如鬻书于毛氏”的谚语。毛氏前后聚书达84 000余册，先后兴建目耕楼、汲古阁等用作藏书。其中，汲古阁上、下两层，每层三间，书架以十二地支为序排列，藏书以儒、释、道分为三大类，而儒书又分为经、史、子、集四类，秩序井然。藏书中每夹芸香，以驱蠹虫。毛晋《书带草》诗有“休问王孙芳草路，读书台畔笑迎君”句，诗中“君”指芸香，而“书带草”是芸香的雅称。

说起毛晋立志刻书的事，还有一段有趣的掌故。

明天启四年（1624），毛晋去参加金陵乡试，他在客栈结识了一位镇江学子刘生。刘生最爱王维诗，能熟背王维全部诗文，号称“刘王维”。一次书生聚会，刘生即席吟咏王维诗《春日与裴迪过新昌里访吕逸人不遇》。有人指出末句有误，并出示书本作为佐证，应当是“闭户著书多岁月，种松皆老作龙鳞”，而非“种松皆作老龙鳞”。三年后，毛晋再次去金陵参加乡试，得知刘生已患癔症，几成废人，原因竟是为“老龙鳞”之误。原来“老龙鳞”之误非刘生记忆出错，而是他手中那本《王维诗》有舛误，刘生就此抑郁成病。固然刘生心胸太窄，但劣本谬种流传确能贻误后学。

第二次乡试，毛晋还是落榜了，他发誓从此远离仕途，专事藏书。刘生的遭遇一直让他耿耿于怀，于是凭借自家汲古阁丰富的藏书和优裕的家境，他开始实施刻书计划，发誓让读书人读到正版书，不再出现刘生的遭遇。

经过数十年的发展，汲古阁拥有固定刻工20名、抄书及其他工匠200名，在私家刻书中堪称规模第一，共刊梓600种图书，积书版近11万块。

毛氏刻书不以营利为主要目的，而是具有高度的社会责任感。首先是慎选底本。毛晋本人既是著述家，又是鉴赏家和版本学家，所刻之书必为宋版元刊，珍善秘帙，且经过亲手校雠和题评，觉得"无憾于心"了，才肯付梓。当时许多书商来毛家订购《孔子家语》，利润很高，毛晋找来多种版本，参阅比勘，发现"经近代改篡，非复古本"，便断然搁置了刻书计划。几年之后，毛晋到无锡访书，在一家小饭馆吃饭时，窗外有一后生以书遮阳而过，那书正是《孔子家语》。毛晋大呼："后生留步！后生留步！"不料那后生是个浪子，常干些偷鸡摸狗行径，那书就是偷来的，听人急呼，抛书而逃。毛晋捡书一看，正是北宋原版，便留下一锭银子托饭馆老板交予后生，携书而归。那后生知道此人就是大名鼎鼎的毛晋后，居然辗转来到七星桥找毛晋。毛晋留下后生，让他跟师学技，此人后来成了一名相当好的刻板工。

毛晋发现流传的《华严经》多有疏误，很想刻印此经，却总找不到佳本。一天，毛晋去庙中烧香，跪在菩萨面前时又想起《华严经》的事，忽听到两个后生在不远处正说《华严经》的事，其中一个说他有一本家传古本《华严经》，押在典当铺里。毛晋欣然问之，以二十金赎归，如有神助。所谓神助，便是精诚所至，金石为开。

为了提高刻书质量，毛晋亲自撰写题跋，或考书籍源流，或辨真伪，或钩玄提要，为读者指点门径。这样的题跋累计达 249 篇之多，后毛晋选取 152 篇汇成《隐湖题跋》一书，具有相当高的学术价值。

还要说明的是，毛晋的儿子毛扆也是一位严谨的出版家，精校密雠，一丝不苟。毛晋生前，他协助父亲刻书，毛晋去世后，他则子承父业，士林称赞其校勘过的书"与真本无毫发之异"。

为了保证印刷质量，汲古阁的印书纸都是在江西特制的。纸分两种，厚的称"毛边"，薄的称"毛太"。这两个名字至今还在沿用。

既重视底本的选定，又重视校勘、纸张和装帧，所以"毛刻本"刻印精良，书品高雅，形神兼备，以"毛氏之书走天下"的美谈闻名遐迩。一时间，南北书商往返于七星桥，"载籍之盛，近古所无"（《汲古阁主人毛晋》）。

为了刻书，毛晋耗费巨大，仅《十三经》和《十七史》两部书的耗银就达 15 480 两。毛家有祖田数千亩，收益大多用于藏书和刻书。明末清初，战火频仍，经济萧条，毛晋一次就卖掉祖田 300 亩，后来经费越来越紧张，数千亩田产出卖殆尽。

《十三经》和《十七史》刻印中途遭遇了明、清两个王朝的交替，一时间兵火四起，天下大乱。毛晋在湖边搭起几处貌似渔寮的草房子，把刻成的书版藏在里面，又命令儿孙扮作渔夫日夜守护，但因动乱长达数年，丢失和损坏的书版还是不少。毛晋记此事曰："水火鱼鼠，十伤二三，呼天号地，莫可谁何？"（《重镌十三经十七史缘起》）是的，在那样的乱世，能向谁求助呢？

毛晋去世时，《说文解字》一书未及刻完，毛扆再次变卖家产勉力将书刻成。书刻成之时，毛扆捧书于父亲坟前，长跪不起。“家祭无忘告乃翁”，这凝重的一幕，以一种前仆后继的决绝、悲怆与壮美昭示后人。

毛晋的妻子出身名门，治家谨严，在毛晋去世后又“持门户二十一年”（《书林清话》）。严氏去世后，子孙离散，汲古阁藏书不久便如云烟散去。

（参见常熟日报社编著《江南记忆：常熟的那些人和事》，古吴轩出版社2011年版）

五、清代刻书

清军入关后，统治者对汉文化的吸收迅速，各项文化事业皆秉承前代，刻书事业也一样，分布地区比较广泛。初期，南京、苏州、杭州刻书较多，其中，苏州刻本质量较好。福建刻书也多，但由于麻沙书坊遭遇大火，百年书店全遭烧毁，从此建本刻书日趋衰落。北京是清代都城，是全国的刻书中心，政治、经济、文化中心，中央刻书都在这里进行。在官府刻书风气的影响下，私家刻书、坊肆刻书事业繁荣发达。到了中后期，全国刻书地区分布更广，湖南、湖北、江西、山东、山西、河北、广东、福建等地都有官刻和坊刻，但仍以北京、南京、苏州、杭州最为突出。

（一）官府刻书

清初，统治者为了强化统治，一面在军事上镇压，一面又在思想上严加控制，大兴文字狱，因此内府刻书沿袭明经厂本，所刻图书数量少，且多为劝善、律令等。康熙年间，中央集权得到巩固，朝廷开始重视刻书工作。康熙十二年（1673），设立武英殿，其成为统率官刻的庞大的内府刻书机构，内府书籍如实录、圣训、御制诗文、字书、类书、丛书、诗文集、天文历象、会典、方略等皆由武英殿刻印，形成了官刻史上独特的“殿本”风格。武英殿刻印量大，刻工精细，既有雕版印刷，又有铜活字、木活字印刷，有清一代，武英殿刻书精品有《康熙字典》《渊鉴类函》《佩文韵府》等，为殿本中的上品。其中，武英殿用铜活字排印的《古今图书集成》1万卷，字数多达1.6亿，是中国现存规模最大、最完整的一部类书。

除武英殿版刻本外，清代内府为了扩大规模，在康熙四十四年（1705）成立扬州诗局，其承刻的书籍世称“扬州诗局本”。扬州诗局所印各书校刻俱精，工楷写刻，有的蝇头细书，秀丽天成，极为精美。扬州诗局所刻图书有《佩文斋书画谱》《词谱》《历代诗余》《御选宋金元明四朝诗》等，而以刻《全唐诗》900卷名垂刻书史。全书字体精工细楷，镌刻手法秀丽苍劲，墨色匀称，用纸坚韧，世称“康版”。

晚清时期，各省官书局在官府刻书中占据主要地位。同治年间，清廷平定“洪杨之乱”后，采取了一系列的善后措施，官书局应运而生。从同治六年到光绪中期，各地官书局大规模成立，先是江苏、湖北、浙江、江西、山东、四川、广东等地，之后是山西、河北、广西、贵州、云南等地，纷纷设立官书局。地方官书局刻印了不少书，世称“局本”。其中，金陵书局在各官书局中独树一帜，主要是书局汇聚了汪士铎、莫友芝、刘毓崧、张文虎、李善兰等众多知名学者，他们精于校勘，故金陵书局所刊书籍素称精审。清代各地官书局除了刻印大量的传统典籍，还适应洋务运动的开展，刊刻了大量的西方著述，为晚清知识分子睁眼看世界做出了重要贡献。

（二）私家刻书

清代的雕版书籍以私家刻本最为珍贵，原因有二：一方面，私家刻书者基本是学有专长的大学者，他们亲自手写上版自己的著作和前贤文集，即所谓“写刻”；又私家刻书常常不惜资金，选用上等纸墨，是刻本中的精品，后世也称为“精刻本”。另一方面，清代朴学大兴，学者们致力考据、辑佚、校勘等古籍整理工作，考据学家们往往把整理后的图书付梓，图书质量比前代有了长足的进展，受到学术界的一致好评。

清代私家刻书取得了以下几方面的成就。

第一，清代私家刻书形成翻宋仿宋的潮流。学者们倡导恢复古书的本来面目，在底本筛选、校本甄别等方面有很多超越前代的做法。他们刻书极其认真，精审精校，所校刻的古书既多又好，为文化的保存和传承做出了重要贡献。

第二，许多商人“贾而好儒”，纷纷加入刻书的行列。这方面以扬州盐商为代表，众多盐商以与文人交往为乐，不仅负担文人的生活之需，还出资刻印他们的著述。《扬州画舫录》记载：“扬州诗文之会，以马氏小玲珑山馆、程氏筱园及郑氏休园为最盛。……诗成即发刻，三日内尚可改易重刻，出日遍送城中矣。”其中，扬州二马（徽籍扬州盐商马日琯、马日璐兄弟）刻书最为知名，传颂一时。

第三，私家刻书把学术研究与解决社会问题联系起来，大力提倡经世致用思想。清初，私家争相刊刻顾炎武《天下郡国利病书》、黄宗羲《明夷待访录》等。清代中期，学者们为了远离朝廷屡兴的文字狱，遂埋首故纸堆，学术著作纷纷问世，如卢文弨刻《抱经堂丛书》、吴骞刻《拜经楼丛书》、鲍廷博刻《知不足斋丛书》、黄丕烈刻《士礼居丛书》、张海鹏刻《学津讨原》《墨海金壶》等。这些丛书以收录清人考据学成果为主，是学术思想状况的真实反映。晚清时期，代表早期民族资产阶级利益的改良主义人物纷纷著述，私家则多刻他们的著述，如薛福成《筹洋刍议》《庸庵海外文编》《出使英法义比四国日记》、王韬《瀛壖杂志》、魏源《皇朝经世文编》等，不断得到翻刻，满足了众多读者的阅读需要。

（三）坊肆刻书

清代坊肆刻书承继明代继续向前发展，坊刻遍布全国各地，但重镇还是江南地区。清王士祯《居易录》载：“近则金陵、苏、杭书坊刻版盛行。”清金埴《不下带编》称：“今闽（平）版本书久绝矣，惟（白下、吴门、西泠）三地书行于世。”王重民《中国善本书提要》亦云：“清初则以南京、苏州、杭州为最多最好。”可见以江南为代表的坊肆，继续承担着传播文化的重任。

清代坊肆数量十分庞大，如江澄波等《江苏刻书》载，清代南京坊刻书可考者有15家，如三山堂、三乐斋、三多斋、文英堂、文进斋、世德堂、芥子园、李光明庄、宝仁堂、萃文书屋等。再看苏州坊刻，这里有从明代延续下来的，如金阊书业堂、宝翰楼等，入清后继续刻书，而更多的是清代新成立的坊肆，江澄波等考证出 45 家，张秀民考证出 57 家，叶瑞宝和张晞二人更是考证出 105 家之多。其他地区也是如此。

与前代不同，清代坊肆刻书成立了自己的行会组织，有利于维护共同利益。这方面，苏州书肆走在前列。康熙十年（1671），苏州成立首个书业公所——崇德书院。书院供奉梓潼帝君，各家书肆在此订正书籍，讨论刊版，商议销售等问题。书院还为外地书坊主提供庇护，为无力回乡者提供旅费，代亡故者埋葬狮山义冢，等等。这些对书肆发展具有重要的作用。道光二十五年（1845），苏州印书行规制定出来后，刻石留存，名曰《崇德公所印书行规碑》。

清代坊肆刻书主要集中在科举仕进的学子所需求的经史读物、各种历史文化典籍等，而书坊最喜欢镌刻的则是戏曲小说、书画艺术、医学等，如《千家诗》《三字经》《易经》《抱朴子》《说呼全传》、活字本《红楼梦》等，一印再印，可谓供不应求。这类图书不但数量品种多，而且多添加绣像镂版，利润丰厚，成为南北各地书贾的抢手货。但是，坊肆刻书比不上官府刻书有雄厚的资金和渊博的学者作为保障，往往急于求战，设法尽快抢占图书市场，因而在刊刻这些通俗读物时，往往降低成本，致使所刻书不如官刻本、私刻本精美。

在印刷技术方面，清代已达到炉火纯青的地步。由于皇室积极采用套版印刷工艺，制版、镌刻、刷印各个工艺环节都有了新的提高和改进，私家和坊肆也竞相印刷套版书籍。尤其是官方、民间广泛兴起应用活字印书，促进了印刷技术更全面地发展，呈现出传统印刷事业继续向前发展的大好趋势。直到清代后期，西方新型印刷术传入中国，新的技术经过撞击、交叉、融汇，最后，传统的中国手工印刷技术终于被先进的新技术更替。

拓展阅读

鲍廷博与《知不足斋丛书》

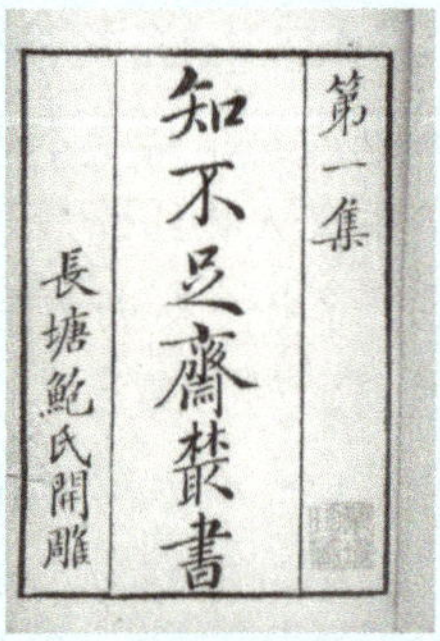

鲍廷博刻《知不足斋丛书》

“知不足斋奚不足，渴于书籍是贤乎？长编大部都庋阁，小说卮言亦入厨。”这首诗是清高宗乾隆撰写的。说起创作缘由，还有一段故事。乾隆三十八年（1773），清廷开修《四库全书》，鲍廷博长子鲍士恭以“知不足斋”之名进献，将家藏善本 600 余种献给四库全书馆，被称为“献书之冠”。馆臣抄好底本后，发还原书，乾隆皇帝一高兴，就在鲍氏的一本献书上题写了这首诗。

鲍廷博（1728—1814），字以文，号渌饮。原籍安徽歙县，寓居浙江桐乡（今乌镇）。经商之余，鲍廷博秉承“贾而好儒”的徽商传统，四处购书，因藏书中多珍善之本，故其家藏书楼知不足斋十分有名气。在献书清廷且受到乾隆皇帝的赏赐后，鲍廷博十分激动，决定以刊刻图籍、方便士人来感念皇恩。

从乾隆四十一年（1776）开始，直到嘉庆十九年（1814）去世，鲍廷博在后半生的近40年时间里，将全部家财和精力都用在了刻书之上。他无怨无悔，持之以恒，以巨大的耐心和毅力始终其事。随着丛书逐渐广为人知，清廷对此事也颇为关注，嘉庆十八年（1813），闻知鲍廷博的《知不足斋丛书》已经刊刻到了第二十六集，嘉庆皇帝十分欣慰，褒奖说："鲍廷博年逾八旬，好古积学，老而不倦。著加恩赏给举人，俾其世衍书香，广刊秘籍。"（《知不足斋鲍君传》）那年鲍廷博86岁，因一生致力《知不足斋丛书》的刊刻而被赐为举人，诚为"艺林之盛事也"。

再次受到鼓舞，鲍廷博刻书之志老而弥坚，可惜第二年，87岁高龄的鲍廷博因病去世。临终之际，他交代儿子士恭、孙子正言续志刊刻，以便感念浩荡之皇恩。儿孙们谨记鲍廷博遗训，又经过几年的努力，终于将全部30集丛书刊刻完毕。

《知不足斋丛书》每集8册，全部30集用周兴嗣的《千字文》依次编排，起于"天"字，终于"吕"字，十分严密。这样一部经过精心编纂、校刻的丛书，一经问世就好评如潮，法式善云"歙人鲍廷博刻书于杭郡最精，校雠亦缜密"（《陶庐杂录》），卢文弨称"枣梨既精，剞劂亦良"（《征刻古今名人著作疏》）。综合来说，《知不足斋丛书》主要有以下几方面的特色。

第一，种类多。鲍氏刊刻《知不足斋丛书》，事先并无整体规划，亦不是按照经、史、子、集的次序编排，而是以精选罕见之书为宗旨。但是，全部30集刻成后，发现丛书对四部书籍皆有收录，据统计，四部中史部最多74种，其次子部72种。若以部类言之，其中收录较多的有：史部地理类，20种；子部艺术类，19种；集部别集类，19种。

第二，底本优。《知不足斋丛书》刊刻正值清朝中期，众多学者竭其毕生精力，从事古籍的考据、辑佚、校勘工作，形成了以考据为中心的所谓"乾嘉学派"。这些考据、辑佚、校勘的成果，最突出地反映在他们刊刻的丛书中，使得丛书刊刻门类繁多，有新疏之群经，精校之古子，重辑之佚书，审订之杂记，纷然杂陈。无论是在数量上，还是在质量上，私家刊刻的丛书都达到了前所未有的盛况，鲍廷博下大力气选取经过名家校勘的书籍作为底本，从而保证了丛书的质量。

第三，校雠精。鲍廷博十分注重所收图书的校勘工作，几乎每部书都是经过认真校勘之后才上板的。他不仅自己勤于校勘，在遇到比较专业的书籍时，还聘请专门的学者承担此事，力求书籍尽善尽美。

第四，内容全。鲍氏刊刻《知不足斋丛书》力避明人之弊，他刻书不是以之谋利，主要是为了感念皇恩，为了便于士人阅读，为了让罕见之本得以继续流传，因而在选择书目时，十分注意图籍内容的完整性。一部完整的图书，不仅是内容上的完好无缺，其卷首之序、卷尾之跋，以及书中收藏者、阅读者等人的识语也应该属于书籍本身不可割裂的部分。这是因为一书之序跋、识语往往为名家或者对该书极为熟悉的学者所作，不仅涉及图书内容的问题，更重要的是对该书的版本、收藏等情况有较为翔实的记载，是考辨图书流传的可靠依据。鲍廷博深谙其中道理，对所收录之书能够做到不删序跋，保留原貌，即便是几字的题识亦完整存留。

鲍廷博以刊刻《知不足斋丛书》而著名，其一生不只刊刻了这一部丛书，在《知不足斋丛书》刊刻的前后，他还将许多单行本付梓。此外，鲍廷博还帮助朝廷刊刻过《聚珍版丛书》。清人法式善统计说，鲍廷博所刻《聚珍版丛书》多达38种、290卷。

鲍氏所刻《知不足斋丛书》，择书审慎、校勘严谨、编刻精美，一时受到世人追捧。顾广圻云“知不足斋版片满家，印本遍天下”（《知不足斋丛书·序》），卢文弨说“世之学者，每闻知不足斋丛书出，必争先购之以为快”（《征刻古今名人著述疏》），尤其是鲍廷博晚年因为刻书受到嘉庆皇帝赏赐举人一事，时人称美，誉为“艺林之盛事”。这就促使其后各地私家丛书编刻纷纷效法之，很多丛书的编刻者明言是模仿鲍氏《知不足斋丛书》之体例，有的则在丛书子目选择上，效法鲍氏之收罕见珍稀之本，形成了清代私家丛书编纂史上的壮观景象。

（参见周生杰《论鲍廷博开放的藏书思想》，《国家图书馆学刊》2011年第2期）

附录：近代出版

历史的车轮进入近代以后，西学东渐，传统刻书业受到了严重冲击，虽然勉力维持，但最终还是被先进技术取代，刻书业向出版业转型。

随着西方新式印刷设备和技术的传入，我国相继出现了一批以出版新学图书为主的铅印和石印书局。到同治、光绪之际，相继出现了民营的铅印和石印书局。最早拥有铅印设备的出版机构是1843年英国伦敦会传教士麦都思在上海创办的墨海书馆。同治十一年（1872），《申报》甫一创办就用铅印。光绪十年（1884），申报馆附设图书集成印书局，用铅活字刊印了全套《古今图书集成》和《二十四史》。光绪二十年（1894），申报馆附设的申昌书局（又称申昌书画室），初始用木活字刊印小说、笔记和其他书籍，先后刊印图书达160余种，而以尊闻阁主辑《申报馆聚珍版丛书》最具代表性。

光绪五年（1879），《申报》创始人英商美查在上海创办点石斋石印书局，作为申报馆的附设机构，它是中国境内首次采用石印技术的商业书局，用照相石印技术印刷了《佩文韵府》《渊鉴类函》等大量古籍工具书。该局石印图书中，较有影响的是将殿版《康熙字典》缩印，以及出版中、英文合璧的《四书》，另外还刊印了一些中外地图、西文书籍等。光绪十年（1884），点石斋石印书局创办《点石斋画报》，开中国画报出版之先河，具有广泛的社会影响和重要的史料价值。

采用石印技术的还有同文书局和蜚英馆。光绪八年（1882），徐鸿复、徐润等人在上海创办同文书局，这是第一家中国人集资创办的石印书局。同文书局用石印技术专门翻印古籍中的善本，较著名的有殿本《二十四史》《康熙字典》《佩文斋书画谱》等。总理衙门曾以白银 35 万两委托同文书局石印《古今图书集成》100 部，作为赠送外国的礼物，由此该局在石印业声誉鹊起。光绪十三年（1887），李盛铎在上海创办蜚英馆，用石印技术刊印了一些小说和古籍，获利颇丰。一时间，点石斋石印书局、同文书局和蜚英馆在石印方面成鼎立之势。除了上述三家，上海还有鸿文书局、中西书局、积石书局、鸿宝斋书局等。近代，上海已成为中国石印书业的中心，所印刷的图书行销全国。在上海石印书业的影响下，南京、武昌、广州、苏州等地也相继有人开创石印书局。石印图书风靡一时，传统刻书业受到了严重冲击，许多书坊开始放弃雕版刻书，转而购置铅印机、石印机，用现代技术出版图书。

在各类铅印、石印书局产生和发展的基础上，近代出版业日趋成熟，标志就是商务印书馆的创办和发展。光绪二十三年（1897），夏瑞芳、鲍咸恩、鲍咸昌、高凤池等人在上海创办商务印书馆，起初只有印刷所，以印刷商业簿册报表为主。光绪二十六年（1900），商务印书馆收购日本人在上海的修文印书局。光绪二十八年（1902），商务印书馆设编译所和发行所，成为一家集出版、印刷、发行于一身的全能型新式出版机构。编译所设国文、英文、理化数学和辞典等部，开始编辑出版《帝国丛书》《华英音韵字典集成》《英文汉诂》《自然科学小丛书》《新字典》等书。此外，商务印书馆还辑印如《四部丛刊》《百衲本二十四史》《续古逸丛书》《丛书集成初编》等珍本、善本古籍。商务印书馆的创办，对新式民营出版业的发展起到了重大的推动作用。继它之后，文明书局、开明书店、广智书局、小说林、群学社等新式出版机构先后创办。到光绪三十二年（1906），上海成立第一个书业商会，有 22 家新式书刊出版机构参加，传统雕版刻书业逐渐式微，仅有零星的几家坚守下来。

【思考题】

1. 古代官府刻书和私家刻书之间的文化差异是什么？
2. 雕版印刷在当今还有必要存在吗？

第七讲

古籍版式、装帧与鉴定

古籍载体经历了简牍到缣帛再到纸张的巨大转换，形成方式经历了手写传抄到雕版刻印再到活字排印、机器印刷等的变化。即便是同一本书，也有初刻、重刻、翻刻、补版、官刻、私刻、坊刻、石印、铅印等不同，时更数代，人历众手，因此，版本之间往往存在很大的差异，版本研究由此成为一门学问。

一、版本的起源与种类

关于“版”，《说文解字》载：“版，判也。从片，反声。”段玉裁《说文解字注》校正：“片也，旧作判也，浅人所改，今正。”朱骏声《说文解字通训定声》载：“判木为片，名之为版。”这就是说，剖成片状的木头称为“版”。因版多系木质，故派生出“板”字，并与“版”字互为通假，所以段玉裁《说文解字注》载：“凡施于宫室器用者，皆曰版。今字作板。”可知“版”“板”二字为古今字。

从版本学来说，“版”的名称源于简牍，“本”的名称源于缣帛。“版”作为书写材料，早在先秦时就已经应用，是古代书写载体物质形态的称谓。汉刘向典校皇家藏书时，所谓“一人持本，一人读书”（《别录》），这里的“本”指的就是底本。宋代雕版印刷流行，人们把印本书称为“版”，写本书称为“本”，而“版”“本”二字合为“版本”一词，最初专指雕版印刷的印本，以区别于写本，使用非常广泛。后来，“版本”所指范围逐渐扩大，也就泛指雕版印刷以前的写本，以及雕版印刷以后的拓本、石印本、影印本、活字本等一切形式的图书。

雕版印刷术发明并使用之前，谈论版本问题十分简单，那个时代的书籍以手抄为主，间或有从石刻上拓印的，但是否装订成册未可知。雕版印刷术广泛使用之后，由于时代、地域、形式等多种原因，各类版本的名称随之出现。

（一）写本的分类

唐代以前，书籍全靠手写传抄，统称“写本”。唐代及以后，刻书虽然渐渐流行，但是并非所有图书都被刊刻出来，还有大量图书依赖传抄行世，这类图书统称“抄本”。需要说明的是，一书传抄自名家之手，不论时代早晚，亦称“写本”；而宗教经典出自手抄的，称为“写经”。

一般情况下，写本分为稿本和抄本两类。

稿本指著者原稿，分手稿与清定稿两种。手稿为著者亲自书写，文稿上面往往有勾改涂乙的情况。清定稿可为著者自写，或为他人代写，是在手稿的基础上进一步修订之后的定稿。可以根据印记、笔迹或文字记载等来判断是著者亲自书写，还是他人代写。

抄本就是一般的手写本，根据使用纸张的不同，抄本又分为红格抄本、蓝格抄本、黑格抄本等。抄本中比较特殊的一类是影抄本，是将纸放在底本上影写而成的，有的影抄本与原本毫发不爽，几近原本。

（二）雕本的分类

雕版刻书流行之后，版本开始变得复杂多样，其种类有多种划分方法。

一按时代分。唐卷子本，唐代虽运用了雕版技术，但雕版书籍流传下来的很少，所能见到的多为卷子装。宋本，又可分为北宋本和南宋本，北宋本质朴，南宋本挺秀，宋本由于刻印十分精良，因此受后世藏书家珍爱。元本，受元人不避讳影响，刻书也不避讳，字体风格大多模仿赵孟頫书法，版刻精美，与宋本并提。明本，明代印刷技术有了很大的突破与发展，初期延续元本风格，正德、嘉靖和万历三朝刻书最盛，种类丰富，版画艺术取得突出成就。清本，由于考据学盛行，刻本多精审可靠，但因距今较近，传本易得，故收藏家容易忽视。

二按刻书单位分。主要有官刻本、私刻本、坊刻本。其中，官刻本又有清武英殿本、国子监本、经厂本、兴文署本、藩府本、各地府路本、书院本、扬州诗局本、官书局本等。私刻本则有以室名或堂号称呼者，如宋廖莹中世彩堂本、明范钦天一阁本等；有以姓名称呼者，如宋黄善夫本、清胡克家本等；有以姓氏称呼者，如“王本《史记》”，指的是明人王延喆翻刻宋本《史记》，刻印较精，又如“闵刻本”和“凌刻本”，指的是明代闵齐伋、凌濛初两家所刻书，多朱墨套印。坊刻本由于书商以营利为目的，水平不一，质量参差不齐，而多以“书棚”“书铺”“书肆”“书店”等命名。

三按地域分。主要有浙本、蜀本、建本、平水本等。上述四个地域在不同的时代是刻书中心之一，分别具有独特的地域特征。其中，浙本字体方整，刀法圆润；蜀本字大纸白，多用颜体；建本多刻于建宁和建阳，版子取自榕树，木质松软，质量多不高；金代平水本（元代称平阳本）总体具有字画刚劲、纸墨精莹、刀法遒劲的特征。

四按刻印情况分。古书刻印情况非常复杂，大致可以分为：祖本，指一书几个版本的最初刻本；翻刻本，也叫影刻本、覆刻本，按书籍原样重新制版印行，字体、行款、规格等都与原书相同；修补本，指书版残缺，历史刷印时均进行修补，因而字体和版式不一致；三朝本，指经过三个朝代刻印修补的书版，如南宋杭州国子监藏书版，入元转归西湖书院后重加修补刷印，到了明初移入南京国子监再次修补刷印；邋遢本，也叫大花脸本，指那些刻印不精、用墨不匀、刷印模糊的印本；百衲本，也叫配本，指用许多不同的书版拼凑而印成一部完整的书，取僧服破敝补缀而得名；丛书本，同一种书作为丛书刻印叫丛书本，若单独刻印则为单刻本；书帕本，明代新官上任或者奉敕出使回京，例刻一书，以一书一帕相赠，以示清廉且有学识，但这类书多刻而不校，时间仓促，质量不高。

五按字体、印色和版式分。这类刻书可以分为：大字本，宋元刻书多用大字，版框和纸幅亦高大，字大如钱，依据字体大小，则又有中字本和小字本之分；巾箱本，也叫袖珍本，巾箱是古人装头巾的小箧，为了方便随身携带，就把常用的小本书装在巾箱中；朱印本，指用红色印刷的书籍，如印谱、符箓等书喜欢用红色；蓝印本，指用蓝色刷印的书籍，明末多数方志喜欢用蓝色印刷；朱墨套印本，指用朱墨两色套印的书籍，一般来说，墨色印正文，朱色印评点之语，随着技术的改进，后来出现了三色、四色甚至五色套印的情况；两节本和三节本，有的书在版面中增加一条横线，使之分为上下两块，称为两截本或两节本，常见于图文并茂的小说、戏曲、便览大全之类的图书，若分为上、中、下三块则称三节本。

六按流通情况和文物价值分。主要分为以下几种情况：通行本，是一般流行的书籍版本，对古代文化的传播做出了突出贡献；珍本，指具有珍贵的历史、文学、艺术和科技等方面价值的古籍；孤本，指某书的手稿或刻本在世间仅有一部，或仅存一份旧拓本等；过录本，又称誊抄本，依照一个本子誊抄过来，甚至把批校文字等原样移录；善本，具有特殊价值，且是清乾隆及以前的印本、抄本，或 1911 年之前在学术研究上有独到见解的稿本、刻本和抄本，或名人亲笔批校、题跋本，或能够代表古代一定时期印刷技术的各类刻本等。

（三）活字本的分类

活字本的分类主要依照活字的材质而论，可以分为以下几种。

一是泥活字本。北宋庆历年间，毕昇率先制造了胶泥活字，事见沈括《梦溪笔谈》卷十八记载，但是毕昇使用泥活字印刷的印本并没有流传下来。这是因为泥字易损坏、难保存，所以泥活字被后世发展起来的木活字、铜活字等代替。但是，清道光二十八年（1848），安徽泾县人翟廷珍按照毕昇胶泥活字制作原理，借其族兄翟金生的泥活字并印刷《修业堂初集》，包括诗集 6 卷、文集 8 卷、杂集 2 卷，全函 4 册，今藏东北师范大学图书馆。该集版面特点为：排印字行不严整，字体大小不一，并有倾斜歪倒情况，字行内每个字的笔画粗细不匀，尤其是字行内有缺棱少角的单字，这是泥活字本独有的特征。①

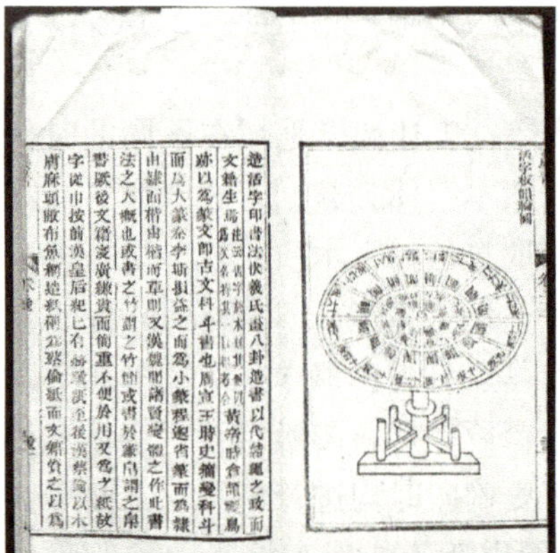

王祯《农书》书影

二是木活字本。使用木活字最为有名的是元人王祯，其在《农书》中总结了木活字印刷的经验，并亲自印制了木活字版《大德旌德县

① 魏星桥：《清代的一部泥活字本》，《东北师大学报》（哲学社会科学版）1987 年第 1 期。

志》。明清时期，木活字使用非常普遍，朝廷邸报多采用木活字印刷，坊肆多用木活字代人印制家谱，而私刻本以木活字印刷诗文集以至经典著作，其中出现了一些较为著名的版本，如六安晁氏所印《学海类编》、金陵甘氏津逮楼所印《帝里明代人文略》《徐霞客游记》等都有木活字印本。

三是磁活字本。磁活字就是以制青瓷的瓷土烧成的陶活字。清王士祯《池北偶谈》卷二十三记载："益都翟进士某……集窑户造青瓷《易经》一部，楷法精妙，如西安石刻十三经。"清康熙末年，泰安人徐志定经过摸索，创制出磁版，方法是先以瓷土为材，等适度阴干后，再将字样反贴于版上，经雕刻后烧制而成。据文献记载，徐志定发明磁版后，曾用之刊行过同乡张尔岐的《周易说略》与《蒿庵闲话》，两书为中国书店 1961 年发现。他在《周易说略》序中说："戊戌冬，偶创磁板，坚致胜木，因亟为次第校正，逾己亥春而《易》先成。"《周易说略》封面上横书"泰山磁版"四字。在《蒿庵闲话》书末则印有"真合斋磁版"五字，"真合斋"是徐氏的书斋名。两书字体大小不匀，而两书相同之字，大的都大，小的都小，可以印证其为活字。瓷不受温燥寒暑影响，不会断裂，用磁版印书，墨色均匀、笔画清晰、版质坚硬，经久耐用。① 相对于木活字刷印多次之后，木质变得松软，印出来的书字迹不清的缺陷，磁活字的优点在于刷印再多次也不会变形。

四是铜活字本。学术界对于铜活字印书在中国发明的具体时间一直有争论，而在 1403 年，东邻朝鲜已开始大量铸造铜活字印书，其制作方法是先用黄杨木刻字，翻成砂模，注入铜液成字。明弘治、正德年间，江南地区的南京、无锡、常州和苏州等地曾广泛应用铜活字印书。入清以后，铜活字印书最为著名的是武英殿印刷的《古今图书集成》，清廷为此铸造了大小铜活字 100 多万枚，备用的无字铜字 3 万多枚，字盘 700 多个，规模之大，十分惊人。

五是锡活字本。相较于铜，锡具有熔点低、易铸造的优点。现已发现南宋淳熙十三年（1186），出现了锡雕《大圆满陀罗尼神咒秽迹真言》。元王祯《农书》也有用锡活字印刷的记载。而史上锡活字印刷最有名的是明代无锡华氏会通馆，采用锡活字先后印刷了《锦绣万花谷》《容斋随笔》《会通馆集九经韵览》等。

六是铅活字本。我国使用铅活字印书始于明弘治、正德年间，但是没有实物留下来。成书于清道光十四年（1834）的清人魏崧《壹是纪始》卷九载："活板始于宋……今又用铜、铅为活字。"但是，铅活字由于不易附墨，所以未能流行。到了近代，西方先进印刷术传入中国，西方的铅活字印刷曾经成为我国近代以来主要的印刷技术。

二、抄本的版式与装帧

抄本在古代流行的时间极为漫长，雕版印刷发明之前，图书形成途径主要有镌刻

---

① 关于磁活字本的内容，参考朱家濂《清代泰山徐氏的磁活字印本》，《图书馆》1962 年第 4 期；张爱菊《徐志定与泰山磁版印刷》，《泰山乡镇企业职工大学学报》2008 年第 3 期等。

和抄录两种。其中，甲骨卜辞和石刻文献是镌刻而成的，青铜器上的文字是铸刻而成的（需要说明的是，很多学者认为金石文献不是书），而简牍和缣帛作为载体，文字是抄录上去的，纸张发明后，很长一段时间仍然是把文字抄写在纸上。雕版印刷发明之后，抄本逐渐作为图书版本的辅助形式，但是抄本的数量极为可观。这是因为抄书本身也是一种读书方法，“一录则胜数过”，意思是抄录一遍，效果远胜读书好几遍，如北宋司马光藏书万卷，但仍亲手抄录不止。此外，虽然刻书流行后，图书生产十分便捷，但是总有一些书因各种原因而不能付梓，只能靠代代抄录流传。

（一）甲骨卜辞和简帛文献的版式与装帧

甲骨文是先人将文字符号书写、契刻于龟甲和兽骨上以占卜、寻求上天启示等的一种形式，也被后人称为“骨头书”。这虽不能说是今天意义上的书籍，但已经具有了书籍的某些基本功能，即用文字符号、图形来记录、保存、传递智慧和思想情感，具备了供人阅读的功能，这是书籍最原始的形态，也是人类对书籍艺术的最初探索。人类的审美意识及审美价值观，也在其对最原始自然材料的采集、打磨、刻画中逐渐产生并形成。比如，由于文字符号、图形的记载需要，人类需要对自然界中有颜色的矿物材料做出必要的选择，并磨制成粉才能刻画；甲骨上文字的排列，直行由上而下，横行则由右至左或从左到右；在甲骨上穿孔，再用绳子或皮带把它们一片一片缀编起来。这些均需要一定的技术和审美水平。

春秋战国时期，出现了简牍和帛书，许慎《说文解字》序载：“著于竹帛谓之书。”一般来说，古人在简牍上面抄写文字，要考虑幅面规格、装订样式、版式和表面整饰四个方面的版式问题，虽然古代对简牍版式没有统一的要求，但是，我们通过考古发现的简牍文献，可以得知其大概情况。

简牍采取的不是后世纸书的折页装订，而是平面装订，因此，简书的宽度（幅长）不像纸书单页的宽度，而是装订成一册的所有单枚简宽度之和（包括简与简之间的空隙）。简书的宽度是多少？有无定式？传世文献中没有记载，出土实物中成册出现的简书很少。目前发现最完整、最长的简书是敦煌出土的《永元器物簿》。《永元器物簿》由 77 枚简组成，全长 91 厘米，就常人双手持简阅读的可行性而言，这个宽度不会让人感到不适。

在具体的装订方式上，简和牍有所区别，简的装订基本采用帘式编缀，牍的装订主要采用打孔及捆绑。简牍文献的缮写行款为直书左行，其基本格式有连写非提行式、留白提行式和分栏式。简牍的版式比较疏略，与现代书籍版式大有不同，通观简牍文献的笔墨之迹，约略可分为文本文字（包括篇题、正文、计字尾题及书手或校对者署名）、标号和叶数三个部分。表面整饰工作贯穿简牍文献的整个制作过程，刮削、脱汁、等齐、涂胶油等既增强了简牍的实用性，又增强了其美观性。

简牍抄本在古代书籍史上占有重要地位，一是因为它产生早、使用时间长，二是它本身形成的各种制度对后世的古籍制度产生了很大影响。如“册”“编”“卷”均源于简牍，后世的“篇题”“计字尾题”“直书左行”“分栏”“页码”“标点符号”亦滥觞于简牍文书格式制度，即使今天的书籍制度中也时常有简牍制度的影子。

再看缣帛抄本的版式。

织好的素是无法直接用于书写的，要先将一种胶刷在素上，然后才能用于书写。抄写文字之前，要考虑文字内容，从而决定绢面的布局，若是单一的文献，则大多要预先界画出朱丝或乌丝栏线，这就是我们现在所说的朱丝栏和乌丝栏。若是图文相间的，则需要界画出图表和文字的大体位置。一般来说，每件帛书的起首，都要留有一至二行的空白。

以马王堆出土的战国帛书为例。战国至汉初，丝帛整幅的宽度是 48 厘米左右。半幅为 24 厘米左右。因此，马王堆帛书的幅宽都离不开这两个尺寸范围，当然也有将两幅或多幅缝合在一起的。至于帛书的长度，大致是由所抄文献的长短决定的，但往往并不精确，大多是预估之后就开始抄写，所以常常在抄写完后，后面多留有较多的空白，如帛书《五星占》、《刑德》乙篇、《老子》乙本、《战国纵横家书》等。对于这种留有空白的现象，似乎并不做专门的剪裁，多听任其留存卷尾。其中，《刑德》乙篇的版式最具代表性，它是先将要抄写的范围整体勾画出来，连九宫图和干支表的位置都圈画了出来，然后再打上朱丝栏以便抄写。帛质地轻软，面积大，可卷可折，易于书写和携带，由此产生了“卷轴装”形式，对后世纸质书籍的装帧有重要影响。

（二）纸质抄本的版式与装帧

东汉造纸术取得了重要进展，发明了可以用来书写的价廉物美的纸张。但是，新事物的推广总是需要一定的时间，尤其是用昂贵柔软的帛作为书写载体，人们感觉很有面子，是高贵身份的象征。例如，东汉崔瑗《与葛元甫书》载：“今遣送《许子》十卷，贫不及素，但以纸耳。”（《北堂书钞》卷一百零四）三国以后，社会上逐渐开始用纸抄书，东晋元兴三年（404），桓玄帝敕令天下“古无纸，故用简，非主于敬也。今诸用简者，皆以黄纸代之”（《桓玄伪事》）。纸终于取代简牍和缣帛，成为普遍的书写载体。

现存最早的纸抄本为西晋元康六年（296）清信士聂承远抄写的《诸佛要集经》残卷，共有 14 片，残片外观呈黄褐色，有墨线界栏，经文书体自然，墨色浓郁，带有明显的隶书韵味，经缀合后连为 11 片。隋唐是抄本的极盛期，隋文帝搜求民间异书缮录抄写 3 万余卷典藏于密阁，隋炀帝时增加至近 9 万卷。唐廷虽然没有设立专门的写书机构，但是政府的图书抄写活动基本上由官方的藏书机构承担，这些机构主要有秘书省、弘文馆、史馆、崇文馆、司经局和集贤殿书院等。不过，唐代抄本流传至今者并不多，仅有《说文解字》残卷和吴彩鸾抄写的《刊谬补缺切韵》残本等有限的几种。宋元是雕版印刷术流行时代，依赖一种就可以短时间内化身千亿，书籍生产速度得到了极大的提高，但并不是所有典籍都及时被雕版印刷，抄本仍是官私藏书中的重要部分。宋元抄本传至今日者寥寥无几，珍稀程度甚于宋元刻本。明清时期图书事业持续发展，雕版广布天下，但是仍然涌现出一大批名家抄本。抄本和刻本成为古代纸质典籍的两种主要形态。

关于古代纸质抄本，还要补充的一点是，在敦煌莫高窟石室中发现的 2 万余卷珍贵文献，绝大部分是抄写而成的。抄写年代上自东晋后期，下至北宋初期，而以唐五代抄本最多。敦煌遗书抄本文献内容上以佛经为主，余则为道教典籍、儒家典籍、史乘地志、字书词典、诗词曲赋、信札杂文、医书历书、账册户籍、契据状牒等，内容十分广泛，文献价值极高。学术界通过敦煌遗书抄本文献，可以研究两晋至宋初抄本制度及其演变的规律。

古代纸质抄本的装帧形式，早期沿袭帛书的卷轴装，之后逐渐改进，出现了经折装和旋风装。

1. 卷轴装

卷轴装是由简策卷成一束的装订形式演变而成的，其方法是在长卷文章的末端粘连一根轴（一般为木轴），将书卷卷在轴上，阅读时将长卷打开，随着阅读进度逐渐舒展，阅毕，将书卷随轴卷起，用卷首丝带绑缚，置于插架之上。卷子一般高约1尺，长度则未见定制。唐太宗喜收王羲之帖，装裱时都以1丈2尺为一卷，其中《十七帖》即共134行，长1丈2尺。一个完整的卷子包括轴、卷、褾、带四个部分。

“轴”装在文字结束的尾端，是用以旋转舒卷的，其材质分上、下品。上品为琉璃、象牙、玳瑁、珊瑚；下品为木质漆轴，轴头镶骨、琉璃或瓷。不读时就卷起来，所以卷子又叫“卷轴”。

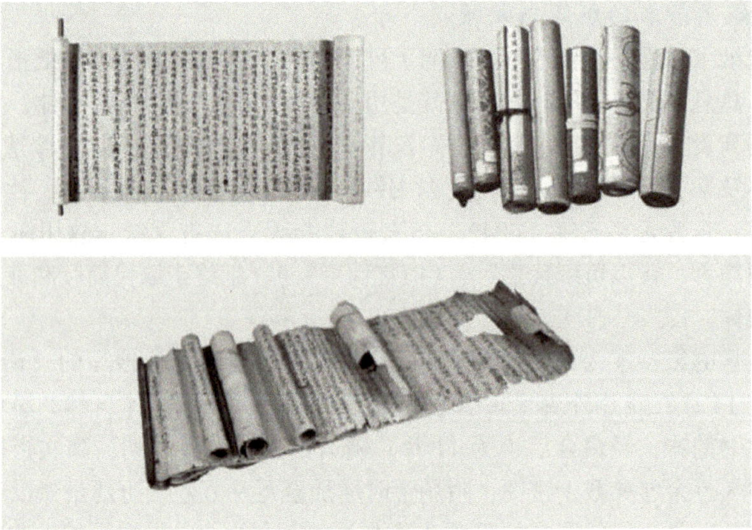

卷轴装

“卷”就是书卷本身，一般是把写有文字的纸裱在稍大的坚韧背纸上，达到一定的长度就截下作为一卷，这也就是古人把“卷”作为书籍的计量单位的原因。古代的纸要用黄檗汁“染潢”，目的是防虫蛀，颜色微黄，所以卷子又称“黄卷”。既然纸染潢后呈微黄，那么写错了涂改也用黄色盖住原字，再行重写。这种涂改颜料为“雌黄”，所以形容不顾事实，随便议论即“信口雌黄”。

“褾”俗称“包首”，是为了避免卷子开头部分磨损和边缘破裂，于是在卷子的两端及上下装裱，也叫“玉池”或“装褫”，其材或用丝织品，或用纸张。

“带”是系在褾上的，卷起来之后用以缚扎卷子。卷子摆在架上，不易寻检，因此带上面悬挂标签，标签是牙质的，所以叫牙签。通常经、史、子、集用红、绿、碧、白不同颜色区别，唐韩愈《送诸葛觉往随州读书》诗曰：“邺侯家多书，插架三万轴。一一悬牙签，新若手未触。”所描述的就是卷轴时代的藏书情景。

卷子不便携带，便有装书的袋子，叫“帙”。帙就是书衣，“书衣”一词一直沿用到近代，不过已变成书册外封皮的称呼。卷子每 10 卷为 1 帙，是通行做法。帙一般为丝织品，敦煌所出书帙亦有竹帘做成的，细竹为经，丝线为纬。卷和帙是两相配合之物，所以后来成为一个词“卷帙”，称书多为“卷帙浩繁”。

从六朝到唐代，都是卷子。五代北宋初，仍有卷子。金代刻的《大藏经》，既有卷轴装又有经折装，现存为卷子。敦煌发现了大批六朝隋唐卷子，晚的也有五代北宋之物，证明了卷子作为书籍装潢形式所流行的时代是六朝到唐五代时期。现存世界上最早的卷轴装，为唐咸通九年（868）王玠施刻的《金刚经》。卷轴装书前后使用了一千多年，直到现在还保存着这种形式。不同的是如今使用这种装帧方法的书籍已成为一种艺术品、装饰品、收藏品，供人们欣赏，或作为礼物相互赠送。

2. 经折装

卷轴装在古代图书装帧史上使用的时间较长，但是，随着社会的发展和人们对书籍需求的增多，这一装帧形式的许多弊端逐步暴露出来，已经不能适应新的需求。例如，阅读卷轴装书籍的中后部分，也要从头打开，看完后还要再卷起，十分麻烦。大约在唐朝后期，一种新的装帧形式取代卷轴装出现了，这就是经折装。

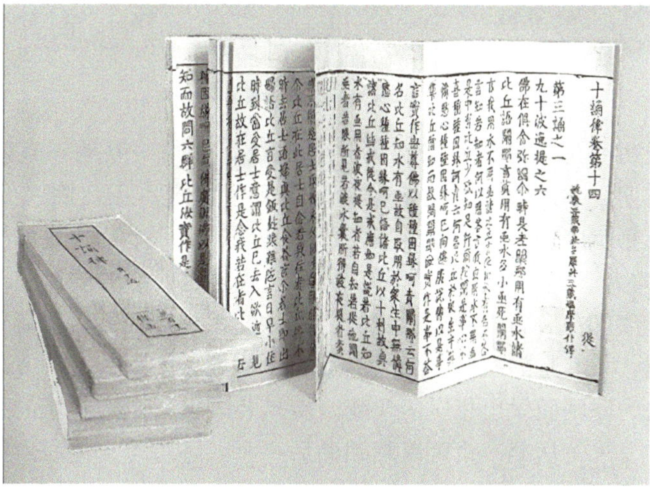

经折装

经折装与从印度传来的梵文佛经的装帧形式有些相像，所以又称为“梵夹装”。经折装是在卷轴装的基础上改造而来的。具体做法是：将一幅长卷沿着文字版面间隔的中间，一反一正地折叠起来，形成长方形的一叠，轴和褾都不用了，在首末两页上分别粘贴硬纸板或木板，把折子夹起来，形状和今天的书籍非常相似。北宋神宗至徽宗时期，福州东禅寺等觉院刊刻的《大藏经》及其后各代所刻的《大藏经》都是采用的经折装。

经折装书籍不用拉开和卷起，可以随时翻阅，比卷轴装书籍方便得多。这是书籍形制的一大进步，是由卷轴到册页的过渡形式。但是，经折装也有不足，因为它是一张纸反复折叠而成的，翻阅时间长了，中间容易断裂，全书就一分为二了，这就需要古人进一步改进装帧方法。

3. 旋风装

旋风装几乎与经折装同时出现，是在一页纸上两面书写，或将两页纸裱成一页两面书写，然后将写好的书页的一端依次粘贴在一张卷纸上，装上卷轴，就成为一本旋风装书籍了。与卷轴装不同的是，旋风装的卷轴不是装在该卷的末尾，而是装在该卷的开头。因旋风装的书打开后似一片片独立地粘连在卷纸上的叶子，故又称“叶子”。宋欧阳修《归田录》卷二载：“唐人藏书，皆作卷轴。其后有叶子，其制似今策子。凡文字有备检用者，卷轴难数卷舒，故以叶子写之。如吴彩弯《唐韵》、李郃《彩选》之类是也。”

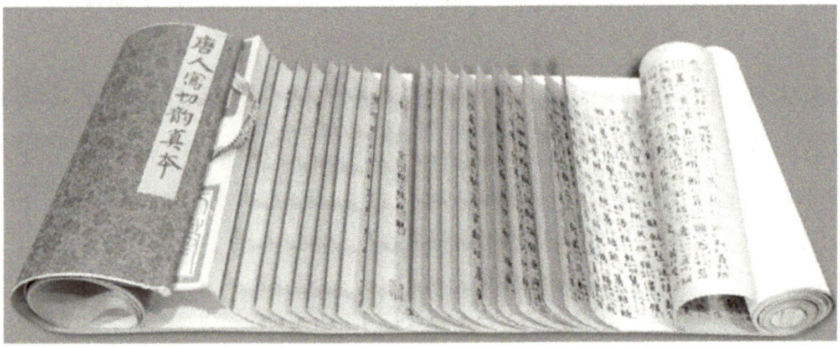

旋风装

这里需要说明的是，史书关于旋风装的记载有多则，但是一直没有实物留存下来，直到民国时期，人们在北京故宫博物院找到了唐写本王仁煦《刊谬补缺切韵》，它是现存古代书籍旋风装的典型实物留存。该书共 5 卷 24 叶，除首页是单面书写以外，其余 23 叶均为双面书写，共 47 面，装帧形式就是典型的旋风装。因为这一实物的发现，今人李致忠在《古书版本鉴定》一书中指出，唐代近体律诗创作流行，类书和韵书广受欢迎，尤其是韵书要备随时检查格律使用，因而其书写方式和装帧形式要以方便随时翻检为原则而做出相应的改变。旋风装既保留了卷轴装的外壳，又满足了翻检必须方便的要求，从第一页可以翻到最后一页，还可再接连翻到第一页，回旋往复，不会间断，而且迅急如风，所以称为“旋风装”，也称“龙鳞装”。

三、雕本的版式与装帧

雕版印刷使书变成一页一页的单页，然后把每一单页顺次装订成册而后成为一本本书，这种单页的形式看似简单，实则包含很多名目，比较烦琐。下面从版式、行款、字体和装帧等方面略作陈述。

（一）版式

古籍是由一页一页的印页双面折叠而成的，每一个印页都有一定的格式，叫作版式。印页上的每一事项都有特定的名称，包括以下几类。

1. 版面

一块版所占的面积，称为“版面”或“匡郭（廓）”。版面四周的黑线叫“版框”，也叫“边栏”，或称“栏线”，简称“线”。四周单线印的，称为“单栏”或“单边”；四周双线印的，称为“双边”或“双栏”。双线一般是一粗一细，外粗内细，故又称“文武边栏”。还有一种仅左右印双线的，称为“左右双边”或“左右双夹线”。此外，还有一种总称“花边”的，有“卐字栏”，即四周由卐字花纹图案组成，如明金陵富春堂刻的《绨袍记》《白兔记》等；有“竹节栏”，即四周由竹节花纹图案组成，如清刻《陶渊明集》；还有“博古栏”，即四周由多种古乐器花纹图案组成，如清刻《词坛雅玫》等。版框上下距离称为“高”，左右距离称为“宽”或“广”，用以表示版框尺寸大小。

2. 界行

版面内分行的直线叫“界行”，也叫“界格”，又叫“边准”。界行和栏线有朱墨两色，红色的栏线叫“朱丝栏”，黑色的栏线叫“乌丝栏”，也有不分界行的，称为“白文”。

3. 版心

版面的中心有较窄的一行，叫“版心”，也称“版口”“书口”“中缝”“中折行”等。鱼尾、象鼻居其中。

4. 鱼尾

在版心中间，距离上边约四分之一的地方刻有一个像鱼尾一样的图案，称为“鱼尾”。有时版心下方与上方对称的地方也刻有鱼尾。只刻一个的称为“单鱼尾”，刻有

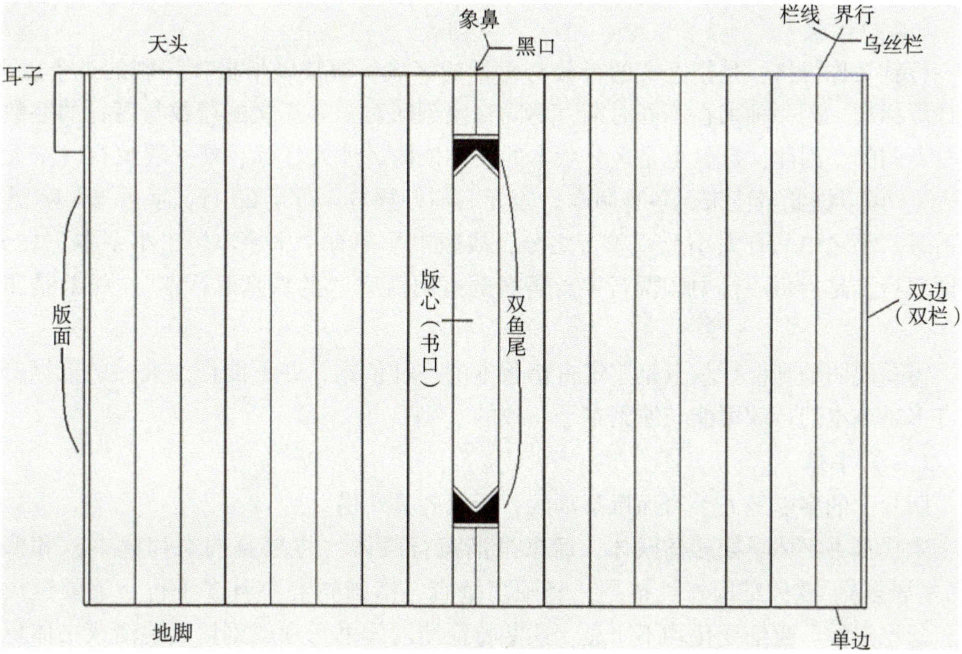

雕印本版式图解

两个的称为“双鱼尾”。双鱼尾中又有“顺鱼尾”，即鱼尾方向一致，或者“对鱼尾”，即鱼尾方向相对。其中，黑色的称为“黑鱼尾”，空白的称为“白鱼尾”，由两线组成的称为“线鱼尾”，带花纹的称为“花鱼尾”。元朝末年刻书多有花鱼尾，通常以黑鱼尾居多。鱼尾将版心分为三部分：中间部分一般用来题写书名、卷次、叶数；上面原是刊刻叶数的，后来把中间部分的书名移过来，也有刊刻出版家名称的；下面原是记刻工姓名的，后来多记出版家名称或丛书名。

5. 象鼻

鱼尾上下到版框之间的部分，称为“象鼻”。象鼻中印有黑线的称为“黑口”，黑线较细的称为“细黑口”或“小黑口”；黑线较粗的或全粗的称为“粗黑口”或“大黑口”“阔黑口”“宽黑口”等。上面的黑口称为“上黑口”，下面的黑口称为“下黑口”，上下都有黑口的称为“上下黑口”。其中，刻有文字的，称为“花口”或“口题”；没有黑线和文字的，称为“白口”。宋版书多是白口或小黑口，元版书多是大黑口或花口。版心中的黑线和鱼尾是折叠书页的标号。

6. 书耳

在版框边栏外的上角，有时有一小方格，称为“书耳”或“耳子”，或称“耳格”，简称“耳”。书耳上多记书中的篇名（小题），相当于现代铅印书直排本的“中缝”、横排本的“书眉”。在左边的称为“左耳题”，在右边的称为“右耳题”。这是为阅读时方便翻检而设的，多见于宋元版书。

7. 天头和地脚

每张印纸上，版面以外的部分，在上面的称为“天头”，在下面的称为“地脚”，合称“天地头”。左右部分各称为“边”。

（二）行款

行款又称行格，是指正文的行数与每行的字数。通常以半页（印刷的半个版面）为计算标准。同一种书在不同时期、不同刻家刻印时，其正文的行数与每行的字数往往是不同的。因此，行款也是区分版本的一种依据。清人江标、刘肇隅编有《宋元行格表》，可以据此考证宋元各种版本。宋元旧刻行数自 4 行至 20 行，字数自 8 字至 27 字不等。字之中又有大小及双单行之分，故版本学中有“大字本”“小字本”之分。所谓双行，是指每一行中印两行字，著名的有明活字“兰雪堂双行本”。一般是印单行字。

需要说明的是，行款只是鉴定古籍版本的一种依据，并不能作为唯一的依据，因为许多翻刻本的行款可能与原刻本是一致的。

（三）字体

版片上的字是经人手写而后摹刻的，所以各具一格。

宋代刻书字体早期多仿欧体，后来渐渐流行颜体（主要是蜀本和建本）和柳体（浙本居多）。欧体结构修长精严，竖画多垂直，横画斜势小且多平行，笔画挺拔峻峭，起讫提按、粗细变化均不明显，这些特征使欧体书写和雕刻比其他诸家书体更快捷简便，而且刻出的效果无论是版面还是独立文字都很明洁悦目，因此历史上欧体对雕版刻书的字体影响十分深远。如果从各地刻书情况来说，刻书风格也不一样，大抵浙本多用欧体，蜀本多用颜体，而建本字体介于颜柳之间，稍近柳体，肥瘦适中，结构方正，字画严密。

元代刻书多采用赵孟頫体。赵氏楷书吸取了东晋王羲之、王献之及唐褚遂良等大家的技法，形成了流动秀美、端庄优雅的特征，因而各地刻书喜欢用赵体。因为赵孟頫家居吴兴，此体也称吴兴体。不过，不是所有元代刻书都用赵体，也要注意几种情况：一是元初书法有宋金遗风，刻书字体接近；二是各地仍保留原有的字体风格；三是覆刻本刻出来的是原书字体。

明洪武至正德年间，刻书字体仍宗赵孟頫，到明万历年间，出现了一种非颜非欧非赵的横轻竖重的肤廓字样，因由专业刻工发明，故称为“匠体”，也称“宋体”，日本则称之为“明体字”。宋体笔画平直，利于刻工入刀用力，相较于其他字体，宋体雕刻速度也快，因而后世十分流行。

清代官府刻书对字体没有严格的规定，普遍流行宋体、软体和仿宋三种。康熙十二年（1673），清帝敕廷臣补刊经厂本《文献通考》，诏令：“此后刻书，凡方体均称宋字，楷书均称软字。”（《清代殿柘书始末记》）所以，这两种字体被固定下来，至今沿用。宋体，今称为“老宋体”，是常用的印刷字体；楷书，今称为“正楷”，常用于少儿读物、教科书和诗歌、按语及其他读物标题等。

（四）装帧

雕版印刷出现之后，古籍装帧形式也发生了变革，从现存雕印本实物看，唐代雕印书籍还受到抄本装帧形式的影响，用的是卷轴装，但是也有新的装帧形式出现，主要有以下几种。

1. 蝴蝶装

蝴蝶装图解

蝴蝶装大约出现在唐代后期，盛行于宋代。雕印书籍要受版面制约，每版只能雕印一定的行款字数，且通常都有边栏界行。这样印出的书叶，都是以版为单位的单叶。这种书叶若是仍然沿用卷轴装或经折装，则必须将书叶先行首尾粘连，且要设法去掉或掩盖每叶的左右边栏，劳力费时，极为不便。于是，古人适应雕版印书的特点，创造了蝴蝶装。具体办法是将印好的书叶，以版心中缝线为轴心，字对字地折叠。然后集数叶为一叠，排好顺序，以版口一方为准，戳齐，逐叶用糨糊粘连。再选用一张比书叶略宽略厚略硬的纸对折，粘于版口集中的一边，以为书脊。最后将上、下、左三边余幅剪齐，一部蝴蝶装书籍就算装帧完毕了。这种装帧形式的书籍，打开来，版口（也称版心）居中，书叶朝左、右两边展开，犹如蝴蝶展翅，故名蝴蝶装。

但是，因蝴蝶装所有的书叶都是单叶，打开来，总是无字的背面向人，有字的正面朝里，且两个单叶极易相连，翻阅时常是一翻两个单叶，见到的下一叶仍是无字的背面，极为不便，故逐渐为包背装所代替。

2. 包背装

包背装起于南宋后期，其装订方法是将书叶正折，版心向外，书叶左右两边的余幅——亦称“脑”的一边齐向右边书脊，折好的书叶以书口版心为准戳齐。早期，书叶粘在书背上（这还是沿用蝴蝶装书糊粘的方法），再裹书皮，上下裁切，便成一本包背装书。后来，在右边打眼，用绵性的纸捻订住、砸平。书外用书衣绕背包裹，上下裁齐，一本书便做成了。由于这种装帧形式主要在于包裹书背，因此得名“包背装”。

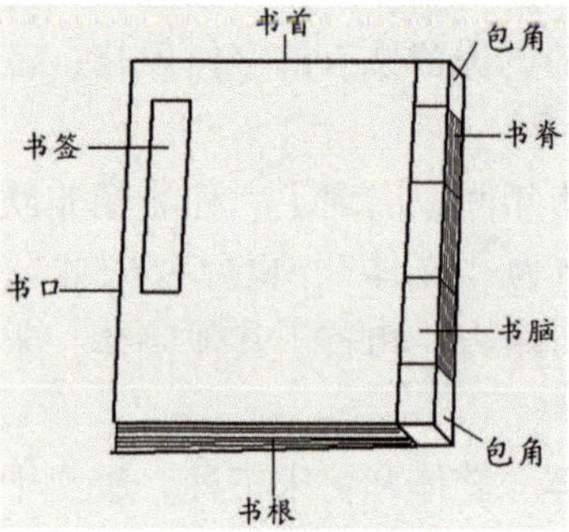

包背装图解

包背装书的版式及装订形式使读者阅读起来更方便一些。包背装书克服了蝴蝶装书连翻两叶的缺点，得到了迅速发展，一些经典巨著都采用包背装。《永乐大典》是明代巨帙，书高1尺7寸、宽1尺，原书11 095册，开本很大，也是用包背装。清乾隆《四库全书》共7部，分别贮存在文渊、文溯、文澜、文源、文津、文汇、文宗7阁，每阁约36 000册，用绫书衣，也是包背装。

3. 线装

线装书是从包背装书发展而来的，在折页方面和包背装书没有区别，折页也是版心外向，书页右边先打眼再加纸捻。装订时将封面裁成与书页大小一致的两张，前后各加一张，与书页在版心处同时戳齐，把天头、地脚及右边余幅剪齐或裁齐，加以固定，而后打孔穿双根丝线订成册，这便是线装书。

线装是中国古代书籍装帧形式的最后一种，它克服了包背装的缺点，达到了至善至美的境界。线装书是中国传统文化的结晶，包含丰富的内涵，充满“书卷气”，具有深厚的文化底蕴，具有鲜明的中国特色。

四、古籍版本鉴定

古籍版本知识是阅读古书的基础知识之一。读书不仅要解决读什么书的问题，还要解决应读某部书的哪种版本为好的问题。因为一部图书往往不止一种版本，不同版本的质量必有优劣高下的差异，如不加鉴别、选择，难免以误为善，或以讹传讹。进行学术研究，要参考和依据各种图书文献，而对于任何一种图书文献，如果不知道它产生的时地，不了解它出版制作的情况，不明白它的源流、演变、真伪、优劣，那么就不能将它作为参考和依据，否则研究结果或结论就不能令人信服，甚至可能造成错误。此外，从事古籍整理也必须审定版本，即寻求所整理古籍的各种不同版本，然后对这些不同版本进行比较和鉴别，选出最好或最易得的版本作为校勘整理的工作底本，再参校其他各种版本进行校勘。这种选择和评判校勘底本的工作恰恰属于版本学的范围，而古籍整理的其他各个步骤都必须以此为前提，建立在版本工作的基础上。

（一）版本鉴定依据

鉴定古籍版本是一项非常精细和复杂的工作，需要长期学习和实践。对于鉴定者来说，不仅要有广博的科学文化知识，更要有丰富的实践经验积累，而在鉴定过程中，还要紧紧抓住鉴定依据这个关键环节。一般来说，版本鉴定依据主要有牌记、封面、序跋、名家藏书印章和题识、书名冠字、避讳字、刻工姓名、行款字数、名家著录、版刻特征等，情况非常复杂。今略述如下。

一要了解和掌握不同历史时代图书版本的情况与特点。时代不同，古籍的版式、行款、字体、刀法、纸张、墨色、装帧等都各有不同。其中，宋版书，一般是白口单边，版心上有数字，下记刻工姓名；序文、目录和正文多不分开，而是连在一起；字体秀雅古劲，笔势生动，多为颜、柳、欧三种，有颜肥欧瘦之说；纸色光润，质地厚实，多用白麻和黄麻纸；装帧上，主要是蝴蝶装，也有少数经折装和包背装。元版书，版式多为黑口，赵体字，墨色稍淡，刀法较弱，行款较紧密，文字内容不避讳。明初刻本，承袭元末风格，多黑口，赵体字，嘉靖以后由赵体软字逐渐变为方块字，万历以后则是横轻竖重、笔势开阔、字形稍长的方块字；明版书，纸质较薄，多用竹纸、棉纸，嘉靖以前主要是包背装，以后多线装。清版书，白口、黑口皆有，字体以宋体、软体和仿宋为主，亦有精美的手写上版者；所用纸张种类繁多，有太史纸、连史纸、竹纸、棉纸、宣纸、毛边纸、毛太纸等，而以开化纸最好；基本都是线装，总的来说刊刻质量好。

二要辨识版本类型和印制方法。古籍版本类型多种多样，主要有时代不同、出版单位不同（官刻、私刻、坊刻等）、地区不同（浙本、蜀本、建本等）、字体不同（大字本、小字本等）、印色不同（朱本、墨本、蓝本、朱墨套印本、三色本、五色本等）、刻印时间不同（原刻本、重刻本、翻刻本、初印本、后印本等）……这些情况在前文版本类型中交代了很多，不再赘述。不过，对于雕印本和活字本的区别要注意，一般来说，雕印本字体较规整，行款格式有定型，字迹笔画有时模糊残缺，边栏界行残损不全，纸面着墨边缘稍显压痕和皱纹，版片经久又有断裂痕迹，等等；而活字本字体大小不一，字行不齐，版框四周不连接，时有字歪斜和颠倒等情况，等等。上述情况见得多了，自然不难辨识。

三要掌握鉴定抄本的原则。抄本抄写的时间有先后，书写水平有高低，因此鉴定抄本非常复杂。大致来说，可以从三方面入手：其一，分清各个时代的书法风格，历代书法都别具一格。每当一家书法出现，则举世效仿，形成时代风气，这对抄写书籍的人有直接的影响，因而对鉴定抄本有极大的作用。其二，分清各个时代的纸墨特点，辨析抄书者的习用纸张。一般来说，唐人写经多用藏经纸，辽金宋元多用麻纸，明初用麻纸，明中叶后至清多用棉纸和开化纸等。其三，熟悉各个时代的名家室名别号及图章印色和手迹字体。历代名家对其读书藏书处所多冠以斋、堂、轩、室、庵、馆、楼、阁、山房、书屋等名号，名家所藏抄本，一般会在版心或栏外刻其斋名，因此，熟悉并掌握斋堂名号对于鉴别抄本很有帮助。

四要进行全面的辨析。版本鉴定最忌举其一端而定谳，如果单凭版式行款、序跋、封面、牌记、字体、墨色等个别依据，得出以偏概全、主观臆测的鉴定结果，往往会贻害无穷。鉴定时，要充分掌握各种信息，证据越多，立论越可靠，定版就越准确。为此，鉴定者要多请教，勤查工具书和版刻图录，版本的相关信息要全部考虑进来，这样才能得出科学的鉴定结果。

（二）版本鉴定方法

首先，要总览全书，从外到内，从头到尾，每一处都不能错过，根据书目查看该书是否完整，有无缺漏。初步掌握了古籍的基本情况和全貌后，再根据书的版式、行款、字体刀法、纸张墨色、书品风格及其他相关信息，来断定古籍的时代、版本类型和优劣。

其次，要看古籍的序跋，以便了解书籍的来历和流传，同时查看书内有无牌记、避讳字、藏书印，书名是否冠以“圣宋”“皇元”“大明”“国朝”“皇朝”“昭代”等当朝尊称字样，可以根据上述情况和全书特点进行分析辨别。

最后，从古籍的编著者、校订者、抄写者、刊刻者等情况来分辨。详细查看书内有无刻工姓名，有无堂、楼、馆、斋、室等别号，有无镌梓、校印、书写、绘图等人的姓名或其他有关版本的著录、标记，还可以查找工具书、专题书目、索引和版刻图录等，从中得到一定的借鉴、比较、启示和验证，有利于最后得出结论。

【思考题】

1. 抄本时代古籍传承的文化价值有哪些？
2. 从事古籍版本鉴定需要哪些知识储备？

第八讲

文献发现与典藏

文献学历史上，文献的发现意义重大。通过对新发现的文献的研究，人们可以重新认识历史，厘清古代社会的相关难题。因此，自古以来，文献发现一直被看作文献学上的大事件。本讲主要梳理历史上几个重要的文献发现过程及其价值。

一、甲骨文献发现

近代以来，中国进入激荡变革的时期，随着西方文化的大规模传入，中国传统文化遭遇一定的冲击和触动，各种思潮风起云涌，文献学也呈现出与以往不同的变革和创新。其中，殷墟甲骨的发现、收藏与研究是近代文献发现中石破天惊的大事件。甲骨学家胡厚宣曾将甲骨文的发展分为八个时期，即埋藏时期、破坏时期、药材时期、古董时期、金石时期、文字时期、史料时期和考古时期（《五十年甲骨学论著目·序言》）。所谓埋藏时期，是指商朝将甲骨卜辞埋入地下的时期；所谓破坏时期，是指后人不知此甲骨为何物，甲骨遭到破坏的时期；所谓药材时期，是指带有文字的甲骨被当作药材使用的时期；所谓古董时期，是指甲骨文被当作古董收藏的时期；所谓金石时期，是指甲骨文被纳入金石学研究的时期；所谓文字时期，是指甲骨文被当作文字研究的时期；所谓史料时期，是指甲骨文被作为历史资料研究的时期；所谓考古时期，是指甲骨文被纳入考古学研究的时期，距离埋藏时期已有数千年。谈到甲骨文的发现，不能不提的一个人物是王懿荣，他是近代第一个重新发现甲骨卜辞的学者。

王懿荣像

王懿荣（1845—1900），字正儒、廉生，号养潜居士、直庐花衣。山东福山县（今福山区）人。幼承家学，光绪六年（1880）进士，授翰林院编修，曾三任国子监祭酒。潜心金石之学，著有《汉石存目》《六朝石存目》《天壤阁杂记》等30余种金石学研究著作。光绪二十五年（1899）盛夏时节，终日勤勉不休的王懿荣终因劳累病倒，太医诊断为重伤寒。家人持药方到宣武门外的鹤年堂抓药。药抓回来，王懿荣发现有一味叫“龙骨”的药里有几片大拇指般的骨头，上面有清晰的类似篆籀的刻画。翌日，王懿荣不顾病体，前往鹤年堂说明来意，并再三嘱咐药店掌柜，以后再有送来的龙骨千万不要捣碎，一定代为收藏。临走时，留下一锭银子，作为订金。是年秋，山东潍县古董商人范维卿在河南安阳小屯村收购了一批甲骨，并精选了 12 片携到北京，经药店掌柜引荐来到王府。王懿荣见范维卿等人送来大片甲骨，分外高兴，他告诉范维卿这是中国最古老的文字。王懿荣用一片二两银子的天价全部收下。临行前，王懿荣为范维卿书写了陆游诗句作为对联：“农事渐兴人满野，霜寒初重雁横空。”北京鹤年堂至今还挂着王懿荣画像及王懿荣抓龙骨发现甲骨文的经过。

经过一段时间的苦心搜求，王懿荣收藏了千余片有字的甲骨，然而，他尚未来得及做进一步研究，义和团运动兴起，次年八国联军攻入北京城，王懿荣任团练大臣，留守京都，不幸牺牲。金石学家罗振玉得知发现甲骨文字后，立即投身其中，经过不懈努力，最终取得了丰硕的学术成果。而最可称道的是经过多年走访，他从古董商口中最终弄清楚甲骨的真正出土地为河南安阳小屯村。确定地点后，他立即派人前往搜购，先后获得上万片甲骨残片。

上万片甲骨残片，显然不能令学术界满意，但是晚清统治时期和北洋政府时期，对安阳进行大规模的发掘工作是不可想象的。从民国时期开始，在政府的统一领导和组织下，殷墟甲骨文的发掘工作才得到多次有序地开展，发掘历程大约分为三个阶段。

第一阶段的考古发掘工作，从 1928 年至 1937 年。“中央研究院”历史语言研究所考古组组织进行，共进行了 15 次发掘，15 次发掘工作的基本情况如表 8-1 所示。

表 8-1　殷墟甲骨文第一阶段发掘工作的基本情况

次数	发掘时间	主持人	发掘成就	备注
1	1928 年 10 月 13 日—10 月 30 日	董作宾	发现甲骨文 854 片	—
2	1929 年 3 月 7 日—5 月 10 日	李济	发现甲骨文 740 片	—
3	1929 年 10 月 7 日—10 月 21 日、11 月 15 日—12 月 12 日，分两期进行	李济	出土甲骨文 3012 片	精品有大龟四版、牛头刻辞和鹿头刻辞
4	1931 年 3 月 21 日—5 月 12 日	李济	出土甲骨文 782 片及铸铜陶范	—
5	1931 年 11 月 7 日—12 月 19 日	董作宾	出土甲骨文 381 片	—
6	1932 年 4 月 1 日—5 月 31 日	李济	—	发现殷代、龙山、仰韶文化层相叠压的现象

续表

次数	发掘时间	主持人	发掘成就	备注
7	1932 年 10 月 19 日—12 月 15 日	李济	发现甲骨文 29 片	—
8	1933 年 10 月 20 日—12 月 25 日	郭宝钧	出土甲骨文 257 片	首次发现殷代殉人遗迹
9	1934 年 3 月 9 日—4 月 1 日	董作宾	发现甲骨文 441 片	—
10	1934 年 10 月 3 日— 1935 年 1 月 1 日	石璋如等	—	推断其为殷代帝王之陵
11	1935 年 3 月 15 日—6 月 15 日	石璋如等	出土大量器物	—
12	1935 年 9 月 5 日—12 月 16 日	石璋如等	—	为殷墟发掘以来工程最大的一次
13	1936 年 3 月 18 日—6 月 24 日	石璋如等	出土甲骨文 17 096 片	—
14	1936 年 9 月 20 日—12 月 31 日	石璋如等	出土字甲 2 片	—
15	1937 年 3 月 16 日—6 月 19 日	石璋如等	出土甲骨文 599 片	—

注：表中第 6、10、12 次发掘成果没有分开统计。

第二阶段的考古发掘工作，从 1949 年至 1979 年。这 30 年间，随着国家经济建设的发展，对文物保护工作的加强，以及对科研工作的重视，殷墟发掘工作又上了一个新的台阶。1958 年，中国社会科学院考古研究所在安阳设立了考古工作站。由此，中国社会科学院考古研究所安阳考古工作站担负起了殷墟日常的发掘工作。

第三阶段的考古发掘工作，从 1980 年至 2018 年。这一阶段进入我国改革开放时期。随着国家经济建设的高速发展，配合基本建设的考古发掘工作频增。殷墟也不例外，考古发掘工作量日益增大。这一阶段在殷墟共进行了 100 多次发掘，发掘区域不仅涵盖了殷墟原保护范围，而且扩展到殷墟南部区域。2000 年后，又增加了对洹北商城区域内的发掘工作。

从 1928 年至 1937 年的 15 次发掘，获得刻辞甲骨 24 918 片，包括字甲 22 718 片、字骨 2 200 片。中华人民共和国成立后，在殷墟发掘中出土甲骨 6 000 余片。甲骨上的文字主要是契刻文字，也有用朱、墨在甲骨上书写的。这批甲骨文的出土，是殷墟考古发掘中最重要的收获之一。

拓展阅读

甲骨文研究简史

王懿荣殉国后，所收藏的甲骨文流转到其他学者手中。其中，《老残游记》的作者刘鹗收购最多，加上从其他途径收集的，刘鹗共得甲骨 5 000 余片。因为很多朋友向他索求拓片，刘鹗就精选所藏甲骨拓成片，再石印成书，名《铁云藏龟》。《铁云藏龟》是中国甲骨学的开山之作，著录甲骨拓片 1 058 片，为接下来甲骨文字的研究起到了导夫先路的作用。

罗振玉紧跟刘鹗之后，从事甲骨的收集和研究。他精通经史及金石考证，当得知发现甲骨文字后，立即投身其中，经过不懈努力，在甲骨学研究领域取得了丰硕的成果，可以概括为三方面：一是确定甲骨出土地点。经过多年走访，罗振玉从古董商口中最终弄清楚甲骨的真正出土地为河南安阳小屯村。确定地点后，他立即派人前往搜购，先后获得上万片甲骨残片。二是著录甲骨。罗振玉将收集的甲骨残片进行整理著录，先后出版了《殷墟书契前编》8 卷、《殷墟书契菁华》《殷墟书契后编》2 卷、《殷墟书契续编》6 卷等。这几部书共收录甲骨 5 400 余片，占当时学术界已经公布资料的三分之一。三是考释文字。对甲骨文的考释，虽然第一部著作是孙诒让《契文举例》，但该书只是简单分类考证，未能洞悉奥隐。罗振玉 1910 年撰写完成的《殷商贞卜文字考》，对甲骨文字进行考释。之后继续研究，1914 年撰《殷墟书契考释》1 卷，1927 年增订为 3 卷出版。该书分为都邑、帝王、人名、地名、文字、卜辞、礼制、卜法 8 章，从许慎《说文解字》、金文等传统文字源流入手，通过考释文字，通读卜辞词句，在此基础上，结合史籍，进一步研究商代典制和历史。此书问世后，卜辞始成可读材料，为学者们研究甲骨文字及商朝历史开辟了道路，标志着甲骨学研究由所谓金石时期进入文字时期。

罗振玉之后，甲骨学研究迅速发展。王国维于 1917 年撰《殷卜辞中所见先公先王考》《续考》《戬寿堂所藏殷墟文字考释》等，以甲骨材料研究历史，同时进行甲骨缀合工作，取得了显著成就。同样利用甲骨资料进行研究的著述还有：1931 年郭沫若撰写的《甲骨文字研究》，1940—1943 年于省吾先后出版的《双剑誃殷契骈枝》《双剑誃殷契骈枝续编》《双剑誃殷契骈枝三编》等。这几部著作均以卜辞证史，因而这一时期被称为甲骨学的史料时期。

从 1928 年至 1937 年，“中央研究院”历史语言研究所在安阳小屯村等处先后组织了 15 次大规模科学发掘工作，由董作宾、李济、石璋如等人主持。这是第一次由中国学者主持的科学考古工作，标志着甲骨学的发展进入考古时期。

甲骨重新面世之后，诸多学者用力甚勤，功绩卓著。唐兰曾总结说：“卜辞研究，自雪堂导夫先路，观堂继以考史，彦堂区其时代，鼎堂发其辞例，固已极盛一时。”学术界因罗振玉和王国维对甲骨学的开创之功，将他们的甲骨学研究称为“罗王之学”；又因罗振玉号雪堂，王国维号观堂，董作宾字彦堂，郭沫若字鼎堂，且四人分别在甲骨收藏、甲骨文字考释、甲骨考古发掘等领域做出了卓越贡献，将他们的甲骨学研究称为“甲骨四堂”。

（参见吴浩坤、潘悠著《中国甲骨史》，武汉大学出版社2018年版）

二、简牍文献发现

汉武帝末年，鲁恭王在孔子旧宅发现《尚书》《礼记》《论语》等数十篇用战国时的文字书写的简册，即所谓“壁中书”，从而引起了长达2 000年的经学今、古文学派之争。

晋武帝太康二年（281），汲郡（今河南卫辉市）有个名叫不准的盗墓贼发掘战国魏襄王（一说安釐王）墓时，发现数十车竹简。这些竹简被整理成《纪年》《穆天子传》等16种古书共75篇，这就是所谓“汲冢书”。此事还作为我国古代历史上一次很重要的古代文献出土事件被写入《晋书》，堪称我国最早的有关简牍的考古记录。

令人遗憾的是，前述出土简牍都没能保存下来，根据它们所整理出的书籍亦大多亡佚。之后，根据历史记载，也有一些零星的简牍出土，但都没有受到当时人们的重视。

20世纪初，斯坦因、斯文·赫定等西方探险家在我国楼兰、尼雅、敦煌等地陆续发现一些古代的简牍，受到中外学术界的关注，并在国内学术界引发震动。因为彼时的中国学术界因循传统的史学观念和史学研究方法，这些新材料的出现，让学者们能够从全新的角度研究和认识古代社会，并在很大程度上推进了新的研究方法和新的学术思想的深入普及。古代简牍的出土由此成为中国20世纪最重要的考古发现之一。在20世纪的100年中，我国先后发掘、出土了100多批古代简牍，反映的是近千年时段的古代历史。

中华人民共和国成立后，我国考古工作者独立进行科学发掘，出土古代简牍数十次，其中比较重要的发现有：

1951年，在湖南长沙五里牌406号战国墓出土竹简38枚。这是首次发现楚简。

1959年，在甘肃武威磨嘴子6号东汉墓出土竹、木简504枚，其中有《仪礼》469枚。这是在所发现的简牍中现存第一部较完整的古书实物，在此之前发现的简牍大多属于文书、遣策，只有极少一部分古书，实物已荡然无存。

1972年，在山东临沂银雀山西汉1号墓出土竹简4 942枚，2号墓出土竹简32枚，其内容均为先秦古籍与古佚书，其中有著名的《孙子兵法》和《孙膑兵法》。这是考古发掘中第一次出土这么多的古籍（称银雀山汉简）。同年，在甘肃武威旱滩坡一座东汉初期墓出土木简92枚，其内容是一部前所未见的医书。

1972—1976年，在原出土居延汉简的遗址又发掘19 637枚简牍（称居延汉简），其数量之多、内容之丰富都是空前的。

1973年，在河北定县（今定州市）40号汉墓出土大批简牍，共有《论语》等8种珍贵古籍。同年，长沙马王堆西汉古墓出土了原版《老子》。

1975 年，在湖北云梦睡虎地 11 号墓出土 1 155 枚竹简。这是自发现简牍以来，首次出土秦简（称云梦秦简）。

1977 年，在湖北随县（今随州）战国早期曾侯乙墓出土竹简 200 余枚。这是迄今发现的时代最早的简。

1977 年，在安徽阜阳双古堆 1 号汉墓出土《仓颉篇》《诗经》等十多种珍贵古籍。

1979 年，在青海大通县上孙家寨 115 号汉墓出土约 400 枚木简，其中有《孙子兵法》佚文。

1983 年，在湖北江陵张家山 3 座汉墓中发现西汉早期木简千余枚，其中包括《汉律》等汉代法律古籍。

1993 年，在湖北省荆门市郭店村一号楚墓（M1）发掘竹简共 804 枚（称郭店楚简），共计 13 000 多个楚国文字，其内容包括道家文献 2 篇、儒家文献 14 篇，其中以道家文献《老子》最为有名。郭店楚简具有重要的学术研究价值，被誉为“改写中国思想史的典籍”。

1996 年，在湖南长沙走马楼出土三国时期吴国简牍，其数量多达 10 余万枚，超过全国历年出土简牍的总和，是 20 世纪重要的考古发现之一。

2008 年，清华大学收藏了约 2 500 枚战国中晚期竹简（称清华简）。古文字学家李学勤认为，“这将极大地改变中国古史研究的面貌，价值难以估计”，可称得上继孔子壁中书和汲冢书后的“第三次重大发现”。

2011 年 3 月，江西省南昌市海昏侯墓被发现，先后出土竹简木牍超过 5 200 枚。

拓展阅读

里耶秦简

2002 年 6 月—7 月，里耶秦简发现于湖南省湘西土家族苗族自治州龙山县里耶镇里耶古城 1 号井，共 38 000 余枚。其主要内容是秦洞庭郡迁陵县的档案，涉及广泛，有行政设置、官吏任免、司法文书、物资登记等。对里耶秦简的研究成果将大大填补史料的缺佚。它的重要性在于将极大地改变和充实人们原有的知识结构。从某种意义上说，里耶秦简对于秦史研究的重要性不亚于甲骨文对于商史研究的意义，它将从根本上改变秦史研究的面貌。

这批埋藏了 2 200 多年的秦代简牍，纪年从秦王政廿五年至秦二世胡亥二年（前 222—前 208），记事详细到月、日，十几年连续不断。而在此之前，中国古代正史中关于秦朝的记录不足千字。专家认为，里耶秦简是极为重要的百科全书般的日志式实录，它是继兵马俑以后秦代考古的又一惊世发现，蕴含着巨大的学术价值。

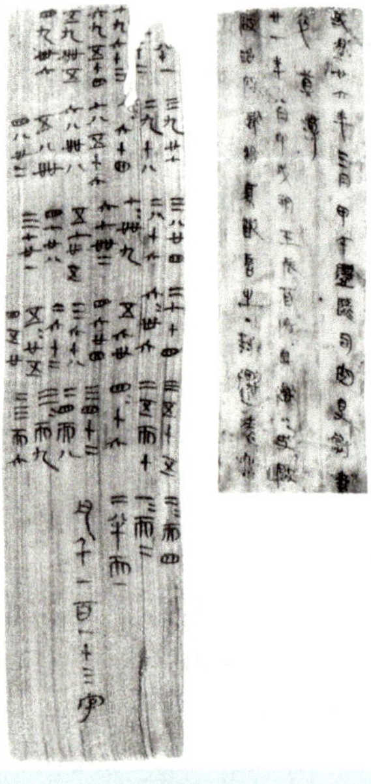

里耶秦简

里耶秦简形制多样，常见长度23厘米，宽窄不一，有的宽达10厘米或长达46厘米，大部分文字属于秦隶，从小篆演化而来，和湖北龙岗睡虎地秦简的字体相似，犹存篆法隶变之势。北京大学中文系教授李家浩说，秦统一后，实行“书同文”，全国通用小篆，但在某些场合也有例外，如一般官府文书为追求实用、方便、简洁，就用秦隶写就。

原湖南省文物考古研究所所长郭伟民说，里耶秦简发现的大批简牍字体，有古篆书、古隶书、隶中带楷书等，字形方扁与纵长并见。字全部是笔墨书写，笔画平正短促，字迹工整，运笔流畅自如；字体繁简有别，姿态各异。

里耶秦简的文字全用中锋，笔画遒劲，意境酣畅淋漓。秦简文字中的许多笔画，特别是撇、捺、竖、点等，十分漂亮。这样大量的简牍文字对于研究小篆、隶书的演变过程具有重要意义。

在这些秦简中发现了我国最早、最完整的乘法口诀表。乘法口诀，是启蒙儿童必须背诵的数字运算基本工具。而2 200年前的乘法口诀表，竟与现今生活中使用的乘法口诀表惊人地一致，它为世界算术史的研究提供了珍贵的实物资料。其中，古人的乘法口诀表里还涵盖了“二半而一”这样的分数运算，这是不同于现代教科书的地方，比西方早了600多年。里耶秦简改写了世界的数学发展史，灿烂的中华文明再一次得到了有力的证明。

（参见王云泽《简牍：深藏地下的史记》，《百科知识》2021年第31期）

三、纸本文献发现

纸作为载体后，对古代文化的传播起到了巨大的推动作用。凡是文字记录的文献，都可以载于纸本，东晋以后，纸本文献便取代简牍和缣帛文献，成为古文献的主流载体。由于纸本文献数量庞大，因此对纸本文献的“发现”也是较为频繁且价值很高的。今简述学术史上比较著名的纸本文献发现。

（一）敦煌文献

敦煌莫高窟位于甘肃省敦煌市东南鸣沙山东麓、宕泉河西岸的断崖上，俗称“千佛洞”，最早由佛教僧侣于前秦建元二年（366）开凿，此后历经北凉、北魏、北周、隋、唐、五代、宋、西夏、元等朝代，绵延上千年，最终形成近千座洞窟的规模。元代以后，由于丝绸之路衰落及政区变迁等，莫高窟逐渐沉寂，鲜为人知。直到1900年，寓居在此的道士

敦煌莫高窟

王圆箓无意中在一洞窟（现编号为第 16 窟）甬道北壁发现了另一复洞（现编号为第 17 窟），内藏有约 5 万件雕像、佛画、经书等文物和文献。

王圆箓原籍湖北麻城，少年时逃荒流落到陕、甘一带，后在肃州巡防军中当兵。几年后退役，在酒泉出家当了道士，道号“法真”，四处游方，游到敦煌莫高窟，便住了下来。之前已有几个粗通汉语的喇嘛在那里念经，但王道士一到，很快便取得了主导地位，香火渐渐旺盛起来。关于藏经洞发现的经过，王道士在给慈禧太后的奏疏中说：

> 至贰拾陆年伍月贰拾陆日清晨，忽有天炮响震，忽然山裂一缝，贫道同工人用锄挖之，欣出闪佛洞一所，内有石碑一个，上刻大中五年国号，上载大德悟真名讳，系三教之尊大法师。内藏古经万卷，上注翻译经中《印度经》《莲花经》《涅槃经》《多心经》，其经名种颇多。①

“贰拾陆年”指光绪二十六年（1900）。这个被发现的藏经洞并不是独立的洞窟，附属于第 16 窟，开凿在巨大的第 16 窟的甬道北壁上。之所以绝对不易被人察觉，是因为它的门至少在西夏侵占敦煌之前就已封住，并巧妙地在墙上补画了壁画，简直是天衣无缝。然而，1900 年农历五月二十六日，这一天也是公历夏至日，王道士又像往常一样带领雇工清除流入窟内的沙子，打算把这个旧佛窟改造成道教的三清宫。松散的沙子是流体性的，用锄头无法一块一块地挖取，筐子盛了也容易漏掉，所以王道士就和雇工引洞外涨起的党河（古称宕谷）水来冲刷疏浚。由于方法得当，水冲锄挖，很快窟的甬道就被清理干净，不久里面也渐渐豁朗起来。就在这时，忽然传来一声巨响，王道士和雇工都很震惊，不知出了什么事，便仔细察看起来。他们发现，甬道壁被水冲去了表层，墙体上竟出现一条隐隐约约的裂缝。雇工将手中点烟的芨芨草插入壁缝试探，觉得缝隙很深，又用锄头用劲敲敲，发觉里面是空的。王道士于是就与雇工一起用锄头挖掘进去，原来是一道土砖封砌的小门，门内是一间秘室，堆了满满的古物。窟壁上画着精美的壁画，有石碑一块，上刻“大中五年”国号并载“大德悟真”名讳。王道士与雇工十分惊讶，点着蜡烛进去察看，希望里面有金银珠宝，然而事实却让他们颇为失望，里面堆的只是些旧文书、旧幡画和旧佛教法器。王道士先从一捆一捆用巾轶包好的并且有《千字文》编号的文书中随意抽取了一些查看，只见都是汉文或藏文写的经卷，就放回包好了。又从一捆中抽出一卷丝织品，展开一看，是画在佛教寺庙绢幡上的菩萨。王道士对这些东西都不感兴趣，只是随便带出一些来观看，仍旧把洞窟遮蔽起来。雇工也不当回事，照常清沙不止。这是藏经洞发现的大概经过。

发现一洞窟古经古物，王道士一时不知如何处置是好，而清沙工程才刚开了个头，雇人干活必须有钱，他每次出去化缘都只能得到可怜的几个铜板。于是，王道士就想，能否利用藏经洞里的这些古经古物得点钱呢？王道士根本不知道他发现的是旷世珍宝，但他知道这些文物年代久远，会引起各级政府官员的重视，如果报告上去应

① 转引自李应存：《敦煌医学文献辑注》，甘肃科学技术出版社 2023 年版。

该会得到奖赏。一心想得赏金的王道士，很快就邀请了敦煌的士绅们，带他们参观自己发现的洞窟和古经古物。然而，当地士绅对这一大堆“破烂”毫无兴趣，于是就对王道士说，这些佛经如果四处流散是不吉利的，还是放回去封起来吧。王道士没有听他们的，选了一些书法精良的敦煌卷子送给知县严泽，希望能得到赏赐和嘉奖。然而，严泽似乎不好此道，留下两个卷子以表示接受赠送好意后，就再也不提此事了。

光绪二十八年（1902）三月，湖北省通山县人汪宗翰当上了敦煌县知县，他是进士出身，学识很好，对古代文献有较深的认识，来到敦煌县后曾专门收集汉简研究。当王道士不失时机地送来敦煌卷子时，他打开一看，十分称赏，于是马上就写了报告交到甘肃学政叶昌炽那里，叶昌炽向甘肃藩台建议将这批文物和文献运到省城兰州保存。然而，敦煌离兰州路途遥远，叶昌炽估算这些东西光运费就要五六千两银子，一时经费无处落实，于是就让汪宗翰责令王道士暂将发现的文物和文献放回洞中封存起来，等候处理。可是，不幸得很，4 年后汪宗翰调离敦煌县，以致未能将敦煌文物和文献移送到公府。

王道士并不死心，他雇来毛驴，驮着两箱字迹比较漂亮的经卷，径直送到安肃道的道台兼兵备使廷栋处。王道士从前就是在这里当兵的，知道廷栋大人爱好书法，所以特意远道而来“投其所好”。可是，这位道台大人虽然是科举出身，爱好书法，却认为这些经卷的书法还不如自己，因此兴趣不大，赏了王道士一杯茶，留了几个经卷作样品，答应把它们转呈远在兰州的甘肃藩台，就让王道士把其他东西驮回去了。甘肃藩台对此也是毫无兴趣，命令将经卷原处封存，仍旧由王道士负责看管。

继汪宗翰之后任敦煌县知县的是黄万春和王家彦。黄万春在保护敦煌文物和文献上无所作为。王家彦任内正好遇上斯坦因到敦煌盗宝，他对斯坦因的考古探险十分感兴趣，当斯坦因由新疆阿克苏道台潘震介绍来敦煌时，他给予了热情的接待和宴请，斯坦因大为王家彦的渊博学识所折服。斯坦因在酒席上与王家彦谈起玄奘《大唐西域记》，他一点也不陌生，并送给斯坦因一部《敦煌县志》。斯坦因想请王家彦帮助他发掘文物，但遭到了王家彦托故回绝，可是王家彦无意间透露了莫高窟藏经洞的情况，斯坦因马上找到王道士，用少量的银子便从王道士手中悄悄骗得了大批敦煌卷子。

斯坦因之后，伯希和、橘瑞超、奥登堡等外国探险家，也都悄悄地“买”走了一批又一批的文物和文献。应当注意的是，斯坦因“买”走了第一批文物和文献之后，甘肃省政府很快得知了这个情况，并做了补救，但那补救的方法极其愚昧——由敦煌县府责成王道士将部分经卷装在两个木桶中，桶表油漆彩画，然后钉上盖子。桶的中心被做成空的，套在木柱上，可以推动旋转，立在佛殿一侧，称作“转经桶”。其余的经卷则仍令堆在洞中，由王道士“妥为保守，毋再遗失私卖”。上有政策，下有对策，王道士没有受到任何处罚，当然也就不会认真执行这样的命令，所以造成敦煌文物和文献不断流失的原因是多方面的，而清政府的腐朽无能则是主要原因。

王道士在给“活佛”慈禧太后的上疏中指称太后批拨的一万两用以保护藏经洞文物的银子一两都没有到他手中，这只能解释为中途被各级贪官截走了。如果说此事可能原属子虚乌有，王道士只是道听途说，那么后来北京下令将劫余文物和文献全部运回京并奖励王道士六千两银子，而最后王道士到手时只剩三百两的情况是不可否认的事实。

敦煌藏经洞这座丰富的古代文化宝库，总共有 5 万余件藏品。藏经洞里的文书主要包括 4—11 世纪多种文字的古写本、少量印本，涉及内容丰富，形式多样，既有佛经、道经、儒书、地志、小说、通俗词典等专书，也有诗词、短文、唐代俗讲、信札、账簿、医卜、历书等；语种包括汉、藏等诸种。敦煌文献是研究中古中国、中亚、东亚、南亚等相关的历史学、考古学、宗教学、人类学、语言学、文学史、艺术史、科技史、历史地理学等学科的珍贵材料。人们根据敦煌文献，可以详尽地分析社会构成与发展、生产与流通、寺院与生活等方方面面，深入地研究礼仪、氏族、学校与礼生、选举、良贱、城乡、教团等方面的中古社会风貌，甚至饮食、衣饰、建筑、行旅、家族与奴婢、婚姻、教育、信仰、经济、娱乐、社交礼仪、俗谚俗典、狱讼等社会风俗都可以得到深入的了解。①

拓展阅读

敦煌学研究的发展历程

1909 年，法国人伯希和到北京为法国国立图书馆购买汉籍，随身携带了一些 1908 年从敦煌掠走的敦煌文献珍本，直到此时，北京学术界才得知莫高窟发现敦煌文献的消息。当时在京的许多著名学者如罗振玉、王仁俊、曹元忠等，都前往伯希和寓所参观或研读、抄录。同年 9 月，王仁俊出版了我国第一部敦煌文献资料集《敦煌石室真迹录》，紧接着罗振玉出版了他和蒋斧辑录的《敦煌石室遗书》等。经过我国学者和日、法、英等国学者的共同努力，以整理和研究敦煌文献为发端的学术研究领域逐渐扩大，并形成了一门新的学科——敦煌学。

民国时期，我国学者在非常困难的条件下，继续向前推进敦煌学研究，他们所能接触到的敦煌文献十分有限，但仍不遗余力地多方搜求，并且几乎公布了他们见到的全部有关历史的文献。

中华人民共和国成立后，我国学者利用敦煌文献的条件开始得到改善。1957 年，北京图书馆通过交换得到了大英博物馆收藏的敦煌汉文文献 S. 6980 以前部分的缩微胶片，台湾“中央研究院”历史语言研究所也于次年购得相同内容的缩印本。1962 年，商务印书馆出版了由王重民、刘铭恕编纂的《敦煌遗书总目索引》。该目录著录了北图藏、英藏、法藏和散藏的共 2 万多件敦煌文献，为国内外学者了解、调查、利用敦煌文献提供了极大的方便。

“文革”期间，内地敦煌学研究基本陷于停顿状态，香港和台湾地区的学者成为研究敦煌历史文献的重要力量，为敦煌学的发展做出了很大贡献。

1983 年 9 月，中国敦煌吐鲁番学会正式成立，这是世界上第一个敦煌学研究

① 关于王圆箓献宝的内容，参见黄征《敦煌文献的发现》，《嘉兴高等专科学校学报》1999 年第 1 期；王睿颖《藏经洞打开了百年悲欢》，甘肃教育出版社 2020 年版。

学术团体。其创立为日后敦煌学的发展奠定了组织基础，起到了巨大的协调与促进作用，极有助于我国学者展示群体优势。1984年，作为敦煌学发源地的甘肃省将敦煌文物研究所升格为敦煌研究院，形成了世界上最大的敦煌学研究实体。此后，中国社会科学院古代史研究所、北京大学、南京大学等也纷纷设立敦煌学研究专门机构，聚集相关研究人员，使敦煌学研究的规模与影响不断扩大。

（参见王睿颖著《藏经洞打开了百年悲欢》，甘肃教育出版社2020年版）

（二）内阁大库

内阁大库是清朝中央政府和宫廷存贮重要档案文献和书籍资料的库房重地，收藏有：清初为修明史而征集的天启、崇祯两朝的题行稿、旧存实录、诰敕等明档；清入关前后金天聪、崇德年间的满文老档等盛京移来的旧档；清入关后所形成的题本档案、图册等内阁承宣进呈所涉及的文件、内阁日常公事的文件、记载皇帝言行涉及国家政务的文件等清档。这些档案文献分别放在两个大库房内，一是存红本的红本库，一是存书籍表章的库房。大库属清政府内阁管理，由典籍厅和满本房具体负责管理。这个常人不能登门的重要库房，建置之后，清政府并没有真正地重视和保护。二百多年来从不翻盖修理，结果造成木制的窗柱腐朽不堪，一碰就碎。房内墙壁裂开了大口子，院内的排水涵沟无人疏通，已被泥土堵塞。每遇大雨天，院内积水全靠慢慢地向地下渗透，多天才能干涸，结果还造成了地基下陷。天长日久，内阁大库几乎没有一间完好的库房。

随着时间的推移，内阁大库收藏的档案文献也越来越多，原有的库房不够使用，档案叠床架屋，放置混乱，加上库房条件恶劣，藏品滋生霉菌，档案损失非常严重。光绪年间，李鸿章等大臣奏请，曾把红本库历年许多雨淋虫蛀、潮湿霉烂的副本等文献运出焚毁。光绪二十五年（1899），清政府为了修理墙壁倒塌的库房，把一部分档案移到大库附近的文华殿原房。宣统元年（1909），大库年久失修，情况更加严峻。大学士孙家鼐等奏请，把大库恭存的圣训、诏敕、御笔等史料移到红本库南面的银库暂存，其余的档案一部分暂时移到文华殿两庑，大部分仍留在库内。时大学士管学部事张之洞，奏请以内阁大库所藏书籍，设立图书馆即京师图书馆，内阁会议同时还通过决议将无用旧档等焚毁。宣统二年（1910），大库修缮工作进行了约半年时间，实录、圣训仍搬回大库，而档案和书籍根据张之洞的呈请则没有归还。学部参事罗振玉被委派到内阁接收书籍，他看到库房内档案堆积如山，随便翻看一册即将焚毁的档案，想不到居然是乾隆时大学士阿桂攻打金川时的奏折，很有史料价值。于是，罗振玉回学部同张之洞商量，劝说张之洞上奏停止焚毁。张之洞马上奏请并被允准，全部档案移交学部，一部分放在国子监南学，一部分则放到学部大堂后楼暂时存放。内阁大库档案第一次分散。

1913年，北洋政府设立历史博物馆筹备处，馆址设在国子监，接收上述的档案，并移到端门保存。1916年，历史博物馆移至午门办公，这些档案也移到午门进行整理。当时午门的地上，档案卷册散乱一地，数十人手执木杖，以杖尖翻拨。选出稍为整齐的册卷，存放在午门的楼上，其余的装入麻袋，码在端门的门洞内。1916 年，北洋政府教育部因为经费入不敷出，将历史博物馆的档案留存一部分，其余的联系出卖，以筹集员工工资。第一次卖出 10 万多斤（5 万多千克）。第二次卖给北京西单同懋增纸店 15 万斤，计 8 000 麻袋。这就是当时轰动一时的“八千麻袋事件”。

同懋增纸店买下这批档案后不久，将“八千麻袋”用车分别运到唐山、定兴，准备化成纸浆后造纸。但事情很快被罗振玉探知，他积极筹款，经讨价还价，于 1922 年年初从纸店老板手中以原来三倍的价格买下了“八千麻袋”。之后，罗振玉把唐山的袋装档案送到天津博爱工厂做初步分类，定兴部分则用车运回京城进行大致整理。罗振玉曾用一段时间集中精力专注于档案的挑选编排，刊印成《史料丛刊初编》。1924 年，他选留 6 万件档案，把“八千麻袋”大部分仍用麻袋包装，以 1.6 万元的价格卖给了藏书家李盛铎。1928 年，李盛铎把这些档案又转手卖给了国民政府“中央研究院”历史语言研究所。到历史语言研究所的档案，经四处辗转，不断失窃，仅剩下 12 万多斤了。从 1929 年开始，历史语言研究所将这些剩下的资料进行了清理，整理刊印成《明清史料》甲、乙、丙三集问世。1933 年和 1936 年，历史语言研究所把收藏的部分档案两次南运，其中 100 箱运往南京，中华人民共和国成立前夕又被运往台湾，至今仍在那里。没有南运的档案，存放在午门和端门，名义上归北京大学文科研究所，1952 年被故宫博物院接收，现在为中国第一历史档案馆所收藏。罗振玉挑选出的 6 万件档案，后来运到了旅顺，1936 年送交奉天图书馆，中华人民共和国成立后被移交给故宫博物院，现存放在中国第一历史档案馆。

1925 年，故宫博物院成立，下设有文献部，专责收集、保管内阁大库档案中没有被迁移出去的那部分文献，并按陈垣提出的《整理档案八法》进行分类整理。这些资料一直被中国第一历史档案馆收藏。

内阁大库作为清代中央政府的档案库房禁地，非经特许，外人很难进入。但由于清朝专制政府和后来的北洋军阀政府的腐败无能，档案文献向外流传散失，境遇惨痛，幸好最后被罗振玉“发现”，政府才开始重视并加以利用，成为轰动 20 世纪 20 年代初期中国社会的一件大事，与殷墟甲骨文、敦煌经卷和战国秦汉竹简等被视为近代中国文献学“四大学术发现”。①

（三）徽州文书

徽州文书是历史上的徽州人（包括今安徽歙县、休宁、祁门、黟县、绩溪和江西婺源六县）在具体的社会生产、生活与交往过程中形成的契约文书、分家文书、私家账簿、官府册籍、政令公文、诉讼文案、乡规民约、家谱族谱、信函书札、唱本剧本、日用杂书、宗教科仪书等原始记录。因此，徽州文书是徽州社会文化发展，以及生产劳动、社会交往、风俗习惯、宗教信仰等状况的最真实而具体的反映。

---

① 关于内阁大库的内容，参考马勇《中华文化五千年·近代卷》，华夏出版社 1996 年版；吕坚《内阁大库及其档案》，《文献》1984 年第 4 期。

徽州文书是随着徽州文献古籍的外销而被“发现”的。徽州在明清两代是刻书和印刷业发达的地区，曾刻印过大量古籍。而且徽商“贾而好儒”，他们在外地经商时会购买古籍运回家乡供子侄辈学习。因此，徽州又是全国文献古籍比较集中的地区。民国时期，沪、杭等地的书商和文人经常到徽州购买古籍。抗日战争爆发后，江南沦陷，国民政府一批机关和文化机构迁移至此，外来的官僚和文人在徽州不断淘购古籍。抗日战争结束后，这批徽州文书便相继流出本地，广为外人所知。

1946 年暮春，“中央研究院”历史语言研究所的历史学家方豪得知南京城内有人大批出售徽州原始文书，他本拟全部收购，但苦于囊中羞涩，财力不足，仅选购若干而已。方豪后来以“战乱中所得资料简略整理报告”为副标题，将这批资料发表在 1971—1973 年台湾复刊的《食货月刊》上，总计达 12 篇之多。方豪这次的偶然收集，竟然成了徽州文书首次公开外流的最早记录。

20 世纪 50 年代的土改运动期间，徽州地方政府从地主家中抄出大量的珍本古籍，这些被视为“糟粕”的文献一时间遭到了无情的变卖或焚烧。据《徽州地区简志》记载，仅 1953 年这一年，被屯溪和歙县两家私营土产信托公司收作纸浆的古籍和文书即达 1.5 万多公斤（1.5 万多千克）。而 1956 年 9 月，屯溪市文化馆从屯溪爆竹合作社的废品堆中，一次就抢救出珍贵古籍 400 多公斤。至于那些大量不值分文的文书，更多的则是被付之一炬了。

当时上海古籍书店的古籍版本专家韩世保经常到屯溪选购古籍，一部分古籍经韩世保转手，流入李一氓、郑振铎等文化名人的手中。郑振铎时任文化部副部长，见到如此众多、如此珍贵的古籍，他便向韩世保询问来源。当得知徽州大量古籍遭到破坏的消息时，郑振铎立即向时任安徽省委书记曾希圣提出保护和抢救徽州古籍的建议。在曾希圣的过问下，徽州地区成立屯溪古籍书店，专门进行抢救性古籍收购。1956 年 10 月，屯溪古籍书店开业，仅头 4 个月就收购古籍 7 万余册，其中有明成化刊本《沧海遗珠》、嘉靖刊本《新安名族志》、万历刊本《三关图说》，以及清代禁书全毁本明版李卓吾《初潭集》等珍本 1 000 余册。北京中国书店、上海古籍书店一次就选购了 6 700 余册。屯溪古籍书店对古籍收购很用心，他们不仅坐在店里等人把书送上门，还经常到徽州各县甚至下乡到村民家中收购。1957 年夏天，书店负责人余庭光到祁门县供销社废品收购站库房挑选古籍，发现堆积如山的废纸堆里几乎全部是各个朝代遗留下的契约、鱼鳞册之类。当他细细翻阅其中的一些“废纸”时，发现有的竟然是宋代之物，有的还按了手印画了押。余庭光觉得有些价值，如果作为废品处理掉太可惜了，于是便以 8 分钱一斤的价格，把这些“废纸”全部收购了下来，整整装了 30 麻袋。就是这一偶然的举动，揭开了中国文献学史上“第五大发现”的序幕。

为了能使这批契约卖个好价钱，书店对这批契约进行了整理，按宋、元、明、清、民国分类，在各个朝代中又按田契、地契、房契、分家阄书、婚书、租妻契约、卖妻契约、卖儿契约、卖女契约、修桥补路公告、善款公告、封山告示、禁渔告示和鱼鳞册等分门别类，登记造册。其中，把从宋到清各代都有的赤契编作一套，可以卖较高价格。又将那种有手印的卖身契检选出来，以较高价格出售。其他契约，如明代官契五角一张，若草契、官印契（官版契纸）和契尾，所谓“三红原契”齐全，可卖到一元五角或两元五角。为了向外地推销契纸，书店还自刻油印了《屯溪古籍书店契约目录》，寄往全国各地。同时在报刊上宣传，1957 年 10 月 17 日，《人民日报》首先发表《徽州发现宋元时代的契约》的消息。接着，又在 1958 年第 4 期《文物参考资料》上发表了《歙县发现明代鱼鳞图册》《徽州地区收集到万余件珍贵资料》两文，将徽州契约文书的收集情况进一步向外界做了报道。此后，有关徽州契约文书被发现的消息不断见诸报端。王咨臣《江西文管会在婺源收集了很多图书资料》在《文物》1959 年第 11 期发表，对婺源县契约文书的发现做了报道。《文物》1961 年第 1 期又报道了《安徽省博物馆征购到两张明万历年卖身契》的消息。

随着广泛的宣传报道，徽州契约文书开始受到学术研究机构的重视。中国科学院历史研究所第一所、第二所（今中国社会科学院古代史研究所）和经济研究所（今中国社会科学院经济研究所）、北京师范大学、南开大学、天津博物馆、南京图书馆、上海图书馆、中山大学、北京图书馆（今中国国家图书馆）、南京大学、北京大学、安徽省图书馆、安徽省博物馆（今安徽博物院）、安徽师范大学，还有新疆、兰州、西安、成都和重庆的一些大学都通过屯溪古籍书店和上海古籍书店、北京中国书店购藏了大量有价值的徽州契约文书。据后来统计，当时发现并被各大图书馆、研究机构购藏的徽州契约文书共有 10 万余份。随着徽州文书的不断发现，屯溪古籍书店逐步升格，经历了徽州地区文物商店到黄山市博物馆的转变。黄山市博物馆建馆后，从文物商店接收的契约文书登记为 28 013 份（册），还陆续征集了一些契约文书并没有登记造册，其中有整本的田土号簿、户帖和鱼鳞图册。据估计，黄山市博物馆的契约文书总计约在 3 万份（册）。

20 世纪 80 年代以后，随着徽州学的兴起，徽州文书再次大量被发现。安徽大学徽学研究中心的刘伯山原在黄山市社会科学界联合会工作，80 年代后期开始收藏徽州文书，至 90 年代末，收藏的各种契约、稿本、族谱等总数达 1.1 万余份（册）。2001 年 5 月，他将这些文书全部捐献给安徽大学，安徽大学徽学研究中心专设特藏室“伯山书屋”收藏。此后，刘氏继续收藏徽州文书，并加大收藏力度，至今总数已达 5 万余份（册），其中族谱 50 余部。复旦大学王振忠教授从 20 世纪 90 年代初开始收集徽州文书，至今除了契约，计有稿本、抄本约 3 000 册，徽商信函原件 8 000 余张，以及其他的乡土文献，总数多达一万数千份（册）。安徽大学的翟屯建从 20 世纪 80 年代后期开始收藏徽州文书，至今也积累有近万份（册）。黄山学院图书馆自 2000 年下半年以来，对徽州文书的收藏比较重视，加大购藏力度，至今收藏总量也已达 4 万份（册）。安徽省档案馆有民国以前的徽州文书近 5 000 份（册），不含民国档案。黄山市及各区县档案馆等档案部门，也收藏了不少徽州文书，总量在 4 万余份（册）。休宁县档案馆收藏的清初至民国时期的鱼鳞图册等土地册簿，时间跨度达 300 多年。在这样漫长的历史岁月里，该县的每一个自然村、村里每一农户土地的使用和管理，都有着真实、系统的记载。这批土地册簿以《千字文》为序，共分 4 158 卷 9 大类。祁门县博物馆藏有 1 万余件徽州文书，绝大部分也都是在 1994 年以后获得的。其中，一批环砂程氏文书，总数有 1 300 余份，明代的有 90 余份，清代的有 1 000 余份，从明代宣德到清代光绪后期，跨度大约在 500 年。①

四、古代藏书系统

我国古代藏书历史悠久，大量典籍通过不断地收藏得以保存下来。从藏书系统来说，大致可以分为官府藏书、私家藏书、书院藏书和寺观藏书四大系统。

（一）官府藏书

古代官府藏书可以分为皇室藏书、中央官府藏书和各地方官府藏书三部分，其藏书分别供皇室成员、朝廷官员和地方官员阅读使用。官府藏书始于夏商时期，那时已经有专门官员负责管理。西周时期，官府藏书已渐趋完备。到了春秋战国时期，官府藏书已经基本制度化了，出现了真正的官藏机构。汉朝建立后，统治者广开献书之路，进一步完善了官藏机构，历史上第一个管理图书的中央最高机构——秘书监，创建于东汉，出现了多处藏书处所。魏晋南北朝时期，由于南北文化的交流和融合，官藏事业比秦汉时期有一定程度的发展。唐宋时期，社会经济文化都得到了长足发展，官府藏书取得了辉煌的成就。明清时期也一样，官府藏书数量大、机构多，有功学林甚夥。

官府藏书一般具有以下几方面的特点：第一，各朝代都设有专门的机构来从事国家图书的管理工作。第二，从藏书的内容来说，各朝代也都各具特色，先秦多文书档案，两汉扩大为六艺、诸子、诗赋、兵书、数术和方技等，魏晋以后为经、史、子、集四类，之后各朝代通过部类的扩充与调整来容纳新出图书。第三，国家藏书与政治、经济等联系紧密。如果政治清明、经济繁荣、统治者爱好艺文，那么这个时期的国家藏书就蓬勃开展，反之则出现萧条景象。

（二）私家藏书

古代私家藏书的出现比官府藏书稍晚，但亦可以追溯到春秋战国时期，老子、孔子是记载最早的藏书家。历经几千年，古代私家藏书逐渐壮大，形成了与官府藏书互为补益、并行不悖的局面。

秦汉时期，私家藏书得到了一定程度的发展。西汉河间献王、东汉蔡邕都是收藏颇富的藏书家。魏晋南北朝时期，由于纸被用作书籍制作的主要材料，私家藏书得到了飞速发展，不但贵族高官可以藏书，也出现了不少出身贫寒的藏书家。隋唐五代时期是私家藏书事业迅速发展期，藏书家及其藏书的数量、质量都远在秦汉之上。宋元时期是私家藏书事业繁荣期，不但藏书地域广、规模大，而且出现了晁公武、陈振孙、郑樵、尤袤等一大批对藏书有专门研究的学者。明代私家藏书空前兴盛，一些著名藏书家根据经验提出并总结了系统的鉴别、庋藏、编目的藏书理论，丰富了古代藏书文化内涵。清代是私家藏书发展的最高峰，藏书家的数量及其藏书规模均超过此前

---

① 翟屯建：《徽州文书的由来、发现、收藏与整理》，《上海师范大学学报（哲学社会科学版）》2006 年第 1 期。

任何一代，对学术研究、文化发展起到了巨大的推动作用。

古代私家藏书，历史悠久，藏书功能逐渐由单一化演变为多元化。宋代以后，由于雕版印刷的盛行，私家藏书勃兴，当时就有人将书画收藏分为鉴赏和好事两类。明代胡应麟受此启发，将私人藏书家分为专事收藏的好事家和专事甄别的鉴赏家两类。清洪亮吉进一步将私人藏书家分为考订家、校雠家、收藏家、鉴赏家和掠贩家五类。洪亮吉的分类非常细密，但是五类之间交互性很强，不能单纯将私人藏书家归为哪一类。

（三）书院藏书

书院藏书始于唐代，清光绪《江西通志》卷八十二记载："乐林书院在德安县，唐义门陈衮建，聚书千卷，以资学者。"宋元时期为古代书院的兴盛期。书院藏书也得到了飞速发展，书院藏书为师生提供了研习之资，形成了独具特色的公共性与开放性。明清时期，书院藏书虽然没有宋元时期发达，但是其所具有的公共图书馆的性质，为研究学术、造就人才、促进传统文化的继承和发展做出了应有的贡献。

书院藏书来源大致有四方面。

一是御赐，历朝皇帝经常赐书给书院。例如，宋初四大书院中，就有白鹿洞、嵩阳、岳麓三大书院得过皇帝的赐书。白鹿洞书院得书的时间最早，在太平兴国二年（977），当时应江州知州周述之请，宋太宗赵光义将国子监所印《诗》《书》《易》《礼记》《仪礼》《周礼》《左传》《公羊传》《穀梁传》儒家"九经"赐给白鹿洞书院。

二是社会贤达、文人墨客常有对书院赠书之举。例如，清代学者张伯行"建鳌峰书院以祀宋五先生，广置学舍百二十间于会城，俾有志正学者肄业，出家所藏书千卷，充牣其中，又广搜先儒文集遗书，次第刊布，士皆鼓舞振兴，理学复明"。（《碑传集》第十七）

三是书院自刊书籍。例如，江阴南菁书院曾专设书局刊印图书，先后刊刻的《续皇清经解》和《南菁书院丛书》，都是重要的解经和考订经书的著作。

四是在社会上采购书籍。有些书院地处僻壤，藏书来源受限，就派人到社会上求购书籍。

书院多方搜集书籍的结果是一些著名书院的藏书富甲一方，社会上鲜有其他机构能出其右。

（四）寺观藏书

寺观藏书可以从寺院藏书和道观藏书两方面来述说。

1. 寺院藏书

东汉明帝时期，佛教传入中国，佛教寺院随之兴起，最早的白马寺等寺院收藏了不少来华僧人翻译的佛教经典。魏晋南北朝时期，佛教得到了很大的发展，佛经翻译盛况空前，各地广建寺院，其中南方地区已经形成庐山东林寺和建康道场寺两大寺院藏书中心。隋唐时期是寺院藏书的极盛时期，各地寺院都或多或少收藏抄本典籍，其中庐山东林寺收藏量在万卷以上，该寺的藏书很有系统，从采集到分类、编目、排架等工作有条不紊。宋元时期的寺院藏书虽不及隋唐之盛，但出现了雕版印刷的佛经。明清时期，寺院藏书沿袭唐宋以来的传统，藏书内容仍以《大藏经》为主，且这一时期寺院的藏书楼建设和图书管理都取得了一定的成就。

2. 道观藏书

我国道教创立于东汉时期，一些著名的道教徒或吸收儒家观点，假托老子之名编写道书，或剽窃佛经改头换面成为道书。古代从事道教典籍编纂的著名道教徒主要有东汉张道陵和于吉、南朝宋陆静修、南朝齐陈明显、南朝梁陶弘景、北魏寇谦之等。在他们的积极编纂下，道书大量问世。据北周玄都观道士所编《玄都经目》载，当时流传于世的道书超过 2 000 卷。隋代道观藏书事业虽有所发展，但成效不大。到了唐代，统治者崇奉道教，长安城中分别兴建昊天观、东明观、太清观等，收藏道经甚多，张仙庭《三洞琼纲》收录道书 3 700 余卷。五代时期，道观藏书呈现北衰南盛等局面，以浙江天台桐柏宫和四川丰都仙都观藏书最为著名。宋代帝王崇奉道教，徽宗时刊刻《万寿道藏》分赐各地宫观，临安佑圣观、龙翔宫和江西新建建德观都是著名的藏书处所。元代道观藏书则以平阳玄都观、杭州佑圣观、庐山太平兴国宫等处最为有名。明代英宗、世宗、神宗等朝，皆有道藏刊刻之举，分赐各地宫观，江西龙虎山大上清宫、北京白云观、南京狮子山卢龙观等处多有藏书。清代道藏沿用明代经版，印刷成书后朝廷分赐各地，其中北京白云观、恒山九天宫、河南登封中岳庙、江西龙虎山大上清宫等都是著名的道观藏书地点。①

五、私家藏书的文化贡献

私家藏书作为文化图书事业的一个重要组成部分，在历史上长期承担着公共图书馆的部分功能，在当下又与各类公共图书馆相辅相成，共同推动中国学术文化的发展，贡献卓著。

（一）保存典籍

私家藏书在保存典籍上功不可没。最为典型的例子是秦始皇焚书坑儒及随后严厉的禁锢政策，使古代典籍遭受第一次大规模毁损，如此高压血腥之下仍有许多藏书家敢冒杀头危险，将大量禁书藏于夹墙、地窖、山洞等处，为中国典籍的流传保存了至为宝贵的火种。汉武帝首开征书之路，征集的对象主要便是这批民间藏书，史称“百年之内，书积如丘山”（《汉书·艺文志》）。也正是这批珍贵的先秦遗藏，奠定了汉王朝国家藏书的基础，并由此繁衍出以后历代无数的典籍，说藏书家的贡献巍如丘山，实不过分。

再以宋元刻本为例，现今保留下来的数以千计的宋元刻本，它们中的每一种、每一册都是历经众多有名无名的藏书家之手，如接力赛般层层传递下来的，尽管在传递过程中可能毁损。

① 罗敏文：《我国古代佛寺道观藏书事业的发展》，《图书与情报》1983 年第 2 期。

（二）流播典籍

古代众多私人藏书家通过向公众、社会开放的形式，捐私产为公益，以传布为己任，使一家之藏为众人所用。例如，《南齐书·文学传·崔慰祖》载："崔氏聚书至万卷，邻里年少好事者多来从假借，日数十帙，慰祖亲自取与，未尝为辞。"北宋宋敏求藏书3万余卷，以慷慨借书于他人闻名一时。南宋时，以刻书著称的杭州人陈起，藏书甚夥，很多士子向其借书，他来而不拒。诗人张弋经常来陈宅书籍铺借书，曾经撰写《夏日从陈宗之借书偶成五律一首》云："自从春去后，少省出柴扉。树暗鸦巢隐，檐空燕迹稀。忆山怜有梦，当暑咏无衣。案上书堆满，多应借得归。"清周永年撰《儒藏说》，倡导藏书的开放流通，并与他人一起创建借书园，专门供人阅读。顾陛升则认为若藏书不能为他人所阅读，则是徒藏书之虚名，所以家门前几乎天天门庭若市，借书者天天都有。

（三）刊印典籍

中国古代的出版业有一个显著的特点，即刻印书依据手稿的不多，而以现成图书为样本的却占有很大比例。于是，藏书家便拥有了刻印书的重要资本，因此，历代出版家中藏书家占据了甚大比例和重要地位。五代后蜀的毋昭裔由藏书而刻书，开了一个漂亮的先例，此后，历代藏书家中多有热衷于书籍刻印者，明代的毛晋、范钦，清代的鲍廷博、纳兰性德、黄丕烈乃至民国的刘承干等既是藏书巨擘，又是出版大户，他们各自利用丰厚的藏书、富足的资财刻印了品种繁多、质量上佳的图书。藏书家刻书应该说是古代中国的一个特色和优良传统，它对于我国历代典籍的延续与传播有着不可估量的作用。

（四）爱书护书

仁人爱物，珍惜字纸，可以说是我国儒家文化的一种悠久传统，体现在藏书家身上，便是普遍毫无例外地宝爱、珍惜图书，具有视其为生命的情结。

北齐颜之推在《颜氏家训·治家》中就有护书家训："借人典籍，皆须爱护，先有缺坏，就为补治。"明确提出爱护图书为士大夫必备美德之一。清顾锡麟有印云宋司马光"所读之书终身如新"，也在于其爱护图书万分用心。元赵孟頫总结出读书护书"八勿四随"真经："勿卷脑，勿折角，勿以爪侵字，勿以唾揭幅，勿把秽手，勿展衾案，勿以作枕，勿以夹刺，随损随修，随开随掩。"更有许多藏书家以"性命轻至宝重""后人观之宜加珍护""愿流传勿污损""勿恣意涂窜""凡我子孙宜珍惜宝爱"等印文警示后人务必珍惜典籍。至于像毛晋祈祷"在在处处有神物护持"，黄丕烈年年祭书祈求天助神佑，张蓉镜在宋版书上用鲜血书"佛"字、"南无阿弥陀佛""惟愿流传永久，无水火蠹食之灾"等字样，江标刻长恩像藏书印乞求神灵护佑，孙从添置春宫画于书柜内以驱蠹虫等做法，虽不无迷信、愚昧之处，但也从另一角度反映了这些藏书家爱书护书惜书至如痴如狂的极致心态。

（五）校勘典籍

由于历代辗转抄写或刊刻的误失，古书中几乎没有不出错讹的，对此现象，几乎有能力的藏书家都会自觉而欣然地担当起校书纠误的职责。他们基本以自家藏书为校勘对象，或孤军奋战，或相互切磋，长年累月地进行着无休无止的校书工作。可以说藏书校勘是藏书家普遍而最艰巨、最乏味的日常性工作之一，却偏偏有那么多的藏书家乐此不疲，老死无悔，这便是精神的力量所在。正是对典籍负责、对子孙负责的崇高使命感，支撑着无数的藏书家默默无闻地埋首陈编烂简中，从事着这种为人作嫁衣的苦差。历代藏书家辛勤校勘古籍、补阙订讹的事例实在不胜枚举。仅在清代，藏书家中精擅校勘、成绩显著者便有顾广圻、何焯、钱大昕、黄丕烈、吴骞等。为了校勘古籍，许多藏书家往往埋首故纸、花费数年光阴，如明赵用贤为校五卷本《洛阳伽蓝记》，先后用了八年时间，以五种不同本子校雠，共改正误讹、增补遗漏 860 余字。精校出善本，流传至今的历代典籍，其字里行间无不浸透着藏书家的心血和汗水。

（六）编纂典籍

古代众多私人藏书家艰辛搜访、精心汇编各种典籍，如朱彝尊《词综》、黄宗羲《明文海》、严可均《全上古三代秦汉三国六朝文》、张金吾《金文最》等，均是利用藏书的显著成果。还有的藏书家，如叶梦得、郑樵、赵孟頫、王世贞、归有光、胡应麟、胡震亨、谈迁、顾炎武、钱谦益、杭世骏、全祖望、万斯同等大家名篇迭出、著述等身，都是利用藏书的巨大支持而名重文坛学界的。至于清代编纂《四库全书》这一划时代的鸿篇，更是官、私藏书各骋所长、珠联璧合、共襄其成的范例。

（七）捐献典籍

近代以来，现代化公共图书馆纷纷兴办，众多私人藏书家爱国为公、服务民众的意识更加强烈而自觉，他们纷纷将私藏捐为公藏，难以数计的私家藏书遂以百川归海之势汇聚各级各地公共图书馆。私人藏书家以自己慷慨无私的壮举为中国私家藏书楼的历史画上了圆满的句号。著名者如梁鼎芬、梁启超、傅增湘、周叔弢、潘世兹、胡朴安、叶景葵、徐行可、李子廉、李文汉、蔡敬襄等，实在难以枚举。正是私人藏书家的善举，我国各大图书馆才能奠定藏书规模，服务大众阅读需求。

拓展阅读

范氏天一阁藏书

明清是我国私家藏书发展的鼎盛时期，涌现出一大批优秀的藏书家和藏书楼，其中，以浙江宁波范氏天一阁最为著名。

天一阁在宁波城西，建于明嘉靖四十年至四十五年（1561—1566），主人为范钦。范钦（1506—1585），字尧卿，嘉靖十一年（1532）进士，他到各地为官，最高做到兵部右侍郎。范钦酷爱书籍，每到一处，都留心收集，尤其重视当代人的著作，所以他的藏书中，明代地方志、政书、登科录、诗文集特别多，由

天一阁藏书楼

于一度位高权重，范钦的藏书还有官署的内部资料，这也是普通藏书家难以获得的。

范钦藏书室初名“东明草堂”，藏书最多时有7万余卷。致仕回乡后，范钦开始着手兴建新的藏书楼。一天，他在翻阅碑帖时，看到元揭傒斯书写的《龙虎山天一池记》，该帖上有“天一生水，地六成之”一句，范钦从中得到启发，决定按照《易经·系辞》这句话的含义将藏书楼命名为“天一阁”。

在《易经·系辞》中，奇数一、三、五、七、九称为“天数”和“生数”，偶数二、四、六、八、十称为“地数”和“成数”，在数字和五行的对应上，一、六属水，二、七属火，三、八属木，四、九属金，五、十属土，所以说“天一生水，地六成之”。

在藏书楼的设计上，范钦独具匠心，他把藏书楼建成砖木结构六开间的二层楼房，楼下六间，楼上合而为一。下层供阅览图书和收藏石刻用，上层按经、史、子、集分类列柜藏书。藏书楼在南北两面开窗，空气对流，通风防潮，东西两山墙采用封火山墙，以免邻屋火患蔓延至书阁。这种下六上一的建筑格局，正是“天一生水，地六成之”的寓意。不仅如此，其房间的高低深广，以及书橱的尺寸也都暗含“六”数。范钦还在楼前开凿一方水池，名为“天一池”，水池其实是消防池，环植竹木，池水经暗沟与藏书楼旁边的月湖连通，如遇意外，便能引水灭火。

鉴于古代私家藏书难以长期保存，尤其是后世子孙不爱藏书，往往几代之后楼毁书散的教训，范钦制定了严格的图书保护规定，写入家法，要求后世子孙严格遵守：“烟酒切忌登楼”“火不入阁”“代不分书，书不出阁”。藏书柜门钥匙由子孙多房掌管、非各房齐集不得开锁、外姓人不得入阁、不得私自领亲友入阁、不得无故入阁、不得借书与外房、女性不能入阁。违反者将受到严厉的处罚。范钦还制定了防火、防水、防虫、防鼠、防盗等措施。诸多措施得到了严格执行，对天一阁及其藏书历经四百多年而不毁起到了关键性的作用。

天一阁建成后，范氏精心爱护藏书，四百多年来先后根据阁中藏书编纂各种书目20种，为私家藏书编目最多的一家。此外，范氏还曾刊刻《范氏奇书》等各类书籍50余种。

范钦临终前，把家产分成两份，一份是天一阁及其藏书，另一份是一万两银子，让两个儿子挑选。长子范大冲挑选了天一阁及其藏书。范大冲，官光禄寺署丞，他不但继承了全部藏书，还续增部分阁藏，又详细制定了藏书归子孙共同所有、家族成员共同管理的家规。范大冲之后，范氏后人谨遵祖训，对天一阁藏书爱护有加。

例如范大冲曾孙范光文，官吏部文选司，他一方面增益藏书，一方面在阁前叠山理水，建筑园林。园林以“福、禄、寿”作总体造型，用山石堆成九狮一象等景点，风物清丽，格调高雅，别具江南庭院式园林特色。

再如范大冲的另一个曾孙范光燮，官嘉兴府学训导，他从天一阁传抄图书百余种，并将藏书向著名学者黄宗羲开放，黄宗羲撰写《天一阁藏书记》一文，大大提高了天一阁的知名度。

清乾隆年间，朝廷编纂《四库全书》，向天下征集图书资料，范钦八世孙范懋柱代表范氏后人向四库全书馆进呈天一阁珍贵藏书约640种，数量上名列全国第二，但质量一流，包含大量珍本、善本。所呈藏书中，七分之五收录《四库全书总目》，六分之一全本抄入，但所有藏书未归还，甚为遗憾。因为献书有功，范氏受到清廷赏赐《古今图书集成》一部。不但如此，清廷为了将《四库全书》妥善收藏，决定建造藏书楼。乾隆皇帝派遣杭州织造寅著前往天一阁了解建筑格局，并下旨仿天一阁建造文渊阁等“内廷四阁”，形制完全模仿天一阁。

天一阁自建成以来，虽然范氏后人精心呵护，但还是遭受过几次厄运。道光二十年（1840）鸦片战争期间，英国侵略军占据宁波，闯进天一阁，掠取舆地书籍数十种而去。咸丰十一年（1861），太平天国运动冲击江浙一带，当地小偷乘乱盗窃部分阁书，贱卖给奉化造纸商人。民国初年，上海几个旧书商雇用大盗薛继渭，潜入阁内，窃取藏书1 000余部，这是天一阁藏书史上损失最大的一次。加上零星散失，到中华人民共和国成立前夕，天一阁原来的7万余卷藏书仅剩下13 000卷。中华人民共和国成立后，天一阁获得新生，被列为全国重点文物保护单位，宁波市人民政府成立了天一阁文物保管所，加强管理，并派人搜访散出的遗书，先后找回185部、3 067卷。此外，各地藏书家不断向天一阁捐赠藏书，如张季言捐献57 000卷，冯贞群捐献10万卷，朱赞卿捐献10万卷。截至2024年，天一阁所藏古籍已近30万卷，其中善本古籍8万余卷，明地方志271种，不少系海内孤本。

范氏天一阁藏书楼享誉中外，传世久远，像一颗明珠闪耀在中华私家藏书史上。

（参见李楠、李杰编著《中国古代藏书》，中国商业出版社2015年版）

六、古代藏书楼与藏书印

（一）藏书楼

中国最早的藏书建筑见于宫廷，如汉朝的天禄阁、石渠阁。而关于私家藏书处的设立，记载亦颇早，史上有“曹仓邺架”的说法。所谓“曹仓”，指的是曹家书仓，晋王嘉《拾遗记·后汉》载：“曹曾书垂万余卷，及世乱，家家焚庐，曾虑其先文湮没，乃积石为仓以藏书。”故谓曹氏为书仓。而“邺架”语出韩愈《送诸葛觉往随州读书》诗：“邺侯家多书，插架三万轴。”邺侯即李泌，李泌字长源，京兆（今陕西西安）人，历仕玄宗、肃宗、代宗、德宗四朝，德宗时，官至宰相，封邺县侯，世人因称李邺侯。这位军事和政治都有建树的邺侯酷爱读书、藏书，“插架三万轴”，可见藏书之多，后人便用“邺架”来比喻藏书处。

“曹仓”和“邺架”虽是史上著名的私家藏书处，但其名称是后人给予的，曹曾和李泌本人是否称呼自己的藏书处为“曹仓”“邺架”，史无记载，我们亦不得而知。或者说，那个时候的学者兴建藏书处时，是否有意识地为之命名，需要进一步考证。

到了宋代，随着雕版印刷业的兴盛，私家藏书逐渐增多，许多藏书家都专门建有自己的藏书处。这个时期的藏书家多有为藏书处命名者，如司马光的读书堂、欧阳修的六一堂、刘式的墨庄、田伟的博古堂、范觃的经史阁、徐鹿卿的味书阁、周密的书种堂和志雅堂等。

明清以来，私家藏书得到更大的发展，藏书家辈出，人数空前。藏书家分布的地域特征越来越明显，经济发达的江南是当时中国私家藏书的重心所在。藏书家数量众多，且藏书规模越来越大，所以在江南一带就曾出现书楼林立的壮观场面。

嘉业堂藏书楼内景

关于藏书楼如何选址，结构是什么样的，要盖多大，藏书家都有讲究，其中特别带有文化意味的就是藏书楼名号的命取。藏书楼的名称能够反映出藏书家的藏书志向、兴趣和爱好。有的藏书家称呼他的藏书楼为“尊经阁”或“读书堂”，反映出他爱读书，或崇敬经典这样的志向。有的藏书家给藏书楼起名字则比较喜欢“夸奇斗富”，就是炫耀藏书特别厉害，如有人叫他的藏书楼“万卷楼”，还有叫“十万卷楼”，甚至有人就叫“五十万卷楼”。还有一些书楼的名字是用来表示藏书精良的，如黄丕烈的藏书楼叫“百宋一廛”，意思是一百部宋版书藏到一个屋子里，实际上他曾经收藏过两百多部宋版书，“百宋一廛”是一部藏目录。有一个和黄丕烈同时代的藏书家叫吴骞，他的藏书楼叫“千元十驾”，典故出自荀子《劝学篇》，“驽马十驾，功在不舍”，表示一种锲而不舍、赶超的心情。黄丕烈看了这个“千元十驾”以后也很高兴，他还写了一首诗，其中有云“千元百宋竞相夸，引得吴人道是娃”。(《拜经楼藏书题跋记》卷三)

（二）藏书印

藏书印是藏书家用来表示对所藏图书的所有权和情趣的一种印记，此传统由来已久。早在东晋时，已有人在收藏的名画上加盖印记，唐张彦远《历代名画记》即记载东晋仆射周顗有藏印“周顗”。现存最早的藏书印当数敦煌古写本《杂阿毗昙心经》上的“永兴郡印”。永兴郡为南齐郁林王萧昭业隆昌元年（494）所设，所以此印当为南齐时物。

到了唐宋时期，许多大藏书家都热衷于在书法名画上加盖印记，以取信于人；及至明清，盛行藏书，再加上文人刻印的流行，藏书印遂成了收藏家们必备的征信之物。当时的藏书家，几乎都有几方乃至上百方藏书印。每得好书，把玩珍赏之余，必钤印书上，一时竟成时尚。

藏书印最早的作用是表示对图书的所有权，但随着藏书文化的发展，藏书印的内容越来越丰富，经常用来表达藏书人的一种心态和志向，甚至宣泄一些情绪，所以藏书印就越来越多，而且内容越来越丰富。清朝后期有个藏书家，喜欢在他的藏书上盖满藏书印，所以他的藏书是“钤朱累累”。少量的藏书印可以达到一种美的效果，但盖得很多就会影响对书的内容的阅读，所以叶德辉就批评这种“钤朱累累”的做法，认为这是“美人黥面”“佛头着粪”的煞风景的事情，叶德辉主张藏书章要“去闲文”“寻隙处”。

黄丕烈在《陶靖节先生诗注》中留下多方藏书印

藏书印的印文也是反映藏书家思想和文化意蕴的一个很重要的方面。印文的内容分为：以姓名字号来入印，这是最简单的。以印主的爵里来入印。还有一种是比较有学术价值的，以鉴赏的标志来入印，如明末清初藏书家、汲古阁主人毛晋，把书鉴定为宋版书以后会盖上“宋本”二字，元版书会盖上“元本”二字，这就给后人鉴别版本提供了一种依据。比较多的一种是以箴言警句来入印，表达自己的一种志向和爱好，如毛晋有一个印刻“开卷一乐”，清代藏书家席鉴有一个印刻“学然后知不足”，清初学者黄宗羲的印刻“难不忘携，贫不忘买，老不忘读，子子孙孙，鉴此心曲”，等等。还有的是以对子孙后代严厉的教训来入印，如清代藏书家王昶有一印刻“如不材，敢卖弃，是非人，犬豖类，屏出族，加鞭棰”，措辞非常严厉。

古代私家藏书楼和私人藏书印使用种种不同的名号，反映的是各家藏书的不同情况和所蕴含的不同心态与文化，也是中国古代私家藏书独有的文化现象。

七、古代藏书十厄

历史上，图书典籍频遭厄运，有的是残酷野蛮的战火让图书变成了劫灰，有的为统治者有意为之，肆意毁灭。隋代秘书监牛弘曾概括隋朝以前五次重大图书厄运，明代胡应麟又补充隋朝至明代的五次劫难，其实，明代以后也有几次厄难。战乱不断，朝代更迭频仍，每一次大的“革命”都给古代文献带来了重大损失，这样的事变不胜枚举，下面仅列举其中最著名的十次厄难。

（一）秦始皇焚书和项羽烧书

公元前213年，博士淳于越反对当时实行的“郡县制”，要求根据古制，分封子弟。丞相李斯加以驳斥，并主张禁止儒生以古非今，以私学诽谤朝政。秦始皇采纳了李斯的建议，下令焚烧《秦记》以外的列国史记，对百姓私藏的《诗》《书》等也限期交出烧毁；有敢谈论《诗》《书》者处死，以古非今的灭族。此次焚书，对古代典籍造成了极大破坏。

秦末农民战争期间，刘邦先入咸阳，萧何曾特意收集秦代保存下来的图书，但过了一个月左右，项羽率军攻入咸阳，放火烧毁了秦代宫室，秦代未曾烧掉的书籍被项羽这一把大火化成了灰烬。

（二）王莽末年的烧书

西汉建立后，注意收集整理史籍，并从一些活人口中抢救文化遗产。汉武帝时，又根据丞相公孙弘的建议，发动民间献书，再加上汉代发展教育，新著图书也不少。到西汉后期，经刘向、刘歆父子整理校对，朝廷保存的图书分为6大类38种，数量达到13 000余卷。但是，王莽垮台后，更始军与赤眉军在长安城中相互拼杀，宫室被焚，西汉两百年来积存的大量图书被焚烧殆尽，好在民间典籍尚不至于受到摧残，但是民间藏书无论是在数量还是质量上都无法和朝廷藏书相提并论。

（三）东汉末年董卓之乱与图书劫难

东汉建立后，朝廷十分重视征集图书。汉光武帝时期就从民间征集藏书2 000余种，到东汉末年，朝廷图书总数增加到6 000余种。东汉末年，董卓专权，为防义军进攻，放火将洛阳城烧成一片废墟，并把汉献帝挟持到长安。朝廷图书（大多是帛书）在搬迁时或被随意抛弃，或被士兵做成帐车幔。虽然有官员极力收集残余，装车70余乘运往长安，但是运到长安后仅剩30余乘。不久，李傕、郭汜等攻入长安，大肆烧杀劫掠，致使仅存的典籍所剩无几。

（四）“八王之乱”与图书浩劫

曹操平定中原，注重延揽读书之人；魏文帝曹丕登基后，广开献书之路，又组织朝臣编纂大型类书《皇览》，皇室藏书不断丰富。但是，公元291—306年，西晋统治集团内部为了争夺权势，八位诸侯王展开了极其凶残的内战，导致无数百姓惨遭屠戮，社会经济受到严重破坏，同时，战乱也给图书文献带来灭顶之灾。《隋书·经籍志》记载，“八王之乱”过后，“京华荡覆，渠阁文集，靡有孑遗”，损失极为惨重。

（五）南朝两次图书灾难

西晋灭亡，中原士人逃难，携带大量图书来到江南。东晋和南朝偏安江东，这里土地肥沃，经济发达，曾有过短暂的安宁。东晋末，刘裕北伐，攻入长安，消灭后秦，把流落北方的图书运回建康。但是，梁武帝萧衍攻灭南齐时，兵火延烧，密阁经籍大多被焚。梁武帝时期，太清三年（549），侯景带兵攻下台城，梁武帝被囚禁，侯景率众在宫城内大肆劫掠，士兵于夜晚放火，将东宫图籍数百厨尽皆焚烧。不久，梁元帝克平侯景，收集公私图书，归于江陵，“大凡七万余卷”（《隋书·经籍志》）。但是，周师过江，梁元帝自知抵抗不过，于是率众进入东阁竹殿，将古今图书十四万卷一焚而光。

（六）隋代图书的损毁

隋朝建立，接收北周图书 15 000 卷，这是隋朝皇室藏书的基础。两年后，根据秘书监牛弘建议，朝廷向民间搜求各类图书，规定献书一卷，赏绢一匹，因而民间异书往往间出。通过一系列措施，隋朝图书不断增多。但是，隋朝末年，隋炀帝带着这批图书游江都，宇文化及发动兵变，隋炀帝被杀，30 万余卷图书也付之一炬。而唐军攻入洛阳时，缴获隋朝副本书 8 000 余卷，运往长安时，全部沉没于黄河之中。

（七）唐代两次图书灾难

李唐王朝建立后，统治者非常重视收集图书。唐玄宗时，又广借私藏书到朝廷抄录，因而长安和洛阳成为唐代的图书聚集中心。据《新唐书·艺文志》著录，有唐一代的图书多达 8 万卷。但是，唐朝中期，安史之乱前后达 8 年之久，给社会带来了一次重大的浩劫，图书也一样难逃厄运。《旧唐书·郭子仪传》记载：“宫室焚烧，十不存一，百曹荒废，曾无尺椽。中间畿内，不满千户，井邑榛荆，豺狼所号。既乏军储，又鲜人力。东至郑、汴，达于徐方，北自覃、怀经于相土，为人烟断绝，千里萧条。”焚烧宫室的后果之一是将唐朝的宫廷藏书一并烧掉。《旧唐书·经籍志》记载，经过这次战乱后，“两都覆没，乾元旧籍，亡散殆尽”。唐朝末年，黄巢起义席卷而来，在攻入长安的时候，兵火中内库烧为锦绣堆，官私图籍再次遭到灭顶之灾。

（八）两宋图书灾难

宋代重文，图书编纂和刊刻极受重视，全社会形成典藏的热潮。但是，北宋徽宗时期发生“靖康之难”，金军大肆搜掠后，驱掳徽、钦二帝和宗室、后妃等数千人，携文籍舆图、宝器法物等北返。《宋史·艺文志》对于这次国难中图书文献的损失情况有记载：“宣和、馆阁之储，荡然靡遗。”被金兵掠到北方的图籍传下来的很少，给后世造成了宋版书很少且珍贵的结果。南宋时，朝廷不断征集图书，宫廷藏书最多时近 6 万卷。但是，宋末元军攻入杭州，朝廷藏书损失殆尽。

（九）乾隆的“寓禁于征”与太平天国的“删书衙”

清乾隆年间，朝廷征集天下图书，征调大批优秀学者编纂《四库全书》。但是，编纂《四库全书》的过程，也就是“寓禁于征”的过程。据统计，在长达 10 余年的编纂过程中，清廷禁毁图书 3 100 余种、15 万部以上，在收录《四库全书》的图书中，也有不少遭到删节或挖改。后世人称乾隆皇帝为“功臣祸首”，就是针对这个情况说的。清咸丰元年到同治三年（1851—1864）发生的“太平天国运动”，对图书文献也造成了巨大的破坏。他们攻占江宁后颁发诏书称：“凡一切孔孟诸子百家妖书邪说者尽行焚除。”（《诏书盖玺颁行论》）洪秀全还下诏成立“删书衙”，专门删改或毁灭儒家典籍。更为痛心的是，储藏《四库全书》的“江浙三阁”，即镇江的文宗阁、扬州的文汇阁和杭州的文澜阁尽遭破坏。其中，文汇阁和文宗阁藏书被焚，片纸不留，文澜阁被推倒，幸得丁申、丁丙兄弟抢救，未遭全毁。此外，南方各省的文献亦多遭毁坏，太平军所过之处，市面上几无书可购买。

（十）外国列强对中国典籍的摧残

清咸丰十年（1860），第二次鸦片战争期间，英法联军入侵北京。英法联军到处烧杀抢掠、野蛮洗劫，焚毁了举世闻名的圆明园，园内寺庙建筑也大多毁于大火。这次事件中，文源阁的《四库全书》及味腴书屋的《四库全书荟要》等典籍无一幸免于难，而北京城的其他图书被毁亦无法统计。此外，20世纪三四十年代，日本帝国主义对中国的大肆入侵，是中华民族的空前劫难，就图书而言，我国的古籍文物遭受了疯狂的掠夺与破坏。一方面，日军有计划地掠夺大批中国古籍运回日本，被运走的书籍都有相当高的文献价值和专业性。另一方面，日军大肆轰炸我国的重要印书馆和藏书楼，上海商务印书馆涵芬楼等皆在日军的轰炸和纵火焚烧下损失惨重。

古代典籍所遭厄难绝不仅是以上十次，人类一方面创作典籍、利用典籍，另一方面又不断摧毁典籍、践踏典籍，真的值得好好反思。①

【思考题】

1. 古典文献研究为什么非常重视文献的发现？
2. 为什么说藏书是各种文化的基础工作？

---

① 鲁威：《中国古代图书的十次劫难》，《中文自学指导》1994年第7期。

第九讲

古代学者与文献整理

我国是文献大国，正是这些历史典籍记载和总结了古人的智慧，经过代代传承，后人从中不断汲取“营养”并加以创新，中华民族的文化精神才不断累积，成为一笔丰厚且宝贵的遗产。但是，在文献传承过程中，由于年代久远、载体简陋、灾害不断等多种因素，文献本身不可避免地出现缺佚、讹误等问题，这就需要对文献进行认真的整理。古人的文献整理工作开展早，可以说自从有了文献，相应的文献整理工作就开始了。古人从事文献整理工作主要有筛选、编目、撰序、笺注、辨伪、校勘、辑佚等，本讲仅从辨伪、校勘和辑佚三方面略作陈述。

一、文献辨伪

文献辨伪就是考辨古籍书名、作者、年代及内容等方面的错讹，正本清源，还古籍以原貌。

（一）伪书出现的原因

清人姚际恒《古今伪书考》序载：“造伪书者，古今代出其人，故伪书滋多于世，学者于此真伪莫辨，而尚可谓之读书乎？是必取而明辨之，此读书第一义也。”因此，对于学者来说，辨识伪书，探究致伪原因十分必要。

远古时代的文献载体是甲骨、金石、简牍和缣帛等，书写工具很笨拙，记事文字较为简单，文献多为巫史所掌握，世代相传，很难考定为某代某人所作。古代各个地区方言差异较大，文字屡经变化，从甲骨文到小篆，又演化为隶书，每一次变革，都需要重新翻译、传写，内容难免变动、遗漏、错讹和失真。

古籍作者作伪问题最为常见，也是辨伪最重要的工作。古籍本来就没有署名的习惯，如《诗经》的绝大部分作品、《周易》的经文等都无法查考原作者。现在流传的先秦典籍的书名是后人所加，而秦汉以来有意作伪的情况越来越多，大致有以下几种情况。

第一，托古传书。崇拜古人，是几千年来的积习，由来已久。早在春秋时期，孔子特别推崇尧舜，孟子也是言必称尧舜。墨家和儒家取舍不同，但在崇拜古人、取法先王上是一致的，如《本草》托名神农，《内经》托名黄帝，《易卦》托名伏羲，《礼经》托名周公，等等。托古传书的情况后代也有。例如，曹冏作《六代论》托名曹植；陆喜作《西州清论》托名诸葛孔明；《列仙传》旧题刘向，研究者认为是六朝方士；《素书》旧题黄石公，研究者认为是张商英；等等。

第二，伪造补佚。历史上有一些人，出于个人目的，故意制造伪书，假冒真书流传，最突出的实例为伪造《古文尚书》。西汉景帝时在孔子故宅壁中发现了用古代蝌蚪文写的《古文尚书》，佶屈聱牙，孔子十二世孙孔安国加以整理，与伏生所传《今文尚书》校对合并为 58 篇、46 卷。至东晋永嘉之乱时《古文尚书》亡佚了，而东晋元帝时豫章内史梅赜奉上一部据说是孔安国作传的《古文尚书》，比伏生所传的多 25 篇，梅赜所献《古文尚书》文从字顺，明白易晓，晚出之迹十分明显，后世多为校勘学者定为伪书。

第三，猎取名利。每当统治者下诏求书之时，士大夫们便有造伪求赏之举。隋文帝时，牛弘建议下诏求书，规定献书一卷，赏绢一匹。有个名叫刘烨的学者，身为天下名流，通晓天文律数，深研诸经，受利益驱使，竟然伪造百余卷书，题为《连山易》《鲁史记》等，送到官府，获得了厚厚的封赏。不久，刘烨伪造书籍的事情被人揭发，朝廷怪罪，将其除名，刘烨本人最后被流放饿死。

第四，攻击争胜。过去的知识分子，常有互相轻视猜忌的恶习，因为学术上的不同见解，往往相互攻击，当口头辩论不足以制服对方时，便千方百计地伪造书籍作为立论的依据。例如，东汉末年郑玄注解群经遍行天下，很受欢迎，王肃为了与郑学争胜，借“圣人”孔子及其子孙之口，伪造孔子言论为《孔子家语》，又伪造《孔丛子》《圣证论》二书。王肃在伪书中，从各个不同角度来论述治国思想、方法，以及用人等重大问题，在尊崇孔子儒学的名义下，把道家无为而治的思想包含进去，成为新时代新思想的融合体，这也是王肃在学术上压倒郑玄，能够列于学官的重要原因之一。

第五，好事妄为。历代好事之徒，搜集古事古言，敷衍编造，制作伪书的例子也很多，如《神异经》《海内十洲记》皆题东方朔撰。元代有人附会《孟子》“晋之乘，楚之梼杌”一语，造出《晋史乘》《楚梼杌》两部伪书，学术界疑为元人吾邱衍所作。明代又出现《子贡诗传》《申培诗说》，《四库全书总目》指出为明人丰坊所伪造，丰坊还伪造了魏正始《石经大学》等。附带说一下，明代造伪之风最盛，为害也最广。

（二）伪书的文献学价值

一部伪书的面世，给读者造成的危害是很大的，但是，若能考辨清楚伪书的相关情况，则伪书又可以发挥其应有的作用，一样可以为学术研究服务。

第一，伪书具有史料价值。我们首先要明白，伪书记载的历史事件并不都是假的，其中也存在许多真实的史料，相反，真书中也往往存在大量的伪造史料，正因为如此，许多已经被辨别为伪书的书籍，由于史料价值，一直为学者们所采纳。例如，《孔子家语》一般认为是王肃伪造，但是因为其流传甚久，书中所记载的关于孔子的事迹不见于它书记载，所以十分珍贵，唐宋以来，研究孔子的学者多以之为凭证，其是研究孔子的重要文献。

第二，伪书具有文学价值。古代的小说向来不登大雅之堂，一贯被排斥在“九流”之外，一些有小说创作才能的文人不屑为之，而无名之辈为了让自己创作的小说为人重视，于是多冒大家之名，从这个意义上说，古代小说之“伪”只是著者归属的问题，而没有其他方面的“伪”。多是著者之伪，并不能降低古代小说固有的文学价值，相反，它们在小说史上的地位一点儿也不能因此被削弱。

第三，伪书具有语言价值。伪书本身也和真书一样具有很强的时代特征，是创作时代的语言标本，对古代汉语的研究具有很高的价值。

第四，伪书具有思想价值。有的伪书虽然托名以传，但是细考书中对古史的记载，思想内容十分丰富，有助于了解一个时代的社会文化。例如，西晋太康年间出土《穆天子传》一书，清代学者姚际恒经过考证，认为《穆天子传》源自《左传》《史记》，多用《山海经》语，体例则类似起居注，应当是汉朝以后好事者的伪作。但是，即便是伪书，《穆天子传》所提供的材料，除去神话传说和夸张的成分，也有助于了解古代各族分布、迁徙的历史和他们之间的友好交往。

此外，伪书在艺术、医术、考古、民俗等各个方面的价值都值得后人进行深入探讨。

（三）考辨伪书的方法

有伪书，就有辨伪工作。长期以来，历代史家和文献学家对图书的辨伪工作非常重视，刘向、刘歆校书时，就曾考订过不少古书的真伪及其时代问题，《汉书·艺文志》的作者班固将其融入自己的看法保留了下来。《艺文志》从事实、文辞、时代等各个方面对所录群书予以大量详密的考察，并用“作托”“似依托”“后世所加”“似皆非”等语，注明其中的伪作。宋代学者朱熹在总结前人辨伪工作的基础上提出“精思明辨以求真是”的思想和主张，是正确的，这对后代学者的辨伪工作有很大的启示作用。明代学者胡应麟通过实践写出一部辨伪专书《四部正讹》，在该书中，作者提出了辨别伪书的八种方法，史称“辨伪八法”。

综合历史上多位学者的辨伪经验和成就，文献学界提出了以下几种较为实用的辨伪方法。

第一，查明传授源流。目录学与辨伪的关系非常密切，一些提要式的书目里常有关于古籍考辨的记载。从史书“艺文志”或“经籍志”，以及私家藏书志、书目提要中，不但可以看出各个朝代藏书的情况、书籍的聚散和整理，更可以从中考察某一部书的流传过程，传者为何人，流传有无中断，等等。例如，柳宗元《辨鬼谷子》载：“汉时刘向、班固录书，无《鬼谷子》。”从中可以得出《鬼谷子》后出的结论。陈振孙《直斋书录解题》辨《关尹子》说：“《汉志》有《关尹子》九篇，而隋唐及国史志皆不著录，意其书亡久矣。”姚际恒《古今伪书考》辨《公孙龙子》说：“《汉志》所载而《隋志》无之，其为后人伪作奚疑。”

第二，考核历史事实。辨伪工作本来就是文献学与史料学的一项重要内容，缺乏史料，固然得不出结论，但如果史料不真实，得出错误的结论，后果将更严重。所以弄清事实，是一切科学研究的前提，更是考辨古籍真伪的重要依据。例如，《列子》之伪，世所公认，马叙伦《列子伪书考》指出“二十事”辨之，曰：“《周穆王》篇有驾八骏见西王母事，与《穆天子传》合，《穆传》出晋太康中，列子又何缘得知？”又曰：“《周穆王》篇言梦，与《周官》占梦合，《周官》汉世方显。”“《汤问》篇与《山海经》同者颇多，《山海经》乃晚出之书。”从上述史料的先后都可以看出作者抄袭、剽窃的痕迹，根据这些得出的结论则最有说服力。

第三，考订著者生平。古人所作的传记、碑铭之类，对传主的生平事迹、重要著述，一般都有详细记载，因此考辨古籍真伪从查核作者生平入手，也是一个重要的途径。例如，朱熹考辨《麻衣易说》这部伪书就是从作者入手的，《朱子语类》中有十多处提到这件事。最初，朱熹发现此书的内容和风格有问题，书中说“雷自天下而发”“山自天上而坠”，又说“学《易》者当于羲皇心地上驰骋”。他认为这些都是无理之妄谈。后来，朱熹在南康任所，那位传授《麻衣易说》的原湘阴主簿戴师愈来谒，二人谈及《麻衣易说》，戴师愈对于作者只说是“隐者”，就是不肯说出实情。再后来，朱熹向人打听得知，戴师愈就是伪造者。

再如，《斜川集》十卷，题苏过撰。苏过墓志铭载其去世于北宋宣和五年（1123），但是集中出现南宋嘉泰（1201—1204）、开禧（1205—1207）诸年号，以及周必大、姜尧章、韩侂胄诸人。书中所述之事皆在南渡之后。清四库馆臣发现南宋词人刘过《龙洲集》所载之诗与本书全同，所以判断作伪者因二人同名为“过”而抄出，冒题为《斜川集》以渔利。

第四，分析作品内容。作品所表达的学术思想，所采用的文体文法，所使用的词语，所表现的文字风格，无不带有时代的特征，因而将这些作为判断书籍真伪的参考也是很好的选择。例如，《关尹子》被视为伪书由来已久，宋濂举出其中“婴儿蕊女”“金楼绛公”“青蛇白虎”“宝鼎红炉”等词语，认为绝非出于古代。学者多从该书的思想内容及词语特点，判断今本为后世之好仙佛者所依托。再如，旧诗中的“排律”一体，唐宋元皆未有，直到元末杨士弘选《唐音》方以“排律”标目。但《孟浩然集》标有“排律”之体，故《提要》认为已有误入，断非原本。瑞典学者高本汉作《左传真伪考及其他》，把《左传》和《论语》《庄子》《国语》等书比较，发现《左传》所用方言虚字和代词与其他古书不同，与鲁国其他书籍也不同，亦非孔子弟子作，也不是司马迁所谓“鲁君子”作，他推测是另一人或他的同一学派人所作。此虽非定论，但言之有理，有一定的理论依据。①

二、古籍校勘

校勘古称校雠，是用精密的方法、确凿的证据，通过查勘和核对，校正古书中由抄写、翻刻、破损、漫漶、错简等原因造成的各种讹误和缺漏。广义的校勘还包括定

① 洪湛侯：《古籍的考辨》，《文献》1982 年第 2 期。

书名、编目录、辨真伪、辑佚文等，狭义的校勘主要是改正书面材料上由种种原因造成的字句篇章上的错误，使之恢复或接近本来面目。

（一）校勘的起源与发展

《说文解字》载："校，木囚也。从木，交声。""校"字的本义，指古代拘束犯人的刑具木枷。一副木枷由两片组成，而两片大小必须大体一致，才便于上锁，因此事先要将它们放在一起加以比较。"校"字用作动词时，便有"比勘、核对"的意思。如《国语·鲁语下》："昔正考父校商之名颂十二篇于周大师，以《那》为首。"这里的"校"，就是指校正文献的文字异同。

"勘"，也作"刊"。《玉篇》："刊，削也，定也，除也。"可见，勘、刊有"削除覆定"的意思。这与中国早期文献以简牍为载体有关。如东汉应劭《风俗通》载："刘向为孝成皇帝典校书籍二十余年，皆先书竹，为易刊定。可缮写者，以上素也。"可见，古人整理图书先写在竹简上，这便于发现错误时削除改正，待校订无误后，再写在缣帛上。因此，"勘"有改正文字之义。

"校"与"勘"合用，作"校勘"或"勘校"，大约始于魏晋南北朝时期。《魏书·崔光传》载："光乃令国子博士李郁与助教韩神固、刘燮等勘校石经，其残缺者，计料石功，并字多少，欲补治之。"另外，南朝梁沈约《上言宜校勘谱籍》载："宜选史传学士谙究流品者为左民郎、左民尚书，专供校勘。"与"校勘"一词意义相同的，还有"校雠"这个词，东汉应劭《风俗通》载："按刘向《别录》，雠校，一人读书，校其上下，得谬误，为校；一人持本，一人读书，若怨家相对，为雠。"可见，校雠也有校勘文字错误的原始意义。

我国的校勘事业起源很早，周秦时代已有从事校勘的事例，如《吕氏春秋·慎行论·察传》：

> 子夏之晋，过卫，有读史记者曰："晋师三豕涉河。"子夏曰："非也，是己亥也，夫'己'与'三'相近，'豕'与'亥'相似。至于晋而问之，则曰：'晋师己亥涉河也'。"①

"己"字缺两"丨"便误为"三"，古文"亥"与"豕"字形非常近似，故子夏根据文义及字形加以校勘，从而纠正其错误。这可以算作校勘学的萌芽。

从西汉刘向大规模校勘中秘书始，人们不断对校勘规律进行探索，古代校勘学逐渐形成。唐陆德明《经典释文》卷首《条例》对经、注出现文字错误的情况和原因做了比较系统的概括；北宋彭叔夏《文苑英华辨证》10卷，将他和周必大等人共同校勘《文苑英华》过程中有关校勘方面的成果归纳为10类、45个子目，由于其条理清晰超过前人，所以清代著名学者顾广圻称赞："此书乃校雠之楷模，岂独读《英华》者资其是正哉！"（《思适斋集》卷十五《书文苑英华辨证后》）

校勘活动虽然源远流长，但校勘学的形成一般认为是在清代，梁启超《清代学术

① 吕不韦：《吕氏春秋》，《丛书集成初编》合订本，毕沅辑校，中华书局2011年版。

概论》载："清儒之有功于史学者，更一端焉，则校勘也。古书传习愈希者，其传钞踵刻，讹谬愈甚，驯至不可读，而其书以废。清儒则博征善本以校雠之，校勘遂成一专门学。"其中，清代学者王念孙对误例的总结达到了崭新的水平。他在《读书杂志·淮南内篇·后序》中列举各种"误例"共62种，主要从书面材料发生错误类型的角度来分类总结，因此具有更加普遍的意义，标志着古代学者对校勘条例的概况进入了一个新的阶段。俞樾《古书疑义举例》卷五至卷七，在王念孙的基础上又增加了24种误例。

随着校勘事业的发展，清代也出现了"校勘学"这一专门术语。朱一新《无邪堂答问》卷三"国朝人于校勘之学最精"，明确地提出了这一概念。

（二）校勘内容

从事校勘对古籍文献的传播和研究极为重要，这是因为在文献流传过程中，手抄或版刻所形成的错误很多，绝不仅仅是字形上的讹误。仔细考查，可以发现有脱行、阙页、错简、倒文、误衍、误删，以及正文、小注混同等多方面的问题，而大致来说，校勘主要针对以下几方面的内容。

1. 讹文

讹文又称误文，就是文献原有文字写错了。造成讹文的原因主要有以下两方面：一方面是字形致误。由于汉字形体几经演变，从篆、隶、草、行、楷到印刷字体，又为便于抄写而产生了大量俗字、简字及重文省略、缺字空围等符号，各种字形致误的类型就产生了。另一方面是语音致误。语音致误的原因是汉字形音义的矛盾，即同音而异形异义，其表现就是因字形的不同而造成误字。

2. 脱文

文献文字在传写中脱去一字或数字，称为脱文，也称夺文或阙文。孔子说："吾犹及史之阙文也。"（《论语·卫灵公》）可见，脱文现象出现甚早。古代简书因编绳断烂，在重编时失去一简或数简，称为"脱简"，后世因此也称脱文为"脱简"。

3. 衍文

原稿本没有，而传写、刻印、排印误增的文字，称为衍文，又称羡文、衍字。

4. 倒文

倒文指原稿文字具存，并无讹误、阙脱或衍羡，但在流传过程中，文字的先后次序被颠倒。古时勾改文字称"乙"，所以倒文又称"乙文"或"倒乙"。倒文被纠正称为乙正或乙转。其中，有字倒、句倒、篇章倒等情况，甚至目录、表格也有错乱的现象。如《淮南子·人间训》："家富良马。"王念孙指出："良马"本为"马良"，与"家富"相对为文。

5. 错乱

错乱又称错简，既指雕版刻印以前的简帛书籍，因简、帛次序错乱而造成的错误，也指后世刊印书籍的错页。

（三）校勘方法

校勘起源久远，但系统总结为原则方法，是清代以来之事，比较有名的是章学诚

《校雠通义》。尤其是清末叶德辉《藏书十约》，将校勘概括为“死校”和“活校”两种方法。作为校勘方法，前人一直使用，但明确归纳为这样的原则方法，是一个进步。但这种归纳总结，仍相当粗率。真正做出科学总结，从而使校勘成为一个指导性的学科学说，是陈垣先生提出的“校法四例”。

1. 对校

对校就是在底本确定以后，用同一部书其他不同的版本来校勘。对校法最简便，最稳当，纯属机械法。其主要目的在于校异同，不校是非。所谓校异同，不校是非，也就是前人所说的死校，主要是为了存真。前人这样做，有一定的道理，从前珍善之本多在个人藏家手中，想要一见十分不易，一旦到手，总想尽量照原样留下一个副本，往往是明知有误，也照录不误，使对校本的面目能尽可能保留在底本上。

我们今天从事校勘与前人不同，一般不是为了收藏，重点也不是要研究底本和对校本之间有多少异同，而是为了学术，为了校出一部在文字语句上较少错误的新善本来。另外，现在善本一般是在图书馆，许多重要善本、罕见珍稀之本已有影印本，留真的需要也不如古人那样迫切，所以不必过分拘泥仅校异同，不校是非。

2. 本校

本校是用一部书的本身进行校勘。就是用同书前后互证，找出其中思想内容、文词字句的差异，从而发现并改正错误。同一部书，尤其是出于一人之手者，在思想内容和文词字句上应该互有联系，风格一致，这是本校的基本依据。因此，可以利用相同的文词字句相互参校，假如不合，则应怀疑有误。如《史记·五帝本纪》：“黄帝居轩辕之邱，而娶于西陵之女。”王念孙校曰：“西陵下脱氏字。下文昌意娶蜀山氏女，帝喾娶陈锋氏女。皆有氏字。”又举《太平御览》皇王部、皇亲部引此并作西陵氏。所引均有“氏”字为证。前边一步用的就是本校法。再如骈文喜用排比、对偶，句式、词性均应对称，若不合，则肯定有误。

使用本校法时需要注意，古籍有时并不是出于一手，尤其是先秦古籍，大多经历了一个很长的时期，成于多人。例如，经书多存在这种情况，《周易》的卦辞爻辞与传肯定不是同时同一人所作；《尚书》今文与伪古文自不待言，即使今文也有古代与后人拟作之别；《诗经》本来来源就不同，当然不会出于一时一人；《礼记》是战国至秦汉时人论礼的文章和有关礼的资料汇编，也不会出于一手。至于原本认为一人的著作，也存在这种情况。例如，《论语》前十篇与后十篇文字风格有明显差异；《荀子》真伪杂糅；《庄子》内篇篇目整齐，可认为出于一手，但外篇、杂篇也非出于一手；等等。

本校法与对校法相比，对校勘者的要求更高，要掌握若干相关知识，古代文学如诗文赋，语言学如音韵文字训诂、古人习语表达方式，史学如典章制度人名地名，古代思想学术如思想流派、学术源流，等等，这样才能发现并校正错误。在使用本校法从事校勘时，应特别谨慎从事，避免因校勘不慎，又造成新的讹误。

3. 他校

他校不是用本书，而是用其他有关的书进行校勘。例如，《晋书·食货志》记载田制的一段文字："男子一人占田七十亩，女子三十亩。其外，丁男课田五十亩，丁女二十亩，次丁男半之，女则不课。"根据南北朝到初唐的田制，课田应在占田之内，"其外"的规定，显然不合理，而且田数过大。《通典·食货门》引用此文时，作"其丁男课田"，显然是正确的，而后世传本《晋书·食货志》之"外"字，应属衍文。这虽是利用后世之书，但与用前人之书、同时之书的道理是相通的。

使用他校法时，需要对目录学有相当的掌握。需要知道准备校勘的古籍中引用前人之书、后人之书、同时之书的大概情况，大致有哪些可以利用来他校。需要特别注意的是，古人引书不严谨，不像今人引书要一仍原书，不能改动，而古人引书时为行文方便，常会改动原文，有时是凭记忆引书，只及大意，文字出入就更大；再有今人引书若遇关系不大的文字省略则要加省略号，而古人则不是如此；还有前人引书不一定都是使用善本，引文有些地方可能比要校勘的本子好，但未必处处都比传本高明。

他校法一般只能用于校专有名词、专门术语及关键性的字句，但也是择善而从，判断不了是非，则在校记中列出。至于行文方面有出入、虚词或有或无，不可据改，也不必出校，文字有增减也不必过于认真。本书引文有缺略不一定是本书有脱文，不必据他书引文补足；本书引文比他书有增多也不一定是本书有衍文，不必据删。一般来说，这类情况甚至不必出校记，否则烦不胜烦。

4. 理校

在校勘时，根据个人学识进行推理，来校订错误，这种方法叫理校。

使用理校法时，需要注意：一是有接近原稿的古本可据时，当然要依据古本，不能舍弃古本而片面强调理校；二是在实在找不到古本，只有几种非古本可用于对校，而又无法决定是非，无所适从时，或根本没有别本可供对校时，只能采用本校、他校或理校。如果本校、他校也无法采用，更是只能依赖理校，这是万不得已的办法，总比明明看出有问题却罢手不校为好。总之，在理校时，态度一定要谨严，一定要小心从事，一定要在知识面宽广的情况下才可尝试。

拓展阅读

顾广圻校勘理论

顾广圻像

顾广圻（1766—1835），字千里，号涧蘋，别号思适居士。清代著名校勘学家、目录学家。江苏苏州人。嘉庆诸生。顾广圻博览四部图书，通经学、小学，尤精校雠学，与孙星衍、黄丕烈等人被称为清一代校勘学巨匠。顾广圻卒后14年，其孙顾瑞清辑录他的遗文20卷，名为《思适斋集》。1935年，王大隆又精心搜求散见于各种古书中的顾氏题跋，辑录成《思适斋书跋》180余篇。同年，蒋祖诒等又辑成《思适斋集外书跋辑存》103篇。这三部书概括了顾广圻文献学理论和实践上的成就。

在校勘理论上，顾广圻主张"举断不可少之书覆而墨之，勿失其真”（《艺芸精舍宋元本书目序》），明确提出校雠理论“不校校之”。“不校校之”是其校勘学思想的核心与灵魂。在《礼记·考异跋》中，顾氏解释道：“毋改易其本来，不校之谓也；能知其是非得失之所以然，校之谓也。”意思就是要求校雠者既不改变书的原貌，又要能说明书的是非得失。“不校校之”是针对中国历代校书活动中所存在的弊端而提出的。

“不校校之”理论是顾广圻对古往今来校书工作经验教训的总结，反映了他对校书工作的独到见解。他曾在《思适斋集》卷十五《书文苑英华辨证后》一文中，一针见血地指出：“书籍之讹，实由于校，据其所知，改所不知，通人类然，流俗无论矣。”“不校校之”理论是顾广圻对校勘工作的一种审慎、虚己的可贵态度。他认为校书者要有“事莫大于存古，学莫善于阙疑”（《战国策校注·序》）的精神，校书时要“通其所不通，而不强通其所可不通”（《思适斋集》卷十《重刻宋九卷本古文苑·序》）；要能“去凿空腾说之损，收实事求是之益”（《思适斋集》卷十四《礼记考异跋》）；他甚至主张吸取“宋学”主静主敬的思想，来从事客观的校勘考订工作。这一校勘学思想，强调古旧版本的价值及其在校勘中的作用。顾氏认为“（宋椠）皆一字值千金”“书以弥古为弥善，可不待智者而后知矣”（王大隆《思适斋书跋》卷四《蔡中郎文集》）。同时，他又指出，宋椠等古旧版本的可贵，并不在于其没有阙误，而是“宋椠之误，由于未尝校改，故误之迹往往可寻也”。

顾广圻“不校校之”的思想观点，表达了他对校勘工作的一种理性认识：校勘是一项使古书恢复原貌的工作，目的是求得古书之“真”。“不校”是针对校勘可能造成的负面影响而提出的，目的是克服“误于校者”的弊端。但它并不是消极的“不校”，而是在校勘时要谨慎下笔，不妄改臆改，强调的是善思，而非擅改。“不校”是为了存旧，保留各种版本的异文，以与天下后世读者共同思考古书之“真”。“校之”是校勘的直接目的，是为了求得古书之“真”，把自己的思考成果用恰当形式表现出来，以益于古书。

“不校校之”的思想体现在刻书上则是“影刻加考证”的刻书方式，不改动原文，而在考证中讨论文字的正误，启发读者思考。“不校校之”看似扞格难通，充满矛盾，实则是辩证统一的关系。

顾广圻的校勘学思想，是以版本为核心而展开的。在校勘前，强调要尽力搜集古本、善本，加强版本研究；在校勘时，强调要以版本对校为主；在改正时，强调要有版本依据，不迳改原文，注意保留不同版本的异文。

顾广圻一生勤于校勘，用之久而勤，方法严而慎。在具体的校勘活动中，他有一套自己的校书步骤，能灵活利用各种校勘方法来校勘古书，在校勘成果的表达上也很有创意。具体表现为：

第一，在校勘前注意广搜异本，特别关注古本、善本，以供校勘。

第二，对于搜集的众多版本，注意整理、分析各版本间的源流系统，把握它们的递承关系，且善于比较各种版本的校勘价值，根据其优劣来确定校勘的底本与参校本，以简驭繁，提高校勘的质量和效率。

第三，广搜他书资料以助校勘。

第四，注意利用他人的校勘成果。

第五，校一书时，能够注意把握一书的内容和结构体例、文体和语言特点。

第六，在校勘考证时，灵活运用各种方法来论断文字是非、辨误勘正，现代校勘学中的所谓“校勘四法”，顾广圻已经在实践中运用了。

第七，注意总结古书致误原因，归纳错误类型，以加强对校勘工作的指导。

第八，对于校勘成果，注意其表达形式，尤以不改动原书，而把校勘成果勘记附于文后，这种做法影响很大。

顾广圻把古籍校勘的理论与实践推向了一个新的高度，能从具体的校勘工作中抽象出规律性的东西。他虽然没有留下一部校勘学的研究性专著，但在其大量题跋记、校勘记中，常可以看到他对校勘方法和原则的理论性归纳，称其为“清代校勘第一人”当为不虚之词。

（参见黄光《顾广圻校勘学思想述论》，《郑州大学学报（哲学社会科学版）》2009 年第 6 期）

三、古书辑佚

所谓辑佚，就是将已经失传的古书恢复起来，是从许多书中将引用的文字一点点地摘抄出来，再加以整理编辑。这样辑成的文本虽然不能和原书密合，但至少可恢复原书的一部分内容。“辑”的本义指车厢，泛指车子。《韩非子·说林》有“甲辑而兵聚”，这里“辑”作为动词使用，意思是聚集、汇集。而“佚”的本义是隐逸的人，这里通“逸”，是散失的意思。古人论及的“钩玄”，也是这个意思。“辑佚”二字合在一起就是聚集、汇集散失、遗存的意思，也写作“辑逸”“辑遗”。

开展辑佚工作，需要根据目录著作了解古书的存佚残缺，需要通过辨伪来考证辑录文献的真假是非，需要通过版本和校勘来审订所辑字句的异同多寡和是非得失。因此，开展辑佚工作，需要运用目录学、辨伪学、版本学和校勘学等多方面的知识。用以辑佚的资源很多，主要有类书、古注、总集、方志等。

（一）类书

类书是按照类别收集前代资料的，这样，一旦所收的书籍亡佚了，类书的资料就弥足珍贵了。比如唐宋时编纂的类书多存先秦两汉、六朝遗文，而唐宋以后编纂的类书则保存了大量唐宋以来的佚书。因此，类书是古往今来学者辑佚的重要依据之一。

一般而言，古人辑佚最常利用的类书有所谓“四大类书”，即《北堂书钞》《艺文类聚》《太平御览》《册府元龟》。除此之外，明代《永乐大典》收集宋元以前重要图书文献近 8 000 种，清代编纂《四库全书》时从中辑出约 400 种书籍，其他学者还从中辑佚了其他重要书籍，也是辑佚之宝山。

（二）古注

古注大抵从两方面进行：一是对字词句进行训释，以排除语言文字的障碍；二是对古文中所涉及的诸如政治、经济、军事、礼制、名物、习俗等方面的情况进行解说，以排除知识方面的障碍。古人的注释为今人的阅读架设了阶梯和桥梁，也是学者从事辑佚的重要资料来源。

我国古书注释，开创于西汉。先秦典籍经秦火劫难，亟待整理。而且，从先秦至汉，文字、语言发生了较大变化，先秦典籍文字艰深，其古音古义不易为人通晓，急需进行注释。两汉注释古书，以解经为目的，所注之书大部分为经部典籍，汉人注流传到今天，最著名的有毛亨的《毛诗诂训传》、郑玄的《毛诗笺》《周礼注》《仪礼注》《礼记注》、孔安国的伪《尚书传》、何休的《春秋公羊传解诂》等。除经注外，还有赵岐的《孟子章句》、王逸的《楚辞章句》、高诱的《战国策注》《吕氏春秋注》等。三国时期，著名的注家有王肃、韦昭等，可惜王肃注本均已亡佚，唐人义疏间或称引其说。魏晋南北朝时期，玄学盛行，佛教大兴。玄学崇尚清谈，佛教聚徒讲经。在清谈和讲经风习的影响下，儒生注书开始采用一种既解经文，又释注文的新体式，“义疏”由此形成。这一时期注释范围更加宽广，除儒家经典以外，史、子、集部的古书均有注释。流传至今的注本，较著名的有王弼和韩康伯的《易注》、杜预的《春秋经传集解》、何晏的《论语集解》、裴骃的《史记集解》、皇侃的《论语义疏》、裴松之的《三国志注》、王弼的《老子注》、郭象的《庄子注》、张湛的《列子注》、刘孝标的《世说新语注》、郦道元的《水经注》等。唐代，学术文化繁荣，注书进一步发展并取得重大成就，是继两汉之后的又一高峰期。孔颖达等人奉敕编成《五经正义》180 卷。此外，贾公彦还撰有《周礼疏》《仪礼疏》，徐彦撰有《春秋公羊传疏》，杨士勋撰有《春秋穀梁传疏》，等等。唐人义疏，解释词句及考证名物制度较翔实，引证丰富，保存了汉魏一些经注旧说。唐疏遵守“疏不破注”原则，每种注本宗汉一家之注，并引用材料对经文、注文进行实证性讲解阐述。

（三）总集

我国总集编纂历史早、成就高，历代都有很多总集问世。《文选》《文苑英华》《玉台新咏》《全唐诗》《全唐文》等都是史上著名的总集。唐代以前别集之见存者尚有阮籍、嵇康、陆云、陶潜、鲍照、江淹 6 家。《蔡邕集》为宋人重编，据明人张溥所编《汉魏六朝百三名家集》，汉魏六朝别集有 103 家之多，这些辑本除取资类书、史传以外，很多辑自各类总集。

（四）方志

古代地理志乘，当以《太平寰宇记》《方舆胜览》《舆地纪胜》等对后世辑佚有功甚夥。

《太平寰宇记》，宋乐史撰，该书对于研究自汉迄宋，特别是唐代与五代十国史，具有重要的资料价值。该书还首次记录了宋朝绝大多数州郡主户与客户的户口统计，这对于研究宋朝的人口、户籍、阶级状况，也极为珍贵。

《方舆胜览》是南宋祝穆编撰的地理类书籍，全书共 70 卷。该书内容丰富全面，对于了解南宋时期江南各地的经济、文化、风俗、民情、山川、土产等有着极大的帮助，特别是对于各地名胜古迹及有关的诗赋序记，记载尤其详细。

《舆地纪胜》成书于南宋嘉定至宝庆年间，该书据各郡图经，录其要略而成，每郡自成一编，各邑次之，山川、人物、诗文附于后。

各地的通志、府志、州志、县志等，往往保存有非常珍贵的第一手资料，是地方文献的宝库，也是辑佚的重要渊薮。

此外，金石学研究著作及新出土的古代文献也是辑佚的主要依据。这类书籍种类繁多，主要有王昶《金石萃编》160 卷、方履篯《金石萃编补正》4 卷、王言《金石萃编补略》2 卷、陆耀遹《金石续编》21 卷、陆增祥《八琼室金石补正》130 卷、赵万里《汉魏南北朝墓志集释》12 卷等。这些金石书籍为从事辑佚的学者提供了很多的方便。

【思考题】

1. 清代有哪些著名的辨伪学家？简述他们的辨伪学成就。
2. 高邮王氏父子王念孙、王引之在古籍校勘方面有哪些重要贡献？
3. 当今社会还有新的伪书出现吗？

第十讲

古典文献与古代学术

古典文献学最根本的价值在于基础性和工具性，从古至今的学术研究都是从文献研究开始的，离开了基础文献，可以说将一事无成。有了文献作为基础和保障，中国历史上几乎每一个时代都取得了自己独特的学术成就。本讲梳理了历史上具有代表性的利用古典文献开展学术研究的案例。

一、孔子文献整理活动与贡献

朱熹说过这样一句话："天不生仲尼，万古如长夜。"（《朱子语类》卷九十三）他对孔子的评价极高。我们都知道，孔子身上有太多的文化标签——教育家、史学家、思想家、政治家等，不一而足，他在多个领域取得了骄人成就。而现在要告诉大家的是，孔子还是一位文献学家，他为古典文献的整理工作做出了突出贡献。

为什么说孔子是文献学家呢？

第一，"文献"这个词就是孔子创造的。《论语·八佾》载："子曰：夏礼吾能言之，杞不足征也；殷礼吾能言之，宋不足征也。文献不足故也。足则吾能征之矣。"这段话的意思是：夏朝的文化礼仪，我能讲出来，但是夏王室后裔所建立的杞国的文化礼仪，我讲不出来。殷商的文化礼仪，我也能讲出来，但是商王后人所建立的宋国的文化礼仪，我讲不出来。什么原因呢？是因为杞国和宋国流传下来的史料太少了，而且我也没有访求到能够讲述杞国和宋国礼仪文化的人。如果留下的史料充足，并且我访求到相关人士，那么我就能讲出他们的文化礼仪来。

第二，说孔子是文献学家，还在于他一生整理校释了大量典籍，为典籍的传播付出了大量心血。孔子生活的春秋时代，奴隶社会逐渐向封建社会过渡，生产力得到发展，学术研究空前活跃，形成了"百家争鸣"的局面，昔日"学在官府"的局面逐渐被打破，以金石、简牍、缣帛为载体的图书资料大量增加。社会各阶级和各阶层的人，从不同的目的出发，要求对文献进行整理和编目，孔子正是在这样的历史条件下开始他的文献整理工作的。

孔子是古代第一位从事私家办学的教育家，教学中的第一步工作是为学生准备教材。“六经”在长期流传过程中存在很多问题，孔子亲自做了大量整理校释工作。他选用的是“六艺”，即《易》《书》《诗》《礼》《乐》《春秋》，便是删定成果。

关于《易》：司马迁认为八卦为伏羲所画，六十四卦为文王所演，孔子所做的工作是把《易经》整理出来，并为《易经》做了“十翼”，也称《易传》，他将《易经》从一本用来占卜的书拔高为宣扬哲理的书。

关于《书》：《尚书》是最古老的政治典籍，是古代史官对历代王侯言行的记载，《史记》载孔子“追迹三代之礼，序《书传》，上纪唐虞之际，下至秦缪，编次其事”。《汉书·艺文志》载：“《书》之所起远矣，至孔子纂焉，上断于尧，下讫于秦，凡百篇，而为之序，言其作意。”《尚书纬》记载更具体，说孔子搜求《尚书》得3 240篇，经过删减，以120篇为定本。

关于《诗》：孔子整理《诗经》的记载则更多了。《史记·孔子世家》载：“古者《诗》三千余篇，及至孔子，去其重，取可施于礼义，上采契、后稷，中述殷、周之盛，至幽、厉之缺。始于衽席，故曰：‘《关雎》之乱以为《风》始，《鹿鸣》为《小雅》始，《文王》为《大雅》始，《清庙》为《颂》始。’三百五篇，孔子皆弦歌之，以求合《韶》《武》《雅》《颂》之音。”虽然学术界对司马迁的这段话有很多争议，但是孔子为《诗经》的流传做了大量整理工作是毋庸置疑的。

关于《礼》：《礼》在古代有三种，即《周礼》《礼记》《仪礼》。孔子用作教材的是《仪礼》。关于《仪礼》的作者，古文学家认为是周公，而今文学家认为是孔子。这是一桩公案，难以论定，不过孔子即使不是原作者，也应该是最后删定者。

关于《乐》：《乐》经过秦火，已经失传，后世人难以窥知原貌，故孔子整理《乐》的情况不得其详，但是《论语·子罕》载：“吾自卫反鲁，然后乐正，《雅》《颂》各得其所。”孔子是如何正乐的，不得而知，是正其篇章，还是正其乐曲，或者两者兼正，都有可能。不过需要说明的是，孔子正乐的原则是“礼”，即美善这个标准。

关于《春秋》：《春秋》本是古代史记通名，春秋时代各诸侯国皆有自己的《春秋》，而孔子为教学之需，以鲁国《春秋》为基础，重新编写了一部编年体史书，也称《春秋》。此事在《孟子》《史记》《汉书·艺文志》等书中记载较详细，后世虽有人怀疑，但基本成为定论。

清段玉裁在为臧琳所作的《经义杂记序》中说：“校书何放乎？放于孔子、子夏。”就是对孔子校勘“六经”为后世法的高度评价。

第三，孔子在目录学方面也做了许多工作。孔子所做目录工作表现在四方面：一是精选文献，如删《诗》；二是采用各种方法进行分类，如《风》按地区分，《雅》按时间分，《颂》按作用分；三是写提要，如为《诗》作序；四是为“六经”的各篇厘定次序。值得特别指出的是，从孔子删定“六经”所作的大序、小序，到战国秦汉诸子百家著述的自序，再到刘向校书撰写的书录，反映了古代目录的形成过程。那些大序、小序和自序在当时已起着“内容提要”的作用，实为目录的一项重要内容。

第四，孔子有针对性地提出的一些文献学理论问题，在今天还有实际运用价值。

有强调治学态度要诚实的，如《论语·为政》："知之为知之，不知为不知，是知也。"有强调多方求教的，如《论语·述而》："盖有不知而作之者，我无是也。多闻，择其善者而从之。多见而识之，知之次也。"有要求古文整理上应持阙疑态度的，如《论语·为政》："多闻阙疑，慎言其余。"有提倡审慎态度的，如《论语·子罕》："子绝四：毋意，毋必，毋固，毋我。"还有排斥虚妄态度的，如《论语·述而》："子不语：怪、力、乱、神。"孔子提出的文献学理论问题，虽然都是只言片语，不成系统，但吉光片羽，十分珍贵，为后世文献学的发展指明了方向。

第五，还要补充一点，作为历史上堪称开山鼻祖的古文献学家，孔子整理古典文献有其鲜明的政治目的。他不仅自己做出了成绩，还培养了众多人才，无论是对周代古文献的整理、研究、保存和流传，还是对传统古文献学的创立和发展，都做出了不可磨灭的贡献，称其为古典文献学的开拓者，实至名归。

二、先秦诸子学术与古典文献

文献整理是一项长期、系统的文化工程。学术界一直津津乐道的先秦时期大规模的文献整理工作主要有周公制礼作乐和孔子删定"六经"。而事实上，诸子百家也在文献整理方面取得了突出成就。

（一）文献整理

先秦文体虽发源于口耳相传的上古歌谣和神话传说，始著于殷商甲骨卜辞，却发展于瞽史传统，形成了典、谟、训、诰、誓、命等多种文体。瞽史出于讲述和传播的需要，为了更好地打破时间和空间带来的割裂，会对这些文献进行丰富，一般开头要先交代故事背景，再讲述事件本身，最后阐述结果或者发表评论。这种久远的影响在先秦时期的各类文献中均有表现，形成了一种具备"起因背景—嘉言善语—结果评论"三部分结构完整的文体。先秦政典的叙事方式是由瞽史文化主导的，诸子又源出学官，并将先秦政典视为教材，自然继承和沿袭了瞽史创造的三段叙事结构，所以后人有"六经皆史"之说。

在整理和纂集经典中，先秦诸子可能使用了共同的基础资料，即源于瞽史系统的先王典政、先王先圣嘉言善语以及先师教诲。章学诚《文史通义》称："至于官师既分，处士横议，诸子纷纷著书立说，而文字始有私家之言，不尽出于典章政教也。"先秦诸子除儒家以外，墨家、道家、法家等多个学派均有自己的经书。

诸子各家根据自己的学说需要，对先秦的经类文献进行了删削和改编，形成了先秦诸子经典多样化的面貌，但也造成了诸子典籍之间矛盾和冲突的问题。战国中后期，诸子已经注意到这些矛盾和冲突并着手化解，如《孟子·尽心下》"尽信《书》，则不如无《书》。吾于《武成》，取二三策而已矣"，即主张根据自己的需要择取经文，是因"论"择"经"的文献整理方法。

（二）文献再造

春秋末战国初的儒家七十子之徒参与了《论语》的纂集，他们并未囿于语录体这一种经传形式，而是在瞽史创制的先秦文体基础之上，进行了适当的笔削和改造，创制了一种新的经传体，成为先秦经传的一种重要形式，因此《论语》又被视为经传之始。新生的经传体中起因背景部分被删裁掉，嘉言善语和结果评论两部分被保留下来，这样，说理和辩论的逻辑思维更加突出，总结历史教训的经验思维相对淡化。新生的经传体中史的成分减少，文的成分增多，标志着以儒家七十子之徒为代表的先秦学者已经打破千百年来瞽史确立的政典文体体系，建立了一种旨在阐经释理的新文体。

经和传的完善还推动了先秦诸子文章结构与书籍编纂体例的革新。先秦诸子的作品编纂多数是以经传分开编列的形式出现的。例如，《管子》《墨子》中的“经”与“传”分别被编列在不同的章节；出土文献也印证了古人的说法，马王堆出土的帛书《五行》《周易》均是经传分编的体例。

传前经后是先秦时期经传合编的一种主要形式，这种形式的经传合编出现较早，往往是传和经被编于同一章节的文本之中，经传合编的初衷是以传解经，讲解经义。例如，上博简《孔子诗论》中就有部分章节先以“孔子曰”引出孔子对诗的观点和看法，后面接续诗文。

经前传后这种经传合编形式出现较晚，目前可见的文献能够上溯至战国晚期。例如，《韩非子》的《内储说》和《外储说》，皆是按照先经后传的体例编纂而成的。再如马王堆帛书《老子》甲乙本，均是《德经》在前、《道经》在后，与传世本《道经》在前、《德经》在后的体例迥异。①

（三）文献编纂

经西汉末刘向、刘歆整理，先秦诸子的著作载入《汉书·艺文志》的“诸子略”，共 189 家 4 324 篇，除去汉朝的 49 家，先秦诸子尚有 140 家，而流传至今的不过 20 余家。其中主要有《管子》（管仲）、《邓析子》（邓析）、《墨子》（墨翟）、《老子》（李耳）、《文子》（老子弟子）、《关尹子》（尹喜）、《列子》（列御寇）、《杨子》（杨朱）、《商君书》（商鞅）、《申子》（申不害）、《尸子》（尸佼）、《公孙龙子》（公孙龙）、《庄子》（庄周）、《慎子》（慎到）、《尹文子》（尹文）、《荀子》（荀卿）、《鹖冠子》（楚人）、《鬼谷子》（纵横家）、《亢仓子》（庚桑楚）、《韩非子》（韩非）、《吕氏春秋》（吕不韦）等。先秦诸子典籍产生于春秋战国大变革、大动荡的“百家争鸣”时期，因而在编纂体例、思想内容等方面都有着鲜明的时代特点。一是诸子典籍大多不出自本人之手，体例不完整系统，相互诘难和吸收。二是以“六艺”为百家基础。儒家自孔子后以《易》《书》《诗》《礼》《乐》《春秋》“六艺”为学，墨家之学也有《诗》《书》《春秋》，而《庄子·徐无鬼》直言：“吾所以说吾君者，横说之则以《诗》《书》《礼》《乐》，从（纵）说之则以《金板》《六弢》。”其他各书也是言必称“六艺”，可见“六艺”是百家的基础知识。诚如余嘉锡《古书通例》指出：“传注称氏，诸子称子，皆明其为一家之学也。”三是多引用圣贤言论。诸子百家在辩

① 高思莉、徐正英：《经传：先秦诸子的文献再造及文学自觉》，《郑州大学学报（哲学社会科学版）》2023 年第 1 期。

论之时，有一些共同遵循的基本原则，除应用流行的理论，如阴阳、五行、术数、方技等所谓先天宇宙论以外，大致说来，借助圣人之言、经典之教、历史事实、譬喻的方法等比较常见。由于经典之中多有前贤往圣的言论，因此一些经典也有用作证明的功效。在孔、孟的著述中，称颂尧、舜的语言文字比比皆是。据杨伯峻统计，《论语》中分别有 4 次和 8 次提到“尧”“舜”，《孟子》中则多达 58 次和 97 次，形成了“言必称尧舜”的话语习惯。而战国时代的诸子，更多的是将孔子的言论或形象作为自己学说的立论之本，这似乎成为一种潮流。

三、两汉经学今古文之争

古典文献学发展到两汉时期，迎来了一波热潮，文献载体丰富、古籍编纂数量繁多、出现众多文献学大家……其中，今古文之争是两汉文献学绕不开的话题。

所谓今古文的“文”，是指记载经典所使用的文字，今文指的是汉代通行的隶书，古文则指秦始皇统一六国以前的战国古文字。

汉代经典为什么会出现“今文”和“古文”两种文字呢？这还得从秦始皇说起。秦始皇统一六国后，为了钳制人们的思想，实行愚民政策，大搞“焚书坑儒”运动。《史记 · 秦始皇本纪》说：“天下敢有藏《诗》、《书》、百家语者，悉诣守尉杂烧之。……所不去者，医药卜筮种树之书。”可以说，儒家经典遭到毁灭性的破坏，经此浩劫，西汉流行的儒学经典多无旧典文本，而是靠幸存的经师口授相传，由经生记录下来，他们记录时所用的文字便是西汉通行的隶书，这类经书被称为“今文经”。后来，汉武帝采纳董仲舒“罢黜百家，独尊儒术”的建议，将经过董仲舒改造的儒家思想，作为官方认可的统治思想。朝廷还设立了“经学”博士，负责讲授儒家经典。当然，经学博士也参与国家治理，是权力很重的中央官员，所以研究今文经学一时间在社会上非常流行，是官学。

不过，秦朝焚书之时，有一些儒生冒死将部分儒学书籍埋藏起来，这些经书到了汉代陆续被发现。汉武帝末年，鲁恭王刘余拆孔子旧宅以广其宫室，在孔府旧宅的墙壁夹层中发现包括《尚书》在内的大批藏书。这些藏书都是用六国时代的蝌蚪文书写的，所以称为“古文经”。因为当时识先秦古文的人不多，所以这些古文典籍重新问世后，主要藏于皇家图书室，并没有得到时人的重视。

汉成帝时，刘歆协助父亲刘向在皇家图书馆整理图书期间，发现了古文本《春秋左氏传》。他认为古文本《左传》价值远远超过今文本《公羊传》和《穀梁传》，因此向朝廷建议将古文经正式列于学官，给予合法地位。但这一建议遭到今文经学博士的强烈反对，他们给刘歆扣上了“颠倒五经”“变乱师法”的罪名。汉哀帝时，刘歆撰写《移书让太常博士》，再次争立古文经传于学官。由于在西汉朝廷中，不仅担任教职的太常博士都是今文经学家，就连那些达官显宦也都是通过学今文经而得官的，因此，刘歆的要求自然遭到诸儒博士的再次反对，未被采纳，他本人也离开了长安。不过，中国历史上延续了两千多年的经学今古文之争则由此开始，刘歆也被称为古文经学的奠基人。

东汉光武帝时，一开始仍在朝廷设今文经博士，后力排众议，增设古文经《春秋左氏传》。到了汉章帝时，鉴于今古文经学思潮繁杂，为了巩固封建统治，统一学说，朝廷召开白虎观会议，制定《白虎通义》，极大地削弱了今文经的势力，标志着汉代今文经学由盛转衰。

到东汉中叶以后，古文经学进一步发展，出现了一批堪称大师级的古文经学家，如贾逵、马融、许慎、郑玄等。许慎集毕生心血写成《说文解字》，为古文经学的传播做出了杰出贡献。著名经学大师郑玄属古文经学派，也兼通今文经，并善于吸收今文经学学说，从而使古文经学更加完善，也使古文经学最终压倒今文经学。

今文经学与古文经学之争，由单纯的对书籍本身的不同看法，扩大到学术思想、学派体系、政治观点和社会地位等诸方面，几乎贯穿整个漫长的封建社会，不仅对经学发展产生了重要影响，也对中国历史发展产生了重要影响。

大致说来，两者的不同表现在：

第一，经典排列顺序不同。今文经学将“六经”次序定为：《诗》《书》《礼》《乐》《易》《春秋》，理由是由浅入深，符合学生学习习惯。而古文经学将“六经”次序定为：《易》《书》《诗》《礼》《乐》《春秋》，理由是按照经典产生的先后顺序来排列。由于经典形成的年代难以确考，所以古文经学的排列顺序是不符合实际情况的。但是，由于古文经学历史影响深，班固《汉书·艺文志》就是这种排列顺序，因此后世各种书目大多遵循这种排列次序，大家打开《四库全书总目》就可以看到这种情况。

第二，书目不同。《易》今文经有四家：施雠、孟喜、梁丘贺、京房；古文经仅有两家：费氏《易》、高氏《易》。《书》今文经有三家：伏胜、大夏侯（胜）、小夏侯（建）；古文经只有一种：《古文尚书》。《诗》今文经有三家：《鲁诗》《齐诗》《韩诗》；古文经只有一家：《毛诗》。《礼》今文经有三家：大戴（戴德）、小戴（戴圣）、庆氏（庆普）；古文经有两种：《逸礼》《周官》（周礼）。《春秋》今文经有三家：严氏（严彭祖）《公羊春秋》、颜氏《公羊春秋》《穀梁春秋》；古文经也有三家：《春秋左氏传》《邹氏传》《郏氏传》。

第三，对待孔子的态度不同。今文经学派尊孔子为“素王”，意思是孔子虽然没有做过帝王，但实质等同于古代帝王，他没有土地，没有人民，但只要人类历史文化存在，他的王位权势就永远存在，大大提高了孔子的地位。而古文经学派认为孔子是“先师”，是一位历史学家、教育家。两个学派对孔子不同的态度，历史影响很大，从此中国有两个孔子，一个是历史的、真实的孔子，一个则是被后人不断抬高的孔子，是“至圣”。

今古文经学对古典文献学、历史学、哲学、文学等都产生了极大影响，可以说与整个古代学术史形影不离。东汉至唐基本上是古文经占据优势的时代，宋代“宋学”兴起，学者们以怀疑著称，宋代经学家一反古文经学训诂、传注传统，主张直接从经文中寻求义理，正统的古文经学出现衰落迹象，明代则进一步衰落。清代古文经学复兴，至乾隆、嘉庆年间，随着乾嘉学派的出现而达到全盛时期。嘉庆、道光年间，古文经学进入尾声，今文经学却又兴起，魏源、龚自珍及康有为等人主张变法，他们吸取了汉代今文经学派主张改制的思想，极力提倡今文经学。随着清王朝的覆灭，长达两千多年的经学今古文之争也随之消亡。

四、刘向、刘歆与皇家藏书整理

刘向像

刘向（约前 77—前 6），西汉著名经学家、目录学家、文学家。原名更生，字子政。汉皇族楚元王刘交的四世孙，历经宣帝、元帝、成帝三朝，历任散骑谏大夫、散骑宗正、光禄大夫等职。曾屡次上书称引灾异，弹劾宦官外戚专权。成帝时诏命校书近 20 年，未完成的工作由其子刘歆续成。官终中垒校尉，故世称“刘中垒”。

西汉成帝河平三年（前 26），汉王朝的文治武功发展到了一个新的阶段，国家的政治、经济、文化等事业十分繁盛。从图书收集方面来说，汉王朝已经建立一百七八十年的时间，长期的统一局面下，几代帝王都重视图籍的收集，先后发起几次大的求书活动，朝廷集中了大量图书。此外，汉武帝的大一统和独尊儒术的政治要求也对学术界产生了重要影响。在此情况下，朝廷敕命时为光禄大夫的刘向领衔校书，就是整理国家图书。这项工作空前艰巨，但好在前人已经做了一些图籍的整理工作，有成果可以利用。司马迁撰写《史记》，积攒了许多宝贵的史料，汉初的张良、韩信曾经受命序次兵法，因此，刘向整理图籍很必要，也很及时。

面对浩繁的图书，刘向明白，依靠一人之力是绝难完成的，只有合理地调动人才，才能有条不紊地展开工作。刘向首先按照图书内容和性质，分成六艺、诸子、诗赋、兵书、术数和方技六组，最早体现了把学术分类的精神融贯到图书分类中的做法。在此基础上，他征调各专门人才，共同整理。其聘请的人员与分工如下：(1) 刘向本人主持六艺、诸子、诗赋。刘向不仅是一位文献学家，也是一位有名的经学家和诗赋大家，由他来从事这三方面的图书整理，是再恰当不过的。(2) 步兵校尉任宏主持兵书。事实上，任宏早就从事这项工作了，为兵书的整理积累了宝贵的经验。(3) 太史令尹咸主持术数。汉代的太史令有着渊源的家学，常是世代为之，他们精于图籍管理，知识非常丰厚。(4) 侍医李柱国主持方技。古代的方技之术常常与医术混在一起，因而让李柱国从事方技之书的整理也是极为合适的。

当然，刘向用人的最大特点还在于不拘一格地选用和培养一批青年助手，其中，他的儿子刘歆就是一位十分出色的文献整理专家，协助他做全面的工作。青年杜参当时才十六七岁，刘向不仅与他共同整理图书，合写《晏子》《列子》等书录，而且对他的工作十分尊重，每每署名为“臣向谨与长社杜参校中秘书”。这样的年轻人还有班斿（班固的伯祖）、王龚、望（佚姓氏）等。

人员与分工安排好之后，刘向接下来做了古代目录中的一项开创性工作，那就是创制书录，给每部整理好的书籍撰写说明、介绍性质的提要。一般来说，一篇书录包括以下几部分：

第一，著录篇目。例如，《晏子》《孙卿新书》序录前所列的篇目都是刘向“条其篇目”后确定的，当然，这属于书目，还没有涉及书录的内容。

第二，整理说明。在每部书整理结束后，刘向要撰写一份工作总结向皇帝做汇报。这部分的做法包括：一是说明校定异本、删除重复、勘定文字及确立篇章的情况；二是对图书的多种异名进行统一的定名，如《战国策》原有《国策》《国事》《短长》《事语》《长书》《修书》等种种异名，刘向整理后“以为战国时游士辅所用之国，为之策谋，宜为《战国策》”（《战国策注释》），遂为千古定名；三是以“可缮写”结束书录并指示上简，“可缮写”相当于今天所谓的“可付印”。

第三，书录正文。正文叙写的内容有作者生平、著书意旨、学术价值及资治意义等，这是全书最有价值的部分，以“叙曰”字样开始到“谨第录”或“谨第录臣向昧死言”，交代与书籍有关的各种情况。

第四，全书封签。提要正文之后，刘向往往附以“护左都水使者光禄大夫向所校战国策书录”“护左都水使者光禄大夫向所校列子书录永始三年八月壬寅上”等字样。虽然这些不属于书录正文，但是这样的说明文字作为图书的标签，是在一捆青皮简叙录的最外面一简上的，它标明书录的归属，并且也说明了刘向认真负责的态度，这个封签实际上就是这卷简书的笺，即标签。

按照上述格式，刘向将整理好的图书分别写成书录附在图书上送呈皇帝审阅，然后自己另抄一份底稿保存。后来，刘向将这份底稿集在一起，成为《别录》一书，“别录”的意思就是“别集众录”。不久，他的儿子刘歆以《别录》为基础，撰成《七略》，这是中国最早的目录学著作。可惜的是，《别录》和《七略》皆亡佚，好在东汉班固因《七略》而成《汉书·艺文志》，从中可以见到《七略》的梗概，从而可以推知《别录》的大致情况。

刘向奉旨校勘各类图籍时，每校完一书，就整理出这部书的篇目，再写一段说明整理经过、书的作者、书的内容、书的价值等情况的叙录。例如，流传至今的《列子叙录》曰：

> 《列子》八卷。天瑞第一，黄帝第二，周穆王第三，仲尼第四（一曰极知），汤问第五，力命第六，杨朱第七（一曰达生），说符第八。右新书定著八章。护左都水使者光禄大臣向言：所校中书《列子》五篇，臣向谨与长社尉臣参校雠太常书三篇，太史书四篇，臣向书六篇，臣参书二篇。内外书凡二十篇以校，除复重十二篇，定著八篇。中书多，外书少，章乱布在诸篇中，或字误以“尽”为“进”，以“贤”为“形”，如此者众。及在新书有栈，校雠从中书已定，皆以杀青，可缮写。
>
> 列子者，郑人也，与郑缪公同时，盖有道者也。其学本于黄帝、老子，号曰道家。道家者，秉要执本，清虚无为。及其治身接物，务崇不竞，合于六经。而《穆王》《汤问》二篇，迂诞恢诡，非君子之言也。至于《力命》篇，一推分命，《杨子》之篇，惟贵放逸，二义乖背，不似一家之书；然各有所明，亦有可观者。

孝景皇帝时，贵黄老术，此书颇行于世。及后遗落，散在民间，未有传者。且多寓言，与庄周相类。故太史公司马迁不为列传。谨第录。臣向昧死上。护左都水使者光禄大夫臣向所校《列子》书录，永始三年八月壬寅上。

这段介绍文字前半部分是我们所说的“目”，即篇目，后半部分是我们所说的“录”，合起来就是完整的一书目录。刘向整理群书时，每书都有目录。最后，他又将各书的目录合起来，成为一部介绍群书的目录著作，称为《别录》，这是一部群书目录。群书目录不但有各书的目录，还包括各书的叙录，有的还有各书的篇目，它比一书目录的功用要大得多，是目录学研究的主要对象。

五、《汉书·艺文志》与古典目录学

《汉书》为东汉班固所著，是我国第一部断代史纪传体史书。内容分为纪、传、志、表四部分。《艺文志》为十志之一，主要介绍图书情况，相当于先秦至汉代的图书史。

《汉书·艺文志》是据刘歆《七略》增补、删削而成的。

西汉成帝时，刘向、刘歆父子奉诏领校秘书，整理群籍。他们不仅遍校图书，还给图书分类编目，首创图书分类目录。在校理工作中，刘向汇集众书叙录而成《别录》，刘歆将所校之书分类编排而成《七略》。《七略》把图书分为六类，每一类为一略。它们是《六艺略》《诸子略》《诗赋略》《兵书略》《术数略》《方技略》。另外还有《辑略》一篇，总论群书，合称《七略》。六略之下又分种，即大类之下分小类。其中，《六艺略》分为易、书、诗、礼、乐、春秋、论语、孝经、小学 9 种；《诸子略》分为儒、道、阴阳、法、名、墨、纵横、杂、农、小说 10 种；《诗赋略》分为屈原赋、陆贾赋、孙卿赋、杂赋、歌诗 5 种；《兵书略》分为兵权谋、兵形势、兵阴阳、兵技巧 4 种；《术数略》分为天文、历谱、五行、蓍龟、杂占、形法 6 种；《方技略》分为医经、经方、房中、神仙 4 种。总计 38 种。每种之下再分列书名、篇数、作者等内容，并进行大概的介绍说明。

班固对《七略》“删其要，以备篇籍”，改编为《汉书·艺文志》。他把《七略》中的六略 38 种分类体系和各类中所著录的书籍，基本上按原样保存下来，稍有删改、移动和补充之处，均在自注中加以说明；而把《辑略》中的内容，散附在六略和 38 种分类的图书之后。总计著录 596 家 13 269 卷。

在著录图书时，班固对每一种图书都做了言简意赅的说明，大体包括以下几项内容：

第一，介绍作者。例如《六艺略》中《乐》类，著录《雅琴》赵氏七篇，班固介绍说：“名定，勃海人，宣帝时丞相魏相所奏。”再如《雅琴》师氏八篇，班固介绍说：“名中，东海人，传言师旷后。”

第二，介绍内容。例如《六艺略》中《春秋》类，著录《世本》十五篇，班固介绍说：“古史官记黄帝以来讫春秋时诸侯大夫。”再如《奏事》二十篇，班固介绍说：“秦时大臣奏事，及刻石名山文也。”

第三，介绍一书不同源流及不同特点。例如《六艺略》中《论语》类，著录《论语》古二十一篇，班固介绍说："出孔子壁中，两《子张》。"再如《齐论语》二十二篇，介绍说："多《问王》《知道》。"《鲁论语》二十篇，介绍说："《传》十九篇。"

第四，介绍一书存佚情况。例如《六艺略》中《春秋》类，著录《夹氏传》十一卷，班固注说："有录无书。"再如《太史公》百三十篇，班固注说："十篇有录无书。"

第五，介绍书名或作者异称。例如《诸子略》中《儒家》类，著录《王孙子》一篇，班固注说："一曰《巧心》。"显然是这书的别名。再如《诸子略》中《阴阳家》类，著录《邹子》四十九篇，班固注说："名衍，齐人，为燕昭王师，居稷下，号谈天衍。"这里的"谈天衍"显然系邹衍的别号。

第六，评价书的真伪。例如《诸子略》中《小说家》类，有《伊尹说》二十七篇，班固注云："其语浅薄，似依托也。"再如《务成子》十一篇，班固注云："称尧问，非古语。"这些注文都言简意赅，一语中的。

《汉书·艺文志》卷首有一篇总序：

> 昔仲尼没而微言绝，七十子丧而大义乖。故《春秋》分为五，《诗》分为四，《易》有数家之传。战国纵横，真伪分争，诸子之言纷然淆乱。至秦患之，乃燔灭文章，以愚黔首。汉兴，改秦之败，大收篇籍，广开献书之路。迄孝武世，书缺简脱，礼坏乐崩，圣上喟然而称曰："朕甚闵焉！"于是建藏书之策，置写书之官，下及诸子传说，皆充秘府。至成帝时，以书颇散亡，使谒者陈农求遗书于天下。诏光禄大夫刘向校经传诸子诗赋，步兵校尉任宏校兵书，太史令尹咸校数术，侍医李柱国校方技。每一书已，向辄条其篇目，撮其指意，录而奏之。会向卒，哀帝复使向子侍中奉车都尉歆卒父业。歆于是总群书而奏其《七略》，故有《辑略》，有《六艺略》，有《诸子略》，有《诗赋略》，有《兵书略》，有《术数略》，有《方技略》。今删其要，以备篇籍。①

这篇总序是一篇浓缩的学术史。《汉书·艺文志》不仅是目录，也是学术史。研究学术，要从目录入手，这是中国古代的学术传统。总序的讲述顺序：先孔子，再七十子，再战国诸子，这是先秦学术史；接着讲秦始皇时期的焚书坑儒，然后讲汉代的开禁，再讲汉代的搜书和校书，这是秦汉学术史；再往后讲述的是六略大序和各类小序，分门别类，各讲各的源流，也是学术史。这篇总序在古代学术史和目录学史上具有崇高的地位，后世从事先秦学术研究和目录学研究者，皆绕不开此文。

《汉书·艺文志》首开史志目录之端，对后代修史者影响极大。《七略》亡佚后，《汉书·艺文志》成为我国目录学史上最早的经典之作，历来为后人所重视，多有为其作注及补正者。比较著名的注本有宋王应麟作《汉书艺文志考证》10卷，收原书未录之书26种；清姚振宗作《汉书艺文志拾补》6卷，补书34种；等等。可以说，

---

① 班固：《汉书》，中华书局1962年版。

从事古代学术研究，必须从学好《汉书·艺文志》开始。

六、魏晋玄学与经典注释

汉代经学的理论体系是“天人感应”，注重“究天人之际”，主流思想是目的论，这是因为经学和政治联系太过密切，对政治的依附性太强，不得不主动迎合统治阶级的意志。两汉之际，这种神学目的论又被谶纬之学加以发挥，内容更加荒诞不经，经学日益庸俗化，渐渐扼杀了自己的学术生命。随着经学逐渐式微，魏晋时期玄学开始崛起，并成为学术的主流思想。玄学追求清高典雅，和政权保持一定的距离，政治色彩少，学术气息浓，它执着于本体论哲学的探究，注重有无、本末、体用和自然名教关系的论证，对世界进行理性的思考，从而保持了自己对政治和世俗的相对独立与超脱，维护了学术的尊严。学术理论上，玄学表现为儒道兼综，意在以道家思想矫正儒家思想之失，旨在用“有无”“本末”的主题概括“天人”关系，用抽象的玄思替代实证的思维，其性质是一种“内圣外王”之学，试图以“自然”之真净化“名教”之伪，最终达到“自然”与“名教”、“内圣”与“外王”的统一。

玄学虽然注重玄思，但并不是凭空设想，其学术和经学一样，也是建立在对经典的注释上。经过众多学者的努力，玄学逐渐形成了与汉代经学不同的经典注释方法和路径。

一是注释对象集中在《周易》《老子》《庄子》三部典籍上。《周易》的历史连续性最为突出，问世以来从未间断。正始时期，何晏、王弼、钟会等名士吸取古文经学和王肃以《易传》义理解经等精神，正式开始了学术变革。《老子》也是流传很久的经典，魏晋士人从其中的虚玄无为背景中寻找现实社会秩序的心理基础，以满足一时的精神需要，又从玄之又玄的无为之道中寻求建构合理的社会秩序，探求“道德”的本质和天人和谐的关键，从而满足社会协调上下等级名分而各守其责、各安其位的需要。再看《庄子》，作为玄学理论的来源，虽然相比于《周易》《老子》，是后起之书，但是如果仅有《周易》《老子》，那么有无之辨很难深入下去。这是因为二书层次和境界太高，常人难以效仿。《庄子》从日常生活层面讲自然无为、放逸旷达，成为普通人人生观的指导，自然也就成为玄学家最看好的典籍。

需要说明的是，魏晋时期玄学成为思想界的主流，《老子》《庄子》成为士人基本的文化素养，但是这并不意味着儒家经典地位下降。从目前的研究看，儒学在魏晋社会依然发挥重要作用，士大夫阶层中一些重要的玄学家仍然是儒家的信徒。如《三国志·钟会传》裴注载，钟会“年四岁授《孝经》，七岁诵《论语》，八岁诵《诗》，十岁诵《尚书》，十一诵《易》，十二诵《春秋左氏传》《国语》，十三诵《周礼》《礼记》，十四诵成侯《易记》，十五使人太学问四方奇文异训”。可知魏晋时期儒家经典依然是士族教育的主要内容，经学也是知识层基本的文化素养，儒家经典的道德教化与经义是魏晋士人文化思想的基本底色，并未因玄学的兴盛而消隐。

二是形成了“执一统众，以简御繁”的注经思想。汉代以经为学，在“儒术”独尊之前，儒家学术思想就存在着烦琐的倾向，独尊之后，这种烦琐的学术思想在两汉时期逐步加强。而到了东汉中期以后，经学烦琐化的风气愈演愈烈，使人们专注于琐屑的文句，“博而寡要”，迷失大义。魏晋时期，学术风气经历了从烦琐到简约的转变，以王弼为代表的玄学家在注《老子》《周易》《论语》等经典时，力图从世界最高原理上把握纷繁复杂的世间万物，认为道是万物之宗，以此会通儒、道而为一，这就是“执一统众，以简御繁”的思想方法。在玄学家看来，少是多所尊贵的，寡是众所推崇的，事物的存在并非杂乱无章，其中必有一定条理，抓住了一种起统率作用的事物，就可以综观全局，统领万物。

三是运用多种注经方法。玄学的注经方法主要有：其一，言意之辨。言意之辨在魏晋时期最为兴盛，欧阳建《言尽意论》是这一时期探讨言意之辨的经典之作，他认为人类社会是在语言符号之指称功能的基础上运作的，并按照儒家的名实逻辑提出了“言畅志”“名辨物”“言尽意”的主张。欧阳建自称“违众先生”，把一批“言不尽意”的论者称为“雷同君子”，可见“言不尽意”才是魏晋玄学思潮的主流。王弼承续了“立象尽意”“系辞尽言”的《易传》旧说，认为圣人通过易象（卦爻象）来显示天理或天意，同时又借助言辞（卦爻辞）来更清晰地表达易象所蕴之理，从而发展出了“得意忘象”“忘象求义”的观点。王弼力主一种直探义理本体的阐释原则，反对拘泥言象，尤其对汉儒的变卦、互体、五行等象数体例深恶痛绝。郭象注《庄子》也和王弼一样，以为“言”“意”可能是不统一的，这就为“寄言出意”提供了可能，既然言意不统一，那就不能拘泥于“言”，而应寻求“意”。玄学家将“言”与“意”适当地分开来看，从而使注经这一基于原有经典进行解释的活动不仅仅局限于用儒家观点来解读儒家传统思想，而给了注经者能够与时俱进、充分发挥的可能性。“言意之辨”是针对当时儒家经学僵化衰落的局面做出的理论上的革新，玄学家希望在乱世中用拓宽注经的方法来重振儒学，理解儒释不能拘泥于字义的表达上，而要深入理解二者在本质上的共通性，打破了之前“注不破经”的学术瓶颈。其二，辨名析理。汉代经学的治学方法，无论是今文经学还是古文经学，都是一种文字学的注经方法，逐渐形成了烦琐的学风，前者穿凿附会，发掘经文中的微言大义，后者则重在历史和名物制度的考证。经学方法上的烦琐和具体而微，耗费了学者过多的精力，迷失了学术方向，禁锢了思想。物极必反，玄学的方法是辨名析理，就是从字（名）以求其内在抽象之理。经学所求之字义是表面的、浅显的，玄学所求之名理则是本质的、深刻的。例如王弼注《周易·乾卦》：“天也者，形之名也；健也者，用形者也。夫形也者，物之累也。有天之形，而能永保无亏，为物之首，统之者岂非至健哉!”（《王弼集校释》）其也是先辨析“天”“乾”的意义，进而展开对这一问题的认识，再将二者会通。这一思路是汉晋人注经的基本思路，论体文在论述形式上受到这一思路影响，在分析问题时首先辨析名物，进而予以解释。其三，本末体用。魏晋玄学的本体诠释方法与言意之辨的方法是紧密联系的，主张言不尽意，认为“意”是本体之“无”，语言无法表达；“无”是“有”的本体，“无”是“本”，“有”是“末”。例如王弼诠释《老子》：“《老子》之书，其几可一言而蔽之。噫！崇本息末而已矣。”玄学家运用本末体用的方法来处理“有”与“无”、现象与本体的关系，在抽象与具体之间架设了一座桥梁。

玄学运用抽象的方法能够做到由繁入简，由浅入深，由表及里，从现象到本质，主张抛开具体烦琐的训诂考证，直接体悟和追求经典整体的和内在的意蕴与要旨，一旦“得意”就不必在意作为工具的语言文字，这样便和汉代经学“分文析字”形成鲜明的对照。

七、隋唐佛经翻译成就

佛教传入中国的具体时间，目前尚难考订。公元前 2 年，大月氏王的使者伊存到了当时汉朝的首都长安，他口授佛经给一个名叫景卢的博士弟子，这是中国史书上关于佛教传入中国的最早记录。而佛教作为宗教在中国得到官方的承认和崇奉，并初步建立其基础和规模，当始于汉明帝时期。《后汉书·天竺国传》载：“世传明帝梦见金人，长大，顶有光明，以问群臣。或曰：‘西方有神，名曰佛，其形长丈六尺而黄金色。’帝于是遣使天竺，问佛道法，遂于中国图画形像焉。楚王英始信其术，中国因此颇有奉其道者。后桓帝好神，数祀浮图、老子，百姓稍有奉者，后遂转盛。”汉使者偕同两位印度僧人迦叶摩腾和竺法兰回到洛阳，带回经书和佛像，并翻译了部分佛经，相传就是现存的《四十二章经》。这是中国佛教史上最早的佛经翻译。

随着佛教在中国的传播，佛经翻译事业便在中国产生并发展。中国佛经翻译事业的真正创始人，是汉朝末年来中国的安息人安世高。他译出的佛经大约有 35 部、41 卷，因他通晓汉语，能将原本的意义比较正确地表达出来，说理明白，措辞恰到好处，文字偏于直译。此后，佛经翻译进入了大规模、有组织、有系统的翻译时代。后秦时期，龟兹人鸠摩罗什来到长安，他率 500 余沙门从事佛经翻译工作，前后译经 74 部、384 卷。东晋高僧法显徒步数万里，到天竺求法，他学习梵文，抄录经典，历时 6 年，取回众多梵本。南北朝时期，古印度高僧真谛应梁武帝之聘来华，适逢战乱，流寓今苏、浙、赣、闽、粤等地，先后译出经论 64 部、278 卷。此外，这一时期佛经翻译家还有支娄迦谶、竺法护、菩提流支、佛驮跋陀罗、道安等。

如果说中国的佛经翻译初始于东汉，发展于魏晋时期，那么鼎盛时期为隋唐盛世。

魏晋南北朝时期，佛经翻译多为私人工作，并无一定的翻译组织。至隋朝，佛经翻译逐渐脱离了私人的小规模翻译，发展出有组织的大规模译场。隋朝统治者广置译场，罗致中外译师名僧进行翻译、疏解佛教典籍，从而产生了译场制度，以及译经的规则和方法，这进一步促进了佛经翻译事业的发展。而唐代则是中国古代佛经翻译事业发展的鼎盛时期。当时许多地方都设有译场，犹以国都长安城中的三大译场——大兴善寺、大慈恩寺、大荐福寺最为著名。

大兴善寺于隋开皇二年（582）建成时，便创设译经馆，被称为“开皇三大师”的古印度高僧那连提黎耶舍、阇那崛多、达摩芨多先后在此翻译佛经共计 59 部、278 卷。其中，那连提黎耶舍是在隋开皇二年至六年（582—586）入居大兴善寺译经的，先后译有《百佛名经》《大庄严法门经》《莲华面经》等。阇那崛多于隋开皇五年至仁寿末年（585—604）入住大兴善寺主持译经，共译佛经 31 部、165 卷。达摩笈多于隋开皇十年（590）冬入居大兴善寺，与阇那崛多共同主持译经，共译佛经 9 部、46 卷。唐开元四年至八年（716—720），著名的“开元三大士”善无畏、金刚智、不空，亦先后在此寺译经。

提到大慈恩寺，人们便会想到玄奘。他是该寺译场的第一位译经家，寺中的翻经院便是唐高宗专为玄奘所建造的。玄奘究通诸部，学识渊博，在国内游历各地，遍访名师，感到所说分歧，难得定论，便决心去天竺求真义、释疑难，并于贞观三年（629）离开长安，历时 17 载，身行 5 万里，足迹遍布西域、古印度 130 余国。他精通中印文字，洞晓三藏教理，受到印度及西域各国僧俗民众的敬重。贞观十九年（645），玄奘携带梵本佛典 657 部回到长安。之后，他便全身心地投入佛经翻译事业中，前后历时 19 年，共计译经 75 部、1 335 卷。唐代新译佛经中，玄奘所译占半数以上。玄奘以前的译经方法是先照本直译，然后由专人整理润饰，其间难免有所增损，以致违背本意。玄奘一改前人译法，翻译时采用梵本口授汉译，意思独断，出语成章，再由专人随笔写出。同时，对梵文底本采取多本互校的办法，仔细对比，方始落笔。玄奘在翻译佛经之余，还完成了不朽的名著——《大唐西域记》。这是一部关于我国西北部边疆地区和中亚、南亚地理的重要著作。

与大兴善寺、大慈恩寺齐名的另一译场——大荐福寺，是著名高僧义净法师译经的地方。唐咸亨二年（671），37 岁的义净法师慕玄奘之高风，沿海路赴印度取经，历时 25 载，携梵本 400 部回到洛阳。义净先在洛阳译经，后随唐中宗来到长安。中宗为义净法师在大荐福寺专设翻经院，时年已 72 岁的义净法师在此译经近 6 年，共译佛经 32 部、108 卷，为中国佛经翻译事业做出了巨大贡献。此外，义净法师还撰写了《南海寄归内法传》和《大唐西域求法高僧传》两部著作，为研究唐初佛教史以及中印交通史提供了宝贵资料。

唐代从事佛经翻译的名僧最多，佛经翻译事业在唐代得到了空前的发展。译场制度亦更加完备，翻译时有译主、笔受、证义、校勘、润文等各种分工。在进行佛经翻译的同时，开展译文讲解讨论，反复钻研，使翻译与研究相结合，从而使佛经翻译更严谨、更完善。北宋太平兴国年间，朝廷专门设立译经院，并恢复佛经翻译事业。此时译经规模虽超过前代，但翻译成就远逊于隋唐时代。

八、《五经正义》的编纂与学术价值

儒家经典是儒家政治、哲学、道德思想的集中体现，统治阶级若重视利用儒家思想，则很快出现“大治”局面。汉武帝“独尊儒术”，重点是其中的“五经”，汉王朝随即迎来了古代的第一个盛世。魏晋玄学兴起，“五经”的地位和作用大大削弱，社会陷入了长期的分裂和动荡局面。唐朝建立后，高祖“颇好儒臣”，太宗“锐意经术”，他们选择儒学作为建立统治秩序的主要思想，力图从中寻找统治的理论依据。但是，经过南北朝纷争局面后，儒学多门、章句繁杂、异说纷纭，必须对儒经加以整理和统一。

贞观四年（630），唐太宗命颜师古等人考订“五经”。颜师古利用秘书省所藏图籍，加以细心校勘，用了两年多的时间编出《五经定本》，书成之后献给唐廷。太宗颁其所定之书于天下，令学者习焉。不过，《五经定本》仅限经文，诸儒并不推服，《旧唐书·儒学传序》载：“（太宗）又以儒学多门，章句繁杂，诏国子祭酒孔颖达与诸儒撰定《五经》义疏，凡一百七十卷，名曰《五经正义》，令天下传习。”《五经正义》编纂始于贞观年间，其间经过多次修订，最终于永徽年间全部完成。

《五经正义》是儒家经学义疏的结集。由于经书成书年代早，文字多晦涩难懂，记事亦简略不详，给后人学习和利用带来了很多困难。于是，后人为经书作传、注之风便盛行起来，一部经书就有各执一说的多家传、注。《五经正义》就是从中选出比较好的注本，摒弃其余杂说，对前代繁杂的经学解释进行一番统一的整理。此外，前代注本也有难解之处，所以《五经正义》便依据传、注加以疏通解释。据此可以说，《五经正义》是一部典型的以疏解经的著作。

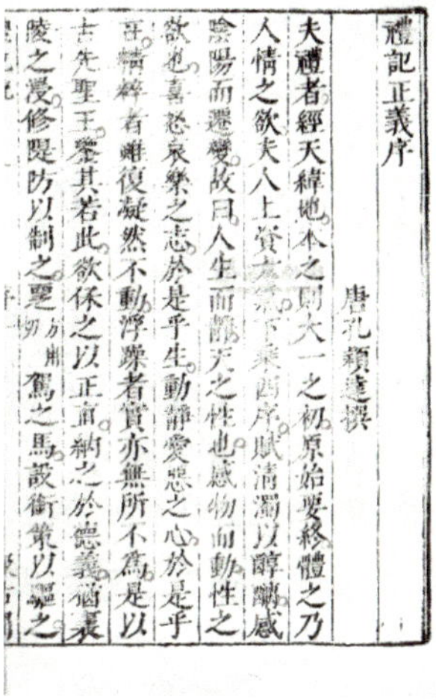
禮記正義序

唐孔穎達撰

夫禮者經天緯地本之則大一之初原始要終體之乃

人情之欲夫人上資六氣下乘四序賦清濁以醇醨感

陰陽而遷變故曰人生而靜天之性也感物而動性之

欲也喜怒哀樂之志於是乎生動靜愛惡之心於是乎

在精粹者雖復凝然不動浮躁者實亦無所不爲是以

古先聖王鑒其若此欲保之以正直納之於德義猶襄

陵之浸修隄防以制之覂駕之馬設銜策以驅之

《礼记正义》书影

选择最佳底本是《五经正义》编纂的重要特色之一。其中，《周易正义》选择的是王弼注，孔颖达在序中给出选择理由：“其传《易》者，西都则有丁、孟、京、田，东都则有荀、刘、马、郑，大体更相祖述，非有绝伦，唯魏世王辅嗣之注，独冠古今，所以江左诸儒并传其学，河北学者罕能及之。”《尚书正义》以孔安国注为本，东晋元帝时，豫章内史梅赜奉上孔安国的《尚书传》《古文尚书》58 篇，其中 33 篇与《今文尚书》同，另外多出 25 篇，一直无人怀疑，孔颖达故加以选入。但据清人考订，《尚书传》与多出的 25 篇《古文尚书》皆伪造，这是后话。《毛诗正义》则调和毛苌《毛诗故训传》和郑玄《毛诗传笺》两家之说，又用刘焯《毛诗义疏》、刘炫《毛诗述义》为底本，再加疏解。《礼记正义》选用郑玄的《礼记注》，《礼记注》内容翔实，素为儒士所重。最后看《春秋左传正义》，西晋杜预在刘歆、贾逵等前人注释基础上撰《春秋经传集解》，将《春秋》经文按纪年配合于《左传》前面，并为之作注，是现存最古的《左传》注本，孔颖达以之为底本成该书。

如果说汉儒重在整理和解释经文，那么《五经正义》重在疏通旧注，也就是南北朝兴盛起来的义疏体例，其原则为“疏不破注”，孔颖达等人是通过整理旧注的方式向着经典的本义回返的。“疏不破注”原则就是要求疏解时一般不突破原书的范围，又引用大量史料诠释典章制度、名器物色，详于文字训诂，为后人研读经书提供了方便。在编纂过程中，孔颖达等人采摭旧文，取材广泛，汇集了两汉魏晋南北朝众多学者的研究成果，融贯群言，包罗古义，在经学史和学术史上具有很高的权威性。总体来看，书中包含政治、经济、思想、文化、社会习俗等多方面的内容，史料价值十分宝贵。

《五经正义》开启了经学史上的统一时代。一方面，该书的问世结束了魏晋南北朝经学分立、儒门凌乱的学术局面，提供了后世经学教育与科举考试的主要内容，使得科举考试第一次有了标准读本。另一方面，《五经正义》也提供了政治“大一统”的思想基础，表面上看，该书要解决“儒学多门，章句繁杂”的问题，而实质上则是要通过对学术史的整理来澄清儒学经世的传统，从而恢复文人士大夫积极主动的社会担当，重新唤起儒者心系天下、积极用世的政治担当。

九、朱熹与宋代理学总结

朱熹像

朱熹（1130—1200），字元晦，号晦庵、紫阳，世称晦庵先生。祖籍徽州府婺源县（今江西省婺源县），出生于南剑州尤溪（今福建省尤溪县）。他是“二程”三传弟子李侗的学生，其哲学体系以“二程”的理本论为基础，吸取周敦颐的太极说、张载的气本论，以及佛、道教思想而形成。两宋理学人才辈出，学术成果层出不穷，但论集大成者则非朱熹莫属。首先，朱熹广注儒家经书，对汉以来的经注、经解进行整理总结，用理学的观点重新解释，系统阐述了自己的理学观点，为构建理学思想体系提供了经典的依据。其次，朱熹对北宋周、张、“二程”等人所提出的许多重大理学论题，如太极说、天理论、理一分殊论、性论、格物致知论、诚敬主敬说等，都进行了深入而系统的论证和发挥，为构建规模庞大的理学思想体系进一步提供了理论依据。最后，朱熹坚持儒家的道统论，批评释老的“异端”之学、陆九渊的“顿悟”之学、陈亮的“永康功利之学”和苏洵父子的“蜀学”，以及其他“阳儒阴释”的“杂学”等，从而维护和确立了程朱理学的正统地位。可以这样说，程朱理学之所以成为古代社会后期官方的统治思想，与朱熹在理学方面的建树是分不开的。

乾道九年（1173），朱熹编成《伊洛渊源录》14卷。“伊洛”指伊川和洛水，北宋程颐曾居于嵩县西北，地临伊川；“二程”、邵雍等又都长期在洛水之北的洛阳居住、讲学。朱熹把周敦颐、“二程”、张载、邵雍及其弟子的行状、年谱、墓志铭、祭文和遗事等传记资料排成理学谱系，并以“二程”为中心，溯源探流汇编成书，所以称《伊洛渊源录》。

《伊洛渊源录》属学案体裁，这是朱熹在文献学史上开创的。这种学案体裁是以理学家为传主，按道统传承的历史线索进行编纂。其主要特点有：一是根据“圣人之道”传承的历史统绪，因人立传，编排卷次，从而体现理学家的学术源流和师承关系。二是每一传主均采用言传并载的方式，首传记，次遗事。其中，传记多采自各家所撰写的行状、年谱、墓志铭、祭文和事略等，表其生平学行；遗事多采自各家的语录、遗书、闻见录和著述等，明其学术要旨。三是对于所采用的传记和遗事等文献资料，间或略加按语，论其是非得失。四是编纂者的学术史观点不是采取系统叙述的方式加以表达，而是通过卷次的编排、材料的取舍和略加按语等方式间接反映出来。朱熹开创的学案体，兼有传记体和灯录体两种体例特点，是对这两种学术史体例的继承和发展，在古代史书编纂学上具有发凡起例的意义，明清时期多部学术史著作都沿袭这一体例。

《伊洛渊源录》在总结宋代理学方面，体现出重要的价值。

一方面，奠定“二程”在宋代道学体系中的核心地位。南宋初期，“二程”理学历经坎坷，终于得到统治者的重视。这期间朱熹的理学思想有了发展，为确立理学的正统地位，很有必要进行总结。可以说，宋代理学能成为一门独立的学问，正是由于周敦颐、程颐、程颢、张载、邵雍等人的交流论辩和深入探究。这几位在当时和后世都有深远影响的理学家，因其身份、性格、生活环境、学说观点之不同，在理学史上的地位也各有侧重。朱熹敏锐地发现了这个问题，因而在书中对此五子都给予了恰当总结。从宋代理学的发展轨迹来看，周敦颐是宋学的开山之祖，更被后人尊为理学之正宗；“二程”年少时曾经受业于周敦颐，后来所取得的成就实由自得；张载之学比较纯正，然而程颐却说他“苦心极力之象多，宽裕温和之气少”，故而后人对其尊崇不如“二程”；邵雍之学偏重数，理学家认为其学说不够正宗。朱熹对于五子的学术贡献，通过史料选择和编排透露出来，编纂次序也做到了重点突出、主次分明，遵循了宋代理学的内在发展轨迹。

另一方面，朱熹编撰《伊洛渊源录》特别重视对理学源流的辨析，以承接圣人传道的统绪。书以“渊源”命名就是为了揭示以“二程”为代表的宋代理学的渊源所自，从案卷编排来看，朱熹也是这个用意。卷一载周敦颐，卷二、卷三载程颢，卷四载程颐，卷五载邵雍（此乃南宋书坊所加），卷六载张载与其弟张戬，卷七载吕希哲、范祖禹、杨国宝、朱光庭，卷八载刘绚、李吁、吕大忠、吕大钧、吕大临，卷九载苏昞、谢良佐、游酢，卷十载杨时及其子杨迪，卷十一载刘安节、尹焞，卷十二载张绎、马伸、侯仲良、王蘋，卷十三载胡安国，卷十四录“程氏门人无记述文字者”，共计 49 人。需要说明的是，前六卷记北宋五子为全书重点，首载周敦颐，即是说明他乃理学之“源”。事实上，周敦颐与“二程”之间存在师承关系，“二程”兄弟不但师承周敦颐，而且他们“求道之志”、穷理尽性之学都是得到周敦颐的启迪和传授的。朱熹在全书之首着力辨析周、程之间这一思想渊源关系，就是为了表明周敦颐是宋代理学的开山鼻祖，也是“二程”伊洛之学的渊源所自。

《伊洛渊源录》是朱熹尝试全面清理伊洛之学的学术成果，建立了以“二程”为中心的师承授受谱系，在很有限的篇幅内，通过选取的资料反映出濂学、洛学、关学、邵雍象数学及其他学派的基本精神，其辨学术渊源、论学派特征、明学术流变的思想在全书中贯彻下来。①

① 关于《伊洛渊源录》的内容，参考叶建华《朱熹〈伊洛渊源录〉初探》，《社会科学辑刊》1989 年第 4 期；杨波、翟若男《朱熹〈伊洛渊源录〉的理学建构》，《中州学刊》2022 年第 2 期。

十、胡应麟《四部正讹》与辨伪学理论

清初以来，学术界批评明人“不读书”“空谈心性”的风气愈演愈烈，这种认识不仅造成很长一段时间明代学术研究的种种误区，还导致今人普遍对明代学术面目认识不清。事实上，明代的理学、经学、史学、佛学、地理学、天文历算学等都取得了相当高的成就，深入其中的每一项都有重要的发现。关于明代学术和古典文献问题，较有代表性的为胡应麟在辨伪学理论上的成就。

胡应麟像

胡应麟（1551—1602），字元瑞，后更字明瑞，号少室山人，因慕其乡人黄初平叱石成羊的故事，故更号石羊生，又称芙蓉峰客、壁观子。浙江兰溪（今浙江省金华市）人。胡应麟成长于嘉靖至万历年间，此时“心学”与复古思潮相互影响而形成的浅薄学风弥漫学术界，但他重读书、勤著述，学问讲求精与博，对此不良风气多有批评。万历十四年（1586），35 岁的胡应麟为了针砭当时学风，撰写《四部正讹》一书。这是我国第一部辨伪专书，在中国辨伪学史上起到承前启后的作用。它既有对历史上辨伪成就的理论总结，也奠定了现代辨伪学的基础，使辨伪学成为一门独立的学科。《四库全书》给予其高度评价：“然其诗文笔力鸿鬯，又佐以雄博之才，亦颇纵横变化而不尽为风气所囿，当嘉、隆之季，学者惟以模仿剽窃为事，而空疏弇陋皆所不免，应麟独能根柢群籍，发为文章，虽颇伤冗杂而记诵淹博，实亦一时之翘楚矣。”

下面就依托《四部正讹》，从胡应麟的辨伪思想、归纳伪书类型和辨伪方法三方面加以论述。

第一，辨伪思想。胡应麟的辨伪思想可以概括为“求真”。所谓“求真”，就是追求图书真实的面目，诸如真正的作者、成书年代及其内容有无杂入别文，有无后人添加、窜改等情况。它仅就图书外在的表现形式而言，不涉及其所著录的内容是真实还是虚妄，所反映的思想是否符合某种道德行为规范。总之，“求真”就是客观、实事求是地说明图书的真实情况，不掺杂个人的好恶或争胜炫奇的心理。

胡应麟“求真”的辨伪思想，不仅使其产生了正确的辨伪态度，保障着辨伪工作的顺利进行，还使其对伪书价值的认识高于前人，尤其是对于伪书史料价值的认识，他更是有详细之阐述，这也是其辨伪思想的现实意义所在。

第二，归纳伪书类型。胡应麟在《四部正讹》卷首即明言道：“凡赝书之作，情状至繁，约而言之，殆十数种”“右诸书外又有此十余种”。然后他便对伪书的类型进行了一般性的总结，归为“二十一种”，分别为：“有伪作于前代而世率知之者”“有伪作于近代而世反惑之者”“有掇古人之事而伪者”“有挟古人之文而伪者”“有传古人之名而伪者”“有蹈古书之名而伪者”“有惮于自名而伪者”“有耻于自名而伪者”

“有袭取于人而伪者”“有假重于人而伪者”“有恶其人，伪以祸之者”“有恶其人，伪以诬之者”“有本非伪，人托之而伪者”“有书本伪，人补之而益伪者”“有伪而非伪者”“有非伪而曰伪者”“有非伪而实伪者”“有当时知其伪而后世弗传者”“有当时记其伪而后人弗悟者”“有本无撰人，后人因近似而伪托者”“有本有撰人，后人因亡佚而伪题者”。

在这二十一种类型中，胡应麟从作伪的动因、作伪的方法、作伪的结果等方面，尽可能详备地表现伪书出现的情形，并且在每一条之后都附有一个或两个例证来说明。

胡应麟还就四部分类中伪书所占的比重予以详细论述：“凡四部书之伪者，子为盛，经次之，史又次之，集差寡。凡经之伪，《易》为盛，纬侯次之。凡史之伪，杂传记为盛，琐说次之。凡子之伪，道为盛，兵及诸家次之。凡集，全伪者寡，而单篇列什借名窜匿甚众。”

此分类当是胡应麟在多年的读书治学过程中的经验总结，符合伪书在图书分类中出现的实际情况。

第三，辨伪方法。我国辨伪起源很早，自先秦有之。历代学者在辨伪的过程中也逐步总结出辨伪的方法应用于实践，这些方法虽然是各有所出，不系统全面，但千百年来丝缕相连而不绝。

胡应麟对辨伪方法的划分最具理论色彩，共分为八条，学术界称之为“辨伪八法”。对于此部分内容，历来都是学者称誉的重点，也是《四部正讹》一书的精华所在：“凡核伪书之道，核之《七略》以观其源，核之群志以观其绪，核之并世之言以观其称，核之异世之言以观其述，核之文以观其体，核之事以观其时，核之撰者以观其托，核之传者以观其人。核兹八者，而古今赝籍亡隐情矣。”

胡应麟的“辨伪八法”是在前人的基础上，结合自己的实践进行抽象概括，具有系统性及理论性。对于重视实践而不擅长理论总结的中国古代学者来讲，胡应麟的此种行为在中国学术史上无疑是很大的进步，值得大为称道。

胡应麟的《四部正讹》在继承前人的基础上拾珠成串，对辨伪工作有了整体的认识，他通过自己的辨伪实践，对伪书类型、辨伪方法进行了总结，并使它们在辨伪活动中具有了一般性的方法论指导意义。可以这样讲，历经千百年的辨伪活动在此时才由零散与片面被归于有序与整体的考察。统一做理性之研究，辨伪学的学科架构也就有轮廓的萌发，辨伪学作为一门新的学科体系应时而生了。

辨伪学研究的范围主要涉及辨伪历史、辨伪思想、伪书类型、辨伪方法、伪书价值等方面，胡应麟的《四部正讹》被称为辨伪学成立的标志，因为它所阐述的内容已基本涉及此学科各个组成部分。它表现在第一次对伪书类型进行了归纳分析，第一次理论总结了辨伪方法指导于实践，它有明确的辨伪指导思想，第一次对伪书价值有充分认识。《四部正讹》的出现，使辨伪活动正式摆脱了目录学与校雠学的范畴，成为一门积极开展理论与方法探索的独立学科。

胡应麟《四部正讹》的编撰，不仅是其个人长期文献实践过程中的心得体会之使然，也是他面临造伪日盛、伪书日多而不得不挺身而出，挽救日渐颓废之世风的时代要求之使然，而这正是在他之前众多参与辨伪的人，不论是成功的经验或失败的教训，留给他的最好财富。

十一、清代朴学的兴起与演变

明清之际，社会再次陷入严重动荡之中，理学虽然仍被统治者奉为圭臬，但是已经不再作为学术的主流。入清之后，朴学被用来作为学术的标志，并在古代学术史上产生了极大的影响。

经过明末社会动乱，满洲贵族最终取得国家统一，政治上出现了相对稳定的局面，社会安定，经济发展，为学术文化的繁荣创造出适宜的环境，朴学的兴起也是顺应这个潮流的结果。除此之外，朴学的兴起还有两方面的原因不能忽视。

一方面，朴学的兴起是建立在对理学的批判和总结基础之上的。入清之后，王阳明心学逐渐走向没落，一大批有识之士开始反思心学弊端，倾向于经世致用的学术思想。他们反对政治与学术上的专治权威，反对一切不切实际的空谈。其中，顾炎武指责宋明以来学者不学习“六艺”，不考证百王之典则，不了解当代事物，成天倡导“明心见性”的空话，不为“修己治人”的实学，最终会导致“神州荡覆，宗社丘墟”的结局。因此，明代灭亡实则是宋明理学空言心性造成的。王夫之认为，晚明心学所引起的空疏蹈虚学风误国误学，陆、王之学“屈圣人之言以附会”，与佛教本质无异。黄宗羲严厉批评理学家口谈“以生民立极，天地立心，万世开太平”的阔论，他提出“道无定体，学贵适用”的学说，倡导为建立理想社会而开创新的学风，否定王学虚无空蹈的学风，从而对清代考据学的兴盛产生了极大影响。

另一方面，朴学的兴起也与清初统治者实行的思想钳制有关。清朝统治者入主中原以后，在用武力镇压汉族人民反抗的同时，也加强了文化思想专制统治。统治者除了用高官厚禄拉拢一些汉族知识分子，还极力压制他们中的反满抗清思想。顺治朝的科场案，康熙朝的明史案、南山集案，雍正和乾隆朝更是“文网”密布，“文字狱”大兴……读书人不敢议论时政、抒发己见，即使诗文、奏章中一言的疏失，也有惨遭杀身灭族之可能。知识分子动辄得咎，不得不放弃对与现实关系密切的义理、经济、政治等问题的探讨，把时间和精力用在古籍上，埋首故纸堆中寻章摘句以逃避现实。清廷又由此发现考据古籍对笼络文人、粉饰盛世、巩固统治有很大的好处，因此大力提倡对古籍的考据和整理，于是考据学很快流行起来。

朴学发轫于清初，兴盛于乾隆、嘉庆年间，衰落于道光时期。

清初，以顾炎武、王夫之、黄宗羲为代表的一批学者，针对晚明士林空疏不学、习谀踵陋的风气，提出“经世致用”“博学于文”的主张，提倡搜集资料、归纳研究、细致考订的治学方法，开清代考据学之先河。

朴学的真正奠基人是阎若璩和胡渭。阎若璩《尚书古文疏证》将历来学者奉为经典的《古文尚书》判为“伪书”，在学术界引起了强烈反响，因为该书引据确凿，无人能够驳倒，所以《古文尚书》之伪称为“铁案”。而胡渭的代表作《易图明辨》，对宋代道士陈抟造出的河图洛书进行辨正，结论为附会杜撰、子虚乌有，这就从根基上摧毁了邵雍、周敦颐等理学家谈性说理的精神依据，也在学术界产生了重要影响。阎、胡二人用考据的方法，证明即使所谓经典也不可尽信，开创了疑经辨伪的学风，从而奠定了朴学的基本风格。

乾隆、嘉庆年间，朴学发展到了鼎盛时期，一时出现了“家家许（慎）郑（玄），人人贾（逵）马（融）”的局面，后人给以“乾嘉学派”之美称。乾嘉学派研究对象和范围十分广阔，学者大多拥有丰富的典籍，坚持“实事求是”，下功夫进行考辨，所谓“贤者识大，不贤识小，皆可勉焉”。考据学家们对经学、史学、文字、音韵、校勘、辑佚、辨伪无所不窥，而梁启超《中国近三百年学术史》则进一步把乾嘉学术分为 13 类：经书笺释、史料搜补、辨伪、辑佚、校勘、文字训诂、音韵、算学、地理、金石、方志编纂、类书编纂、丛书校刻。

乾嘉学派又可以分为吴派和皖派两大学派，稍后的扬州学派则对两家有所发展和总结。吴派以惠栋为首，因其是江苏元和人，生徒和追随者大多为苏南人，故称为“吴派”。惠栋的主要著述有《周易述》《古文尚书考》《春秋补注》《九经古义》等，学术研究的特点是“唯汉是信”，主张从古文字入手，重视训诂。他们广搜汉儒经说，加以疏通，不敢越雷池一步。吴派的主要成就在于对古籍的辑佚，给后代提供了丰富的研究资料。代表人物除了惠栋，还有沈彤、江声、余萧客、江藩、孙星衍、洪亮吉、王鸣盛、钱大昕等。

皖派以戴震为首，因戴震是安徽休宁人，生徒或为安徽人，或师承其学说，因此被称为“皖派”。皖派治学的特点与吴派有共同之处，即以语言文字为治经的途径。他们重视对“三礼”（《周礼》《仪礼》《礼记》）名物制度的考证，但在许多方面同吴派有明显的差别。皖派并不盲目信古，而强调“实事求是，不主一家”。戴震在天文、历法、算学、地理、音韵、训诂方面成就卓著，其渊博的学识、深邃的思想及求真的治学精神为时人所嘉许，可以称为乾嘉学派的集大成者。同属皖派的学者还有江永、金榜、程瑶田、洪榜、段玉裁等。

扬州学派是继吴、皖两派之后出现的朴学派别，因其主要成员都系扬州籍人而得名。扬州学派对皖派和吴派的特点都有所发展，主张会通，反对墨守，对诸子学等领域有开拓性研究，代表人物有王念孙、王引之、汪中、焦循、阮元、凌曙等。

朴学的产生和发展，对于明代空谈性理之学是一次重大变革，端正了学术风气，培养了大批学者，整理了难以计数的古代典籍，为传统文化的再次振兴做出了重要贡献。但是，朴学也存在脱离实际、烦琐细碎、厚古薄今、舍本求末的不足。道光以后，腐朽的清王朝统治摇摇欲坠，西方列强伺机入侵，士大夫再不能不问社会的现实问题而徒事考据。于是，学术风气久经酝酿而再次发生变革，沉沦千余年的今文经学得以复兴，大量学者开始舍弃文字训诂，转而从事经邦济世之学。同治、光绪年间，朴学虽然走入了穷途末路，但是在俞樾、孙诒让等人的坚守下，古籍校注和古文字研究方面取得了不菲的成就，至章炳麟重倡“博学于文，行己有耻”以伸张自己的政治主张，朴学终于迎来了一个亮丽的终结。

【思考题】

1. 举例说明古典文献学对现代科学技术的促进作用。
2. 你知道当代有哪些古典文献学家吗？谈谈他们的文献学治学方法和学术成就。

主要参考文献

严佐之. 古籍版本学概论［M］. 上海：华东师范大学出版社，1989.

洪湛侯. 中国文献学新编［M］. 杭州：杭州大学出版社，1994.

周少川. 古籍目录学［M］. 郑州：中州古籍出版社，1996.

高路明. 古籍目录与中国古代学术研究［M］. 南京：江苏古籍出版社，1997.

曹书杰. 中国古籍辑佚学论稿［M］. 长春：东北师范大学出版社，1998.

杨绪敏. 中国辨伪学史［M］. 天津：天津人民出版社，1999.

曹之. 中国古籍编撰史［M］. 武汉：武汉大学出版社，1999.

王欣夫. 王欣夫说文献学［M］. 上海：上海古籍出版社，2000.

周少川. 藏书与文化：古代私家藏书文化研究［M］. 北京：北京师范大学出版社，1999.

孙钦善. 中国古文献学史简编［M］. 北京：高等教育出版社，2001.

杜泽逊. 文献学概要［M］. 北京：中华书局，2001.

傅璇琮，谢灼华. 中国藏书通史［M］. 宁波：宁波出版社，2001.

任继愈. 中国藏书楼［M］. 沈阳：辽宁人民出版社，2001.

杨燕起，高国抗. 中国历史文献学［M］. 北京：北京图书馆出版社，2003.

张三夕. 中国古典文献学［M］. 武汉：华中师范大学出版社，2003.

来新夏. 古典目录学浅说［M］. 北京：中华书局，2003.

李致忠. 古书版本鉴定［M］. 北京：北京图书馆出版社，2007.

范凤书. 中国私家藏书史［M］. 郑州：大象出版社，2001.

徐有富. 目录学与学术史［M］. 北京：中华书局，2009.

黄永年. 古籍版本学［M］. 南京：江苏教育出版社，2009.

罗积勇，李爱国，黄燕妮. 中国古籍校勘史［M］. 武汉：武汉大学出版社，2015.

程千帆，徐有富. 校雠广义：版本编（修订本）［M］. 北京：中华书局，2020.